PMP®
考试百题精讲

希赛PMP®

希赛项目管理研究院 ◎ 组编

·北京·

内 容 提 要

《PMP考试百题精讲——希赛PMP》由希赛项目管理研究院编著，旨在通过精选的200多道题目深入剖析项目管理知识体系（PMBOK Guide）的精髓，帮助读者在掌握理论知识的同时，理解出题人的思维和解题思路，提高答题正确率，进而提升解决实际问题的能力。

本书适用于准备参加PMP认证考试的项目管理专业人士，如项目经理、项目团队成员等。无论是初学者还是有一定基础的考生，都可以通过本书中的模拟试题来熟悉考试题型，检验自己的知识掌握程度，查漏补缺，提高考试通过的概率。此外，对于已经获得PMP认证的项目管理专业人士而言，本书同样能够成为助力其持续项目管理技能的有力工具，为他们提供一个很好的复习与巩固平台。

图书在版编目（CIP）数据

PMP考试百题精讲：希赛PMP / 希赛项目管理研究院编著． -- 北京：中国水利水电出版社, 2025.6.
ISBN 978-7-5226-3295-7

Ⅰ．F224.5-44

中国国家版本馆CIP数据核字第2025G5N490号

书　　名	PMP考试百题精讲——希赛PMP PMP KAOSHI BAI TI JINGJIANG — XISAI PMP
作　　者	希赛项目管理研究院　编著
出版发行	中国水利水电出版社 （北京市海淀区玉渊潭南路1号D座 100038） 网址：www.waterpub.com.cn E-mail：zhiboshangshu@163.com 电话：（010）62572966-2205/2266/2201（营销中心）
经　　售	北京科水图书销售有限公司 电话：（010）68545874、63202643 全国各地新华书店和相关出版物销售网点
排　　版	北京智博尚书文化传媒有限公司
印　　刷	北京富博印刷有限公司
规　　格	190mm×235mm　16开本　17印张　304千字
版　　次	2025年6月第1版　2025年6月第1次印刷
印　　数	0001—3000册
定　　价	69.80元

凡购买我社图书，如有缺页、倒页、脱页的，本社营销中心负责调换
版权所有·侵权必究

序

引领项目管理新航向，共筑 PMP 认证成功之路

在这个日新月异的时代，项目管理作为推动社会进步与经济发展的重要引擎，其重要性日益凸显。随着全球化竞争的加剧和技术的飞速发展，高效、规范的项目管理已成为企业获取竞争优势、实现战略目标的关键所在。而《PMP 考试百题精讲——希赛 PMP》一书的诞生，正顺应了这一时代的需求，为广大项目管理从业者及 PMP（projetct management professional，项目管理专业人士）认证备考者提供了一份权威且实用的参考资料。

希赛作为国内知名的 IT 教育与职业教育品牌，始终站在行业发展的前沿，致力于为广大读者提供最优质的教育资源和服务。其旗下的希赛项目管理研究院，更是汇聚了一批经验丰富的项目管理专家和资深讲师，他们深入研究项目管理理论与实践，不断探索项目管理的新理念、新方法，为推动项目管理领域的发展贡献着智慧和力量。

本书正是希赛项目管理研究院多年研究成果的结晶。本书不仅全面覆盖了 PMP 认证考试的核心知识点，还通过精心设计的 200 多道模拟试题，帮助读者在实战中检验学习成果，提升应试能力。书中的每一道题目都经过严格筛选和精心解析，旨在帮助读者深入理解项目管理的精髓，掌握解题技巧，为顺利通过 PMP 认证考试奠定坚实基础。

本书的亮点在于其实用性和针对性。它紧密结合 PMP 认证考试第七版大纲要求，紧跟考试最新动态，确保内容全面、准确、权威。同时，书中试题所涵盖的大量实践案例和解题技巧，让读者在学习过程中能够理论联系实际，真正做到学以致用。此外，本书还提供了详尽的参考答案和解析，帮助读者在解题过程中及时发现问题、解决问题，从而不断提升自己的项目管理能力和水平。

对于每位致力于项目管理事业、渴望在 PMP 认证考试中脱颖而出的读者而言，本书无疑是一本不可或缺的宝典，它将成为读者备考路上的得力助手，引领读者跨越知识的海洋，攀登成功的高峰。

在此，希赛项目管理研究院衷心希望每位读者都能够珍视这本书的宝贵价值，认真研读、深入思考、积极实践。相信在不久的将来，你们一定能够在项目管理的广阔天地中大展宏图，成为推动社会进步与经济发展的中坚力量。同时，希赛项目管理研究院也将继续秉持"帮助客户成功，创造社会价值"的理念，为读者提供更多优质的教育资源和服务，共同推动项目管理领域的发展迈向新的高度。

编者

2025 年 1 月

前　言

在当今这个快速变化的时代，项目管理作为推动组织战略目标实现的关键手段，其重要性日益凸显。随着全球化和信息化的深入发展，项目管理已经不仅限于传统的工程、建筑领域，而且更广泛地渗透到 IT、金融、医疗、教育等各行各业，成为连接战略与执行的桥梁。作为项目管理领域权威性的考试认证之一，项目管理专业人士认证凭借其严谨的知识体系、广泛的国际认可度和高含金量的证书，成为项目管理从业者提升自我、拓展职业发展空间的重要选择。

项目管理作为一门综合性学科，融合了管理学、经济学等多学科知识，旨在通过科学的方法和工具，实现项目的高效、有序和成功交付。随着项目管理实践的深入和理论的不断完善，项目管理知识体系（PMBOK Guide）已成为全球项目管理领域的标准指南，为项目管理专业人士提供了系统的学习和参考框架。PMP 认证作为 PMBOK Guide 的官方认证，其考试内容涵盖了项目管理的十大知识领域和五大过程组、八大绩效域和十二条项目管理指导原则，全面考查项目管理人员的综合能力。

1. 选题背景

鉴于 PMP 认证在项目管理领域的重要地位，以及读者对于高效备考资料的迫切需求，我们精心策划并编写了《PMP 考试百题精讲——希赛 PMP》一书。本书旨在通过精选的经典试题，结合详细的解析和拓展知识，帮助读者深入理解 PMP 考试的核心考点，掌握解题思路与答题技巧，提高备考效率。

2. 本书结构

第 1～5 章详细阐述了项目管理的基础知识，包括项目管理商业文件、项目运行环境、项目经理和团队、干系人与沟通以及规划与整合等内容，帮助读者理解并掌握项目管理的基本技能。第 6～9 章深入探讨了项目管理的核心领域，包括范围管理、时间管理、成本管理和质量管理，帮助读者掌握项目管理的核心技术和方法。第 10～14 章引入项目生命周期、组织变革以及敏捷项目管理等前沿话题，帮助读者了解并掌握敏捷项目管理的精髓。第 15 章通过总结易混淆知识点，帮助读者复盘 PMP 考试难点知识，区分易混淆概念。

本书按照 PMP 考试的知识体系结构，分为 15 章，每章均包含若干精选试题及详细解析。读者可根据自己的备考进度和学习需求，有针对性地进行练习和巩固。同时，本书还提供思维导图，帮助读者构建清晰的知识框架，提升记忆效果。

本书全面覆盖 PMP 考试的预测型与敏捷型项目管理，包括项目管理基础、项目运行环境、项目团队管理、干系人与沟通管理、规划与整合管理、项目需求和范围管理、项目进度和成本管理、项目质量与采购管理、项目风险管理、项目生命周期和组织变革、敏捷的宣言和原则及三大支柱和三大角色、敏捷工件和会议、敏捷项目管理阶段框架、其他敏捷实践等。每章均从理论出发，结合典型模拟试题给出的场景案例，深入浅出地讲解相关知识点，帮助读者掌握考试要点。

3. 本书特色

（1）精选试题。本书精选了 200 多道经典试题，涵盖 PMP 考试的核心考点，帮助读者熟悉考试题型和难度。

（2）详细解析。每道试题均配有详细的解析和拓展知识，帮助读者理解题目背后的原理，掌握解题技巧。

（3）思维导图。提供各章节的思维导图，帮助读者构建清晰的知识框架，便于记忆和复习。

（4）易混淆知识点总结。归纳整理了项目管理中的易混淆概念，帮助读者区分相似知识点，避免混淆。

（5）实战导向。结合实际案例和考试试题，注重培养读者的实战能力，提高解题效率和准确性。

（6）星号标重。本书中，星号（★）用于标注重点考点，也就是考试出现的频度。星号越多，表示其重要性越高。

4. 关于作者

希赛作为国内知名的 IT 教育和职业教育品牌，多年来一直致力于为广大学员提供高质量的教育服务。本书的编写团队由希赛项目管理研究院的专家和 PMP 考试辅导讲师组成，他们凭借深厚的专业功底和丰富的教学经验，精心挑选经典试题，并进行了深入浅出的解析，力求让每位读者都能从中受益。

编者
2024 年 8 月

目 录

第 1 章 项目管理基础 1
第 2 章 项目运行环境 5
   2.1 影响项目的要素 5
      2.1.1 事业环境因素 5
      2.1.2 组织过程资产 8
      2.1.3 项目管理办公室 9
   2.2 组织级项目管理 10
第 3 章 项目团队管理 13
   3.1 项目经理 13
      3.1.1 项目经理角色 13
      3.1.2 领导力风格 15
      3.1.3 规划资源管理 16
      3.1.4 获取资源 20
      3.1.5 控制资源 22
   3.2 团队 23
      3.2.1 建设团队 23
      3.2.2 管理团队 30
第 4 章 干系人与沟通管理 41
   4.1 干系人管理 41
      4.1.1 识别干系人 41
      4.1.2 规划干系人参与 46
      4.1.3 管理干系人参与 50
   4.2 沟通管理 59

  4.2.1 沟通需求分析 59
  4.2.2 交互式、推式、拉式沟通方法 60
  4.2.3 沟通管理计划 61
  4.2.4 管理沟通 65

第 5 章　规划与整合管理 67
5.1 制定项目章程 67
5.2 制定项目管理计划 69
  5.2.1 项目管理计划 69
  5.2.2 开工会议 71
5.3 指导与管理项目工作 72
  5.3.1 指导与管理项目工作概要 72
  5.3.2 问题日志及解决问题 73
5.4 管理项目知识 77
  5.4.1 管理项目知识概要 77
  5.4.2 知识管理与信息管理工具 78
  5.4.3 经验教训登记册及更新 81
5.5 监控项目工作 82
  5.5.1 监控项目工作概要 82
  5.5.2 监控项目工作的方法 84
5.6 实施整体变更控制 87
  5.6.1 实施整体变更控制流程 87
  5.6.2 变更控制流程的作用 91
  5.6.3 变更请求的分类 92
  5.6.4 补充变更流程 93
5.7 结束项目或阶段 94
  5.7.1 结束项目或阶段概要 94
  5.7.2 组织过程资产更新 95

第 6 章　项目需求和范围管理 99
6.1 项目需求管理 99
  6.1.1 收集需求 99
  6.1.2 需求跟踪矩阵 101

6.2 项目范围管理 102
6.2.1 定义范围 102
6.2.2 创建 WBS 104
6.2.3 确认范围 105
6.2.4 控制范围 107

第 7 章 项目进度和成本管理 109
7.1 项目进度管理 109
7.1.1 排列活动顺序 109
7.1.2 制定进度计划 111
7.1.3 控制进度 113
7.2 项目成本管理 115
7.2.1 估算成本 115
7.2.2 制定预算 116
7.2.3 控制成本 117

第 8 章 项目质量与采购管理 123
8.1 项目质量管理 123
8.1.1 质量管理的流程 123
8.1.2 质量管理的方法 127
8.2 项目采购管理 129
8.2.1 规划采购管理 129
8.2.2 实施采购 130
8.2.3 控制采购 131

第 9 章 项目风险管理 133
9.1 规划风险管理 133
9.2 识别风险 134
9.2.1 识别风险概述 134
9.2.2 风险登记册及其更新 136
9.3 实施定性风险分析 138
9.4 实施定量风险分析 139
9.5 规划风险应对 140

9.5.1　威胁的应对策略 140
9.5.2　机会的应对策略 142
9.6　实施风险应对 144
9.7　监督风险 145
9.7.1　监督风险的定义 145
9.7.2　风险审计 146

第10章　项目生命周期和组织变革 149
10.1　项目生命周期 149
10.1.1　预测型 149
10.1.2　敏捷型 150
10.1.3　混合型 151
10.2　组织变革 155

第11章　敏捷的宣言和原则及三大支柱和三大角色 163
11.1　敏捷宣言的四大价值观 163
11.2　敏捷的十二原则 164
11.2.1　尽早和可持续交付有价值的软件 164
11.2.2　拥抱变化 167
11.2.3　面对面沟通 168
11.2.4　给予环境和支持 170
11.2.5　定期反省 171
11.3　敏捷的三大支柱 172
11.4　敏捷的三大角色 173
11.4.1　产品负责人 173
11.4.2　敏捷教练 178
11.4.3　开发团队 186

第12章　敏捷工件和会议 191
12.1　敏捷工件 191
12.1.1　产品待办事项列表 191
12.1.2　迭代待办事项列表 193
12.2　敏捷会议 194
12.2.1　迭代规划会议 194

12.2.2　每日站会 195
　　　12.2.3　迭代评审会议 197
　　　12.2.4　迭代回顾会议 199

第 13 章　敏捷项目管理阶段框架 201
　13.1　构想阶段 201
　13.2　推测阶段 204
　　　13.2.1　洋葱圈规划 204
　　　13.2.2　最小可行产品 206
　　　13.2.3　敏捷发布计划 209
　　　13.2.4　用户故事 210
　　　13.2.5　敏捷风险管理 218
　13.3　适应阶段 220
　　　13.3.1　速度 220
　　　13.3.2　燃尽图、燃起图 221

第 14 章　其他敏捷实践 223
　14.1　看板实践 223
　　　14.1.1　限制在制品 223
　　　14.1.2　信息发射源 224
　14.2　极限编程和结对编程 225
　14.3　敏捷扩展框架 226

第 15 章　易混淆知识点 229
　15.1　项目集与项目组合的区分 229
　15.2　事业环境因素与组织过程资产的区分 229
　15.3　强矩阵、弱矩阵与职能型的区分 229
　15.4　PMO 的类型 230
　15.5　项目章程与团队章程的区分 230
　15.6　资源管理计划、责任分配矩阵与 RACI 矩阵的区分 231
　15.7　塔克曼阶梯理论（规范阶段与成熟阶段的区分）..231
　15.8　冲突管理（强迫 / 命令、妥协 / 调解、缓和 / 包容与撤退 / 回避的区分）...........232
　15.9　激励与培训的区分 232
　15.10　干系人登记册、沟通管理计划与干系人参与计划的区分 233

15.11	沟通方法（推式、拉式与交互式的区分）	233
15.12	需求管理计划、需求跟踪矩阵与需求文件的区分	234
15.13	定义范围、确认范围与控制范围的区分	234
15.14	范围说明书、工作分解结构（WBS）与 WBS 词典的区分	235
15.15	审计、检查与测试的区分	235
15.16	管理质量与控制质量的区分	236
15.17	资源平衡与资源平滑的区分	236
15.18	赶工与快速跟进的区分	236
15.19	应急储备与管理储备的区分	237
15.20	项目预算与成本基准的区分	237
15.21	根本原因分析、因果图/鱼骨图/石川图与帕累托图/柏拉图的区分	237
15.22	成本效益分析、商业论证与效益管理计划的区分	238
15.23	采购工作说明书与工作大纲的区分	238
15.24	残余风险与次生风险的区分	238
15.25	S 曲线（挣值分析与定量风险分析之蒙特卡洛分析的区分）	239
15.26	风险应对：应急计划、弹回计划与权变措施的区分（考试较少涉及）	239
15.27	定性风险分析与定量风险分析的区分	240
15.28	风险管理计划与风险登记册的区分	240
15.29	风险应对策略：规避、减轻与转移的区分	240
15.30	问题日志、风险登记册与变更日志的区分	241
15.31	初始的可交付成果、核实的可交付成果与验收的可交付成果的区分	241
15.32	控制质量、确认范围与收尾的区分	242
15.33	启动会议与开工会议的区分	242
15.34	十大管理计划有内容和无内容的区别	243
15.35	产品待办事项列表、迭代待办事项列表与发布计划的区分	244
15.36	用户故事地图、最小可行产品与最小可售功能的区分	244
15.37	迭代规划会议、每日站会、迭代评审会议与迭代回顾会议的区分	245
15.38	速度与故事点的区分	245
15.39	故事点估算方法（计划扑克、理想时间估算与宽带德尔菲的区分）	245
15.40	DoD 与 DoR 的区分	246
15.41	已完成与已验收的区分	246

附录 **247**

第1章　项目管理基础

项目商业文件主要包括项目需求评估、商业论证和效益管理计划。其中，需求评估通常在商业论证之前进行，包括业务目的和目标、问题及机会，并提出处理建议，其结果可能会在商业论证文件中进行总结；商业论证是指文档化的经济可行性研究报告，用来对尚缺乏充分定义的所选方案的收益进行有效性论证，是启动后续项目管理活动的依据；效益管理计划是指对创造、提高和保持项目效益的过程进行定义的书面文件。

关于本考点的常见考法如下：

（1）关注商业文件的内容，以了解战略一致性、项目的具体效益及其实现方式。★

（2）通过审查商业文件以了确项目价值及可行性，必要时可以更新商业文件。★★

考法讲解

（1）关注商业文件的内容，以了解战略一致性、项目的具体效益及其实现方式。

【例题1.1】在项目运行期间，关键资源向项目经理询问项目目的以及它是否与组织的战略一致，项目经理应与关键资源共享什么？

A. 更新后的范围管理计划　　　　　B. 更新后的沟通管理计划

C. 更新后的项目管理计划　　　　　D. 更新后的效益管理计划

【思路解析】在题干中"关键资源"中的"资源"指项目的关键干系人。关键干系人想了解项目目的及它是否与组织的战略一致。项目效益管理计划是指对创造、提高和保持项目效益的过程进行定义的书面文件，项目效益指是为发起组织和项目预期受益方创造价值的行动、行为、产品、服务或成果的结果；效益管理计划会大致描述项目实现效益的方式和时间，以及应制定的效益衡量机制，故D选项切合。

A选项，范围管理计划是项目管理计划的组成部分，描述将如何定义、制定、监督、控制和确认项目范围，与题干关系不大。

B选项，沟通管理计划是项目管理计划的组成部分，描述将如何规划、结构化、执行与监督项目沟通，以提高沟通的有效性，与题干关系不大。

C 选项，项目管理计划是一份说明项目执行、监控和收尾方式的文件，它整合并综合了所有子管理计划和基准，以及管理项目所需的其他信息，与题干关系不大。

【正确答案】D

【考法解读】商业文件中通常会包含项目的启动缘由、目标效益及战略一致性，也描述了项目实现效益的方式和时间，以及应制定的效益衡量机制。如果干系人需要了解这些相关的信息，可以联想到查看对应的商业文件以获得详细资料。

（2）通过审查商业文件以了解项目价值及可行性，必要时可以更新商业文件。

【例题 1.2】当一个新的干系人被分配到项目中时，项目经理刚刚完成了计划阶段，并且针对可交付物已经与客户进行了讨论，但是新的干系人仍然担心其中两个可交付物的效益。项目经理下一步应该做什么来打消这个干系人的疑虑？

A. 与干系人一起审查效益实现计划　　B. 定期向干系人提供项目进展的最新情况
C. 将干系人加入干系人参与计划　　　D. 与干系人审查以前的分析结果

【思路解析】在题干中，虽然项目经理就可交付物与客户进行了讨论，但是新的干系人仍然担心其中两个可交付物的效益，其实就是担心无法实现这两个可交付物的价值，不能从中获得利益。面对这种情况，下一步应该怎么做？

A 选项，关于可交付物的价值、利益如何实现，可以通过和干系人审查效益实现计划，让干系人了解到可交付物的效益会如何实现以及它本身的价值，可以有效打消该干系人的疑虑。

B 选项，向干系人提供项目进展的最新情况，只能了解到可交付物的完成状态，但是对于可交付物的效益如何实现没有具体描述，不如 A 选项直接。

C 选项，将干系人加入干系人参与计划可能会提高干系人的参与度和对项目的理解，但这并不能直接解决干系人对交付物利益的担忧。

D 选项，审查以前的分析结果可以帮助干系人了解可交付物的情况，但是干系人更关注可交付物的利益，不如直接与干系人探讨效益如何实现，这样更能打消该干系人目前的疑虑。

综上所述，本题的最佳答案是 A 选项。

【正确答案】A

【考法解读】商业文件最大的特点就是可以帮助干系人了解项目的价值，以及判断项目的可行性。在干系人不理解为何启动项目，或者不清楚项目带来的好处时，可以通过审查商业文件进行沟通，以帮助干系人去理解。同时，在执行的过程中，如果商业价值出现较大的变化，也需要与相应干系人进行协调，保证目标的一致性，然后对商业文件进行调整。

第 2 章 项目运行环境

2.1 影响项目的要素

2.1.1 事业环境因素

事业环境因素（enterprise environmental factors，EEFs）是指项目团队不能控制的，将对项目产生影响、限制或指令作用的各种条件。这些条件可能来自组织的内部和（或）外部，是很多项目管理过程，尤其是大多数规划过程的输入。事业环境因素不仅会影响项目管理的灵活性，也会对项目结果产生影响。

关于本考点的常见考法如下：

（1）项目必须遵循事业环境因素要求（包括满足合规性要求）。★

（2）事业环境因素发生改变，需要重新对项目进行评估，并可能在必要时调整项目。★

（3）与合规专业人员进行合规讨论核实，以确保项目满足合规性。★

考法讲解

（1）项目必须遵循事业环境因素要求（包括满足合规性要求）。

【例题 2.1】在为国家级解决方案制定提案时，一位新的项目经理发现提案要求遵守多个组织和政策中的合规条款。这位项目经理经了解发现，虽然已经有了几项合规条款，但是该项目的某些特定监管需求尚未到位。高级管理层建议项目经理忽略这些合规问题，因为当项目达到该阶段时他们会做好准备，并继续制定提案。项目经理首先应该做什么？

  A. 验证监管要求并建立合规策略

  B. 在风险登记册中记录与高级管理层的互动

  C. 提醒高级管理人员继续这样做有违职业道德

  D. 使用另一套监管要求制定提案

【思路解析】本题中，项目提案需要遵守多个合规条款，但是项目的某些特定监管需求尚未到位，而高层建议项目经理先忽略这些问题。

A 选项，某些特定监管需求尚未到位，项目经理可以首先验证监管要求，以找出项目提案当前的合规状况与监管要求之间的差距，并据此建立相应的合规策略，可选。

B 选项，风险登记册用于记录项目的风险，可以记录"忽略合规性导致的风险"，但是不需要记录互动。

C 选项，项目经理首先可以验证监管要求和建立相应的合规策略，带着自己的分析结果和方案策略向高级管理人员证明合规的重要性，直接"提醒高级管理人员继续这样做有违职业道德"并不是首先要做的。而且，忽略合规问题，既有违职业道德，更可能给项目带来风险。

D 选项，合规性需要参照既定的监管要求，且题中也并未提及存在另一套监管要求。

综上所述，本题的最佳答案是 A 选项。

【正确答案】A

【考法解读】事业环境因素是客观存在的，且团队存在着不可控制的、无法改变的各种条件，所以关于事业环境因素，项目是必须要遵守的。其中，合规性要求是题目中比较常考的关于事业环境因素的要求。出现法律法规、合规性、行业标准等信息，就需要去重点关注这些因素，规划好管理策略，确保项目能够更好地适应内外部环境，以提高项目成功的可能性。

（2）事业环境因素发生改变，需要重新对项目进行评估，并可能在必要时调整项目。

【例题 2.2】一位项目经理正在领导一个混合项目，为一家旅游业初创公司开发应用程序。由于不可预见的事件，导致新的旅行限制，许多客户将无法使用产品功能和整体解决方案。项目经理首先应该做什么？

A. 释放团队，帮助他们在新项目中发挥潜力

B. 向组织的管理层询问关于项目方向的建议

C. 评估环境变更，并建议项目的重点

D. 如果无法达到商业价值，则暂停项目，并收集经验教训

【思路解析】由于不可预见的事情发生，客户无法使用产品功能，项目经理应该先分析一下该情况，然后寻找合适的解决方案。

A 选项，题干并未说明要终止该项目并开启新项目，所以不能直接释放团队，应该积极想办法解决问题。

B 选项，未超出项目经理权限范围内的工作，项目经理应该自己积极解决，而不是直接询问管理层的建议。

C 选项，评估环境变化带来的影响，并确定项目是否有新的方向或重点，是可行的行动。

D 选项，应该先分析评估这件事的影响，如果确定后续没有任何办法解决，可以再考虑 D 选项，但应该先 C 选项后 D 选项，D 选项不是首先应该做的。

综上所述，本题的最佳答案是 C 选项。

【正确答案】C

【考法解读】在事业环境因素发生变化时，需要及时对变化进行评估，确定可行的应对措施，以确保项目与环境的一致性，避免由于事业环境因素的变化导致项目失败。如果题干中出现合规、法规以及其他事业环境因素且有变化时，优先评估影响再确定具体的行动。

（3）与合规专业人员进行合规讨论核实，以确保项目满足合规性。

【例题 2.3】干系人告知项目经理一些与合规相关的差距和问题。然后，干系人向项目经理提出一些建议来解决这些问题。项目经理应该怎么做？

A. 利用合规问题确定指导和指导机会

B. 在经验教训登记册中记录合规差距的反馈

C. 与项目发起人一起审查，以避免合规差距和问题

D. 与负责合规问题的工作人员讨论建议

【思路解析】干系人提出了一些关于合规方面的问题以及建议，项目经理应该去审查这些问题和建议，而最了解合规方面信息的应该是合规工作人员，所以有关问题可以与合规工作人员一起确定问题的原因所在，以及确定最佳的行动方案。因此，本题的最佳答案是 D 选项。

A 选项，这里是项目经理直接根据干系人提出的问题去确定后续的指导方案，应该与合规专业人员一起核实合规问题且对干系人的建议作出回应。相比之下，D 选项的做法会更加稳妥一些。

B 选项，经验教训登记册是用于记录项目中出现的经验教训，仅仅记录合规差距的反馈，并未有效地针对合规问题作出行动，此时仅记录并不能解决题干的问题。

C 选项，与专业负责合规问题的工作人员进行审查更能有效确定合规问题所在，D 选项会更合适一些。

【正确答案】D

【考法解读】面对合规相关的问题，应优先与合规专业人员进行讨论。他们在合规领域具有更高的权威性，能够提供专业的、有针对性的建议。这样做不仅有利于团队更好地解决合规问题，还能确保项目满足合规性。

2.1.2 组织过程资产

组织过程资产是指一个执行组织所特有并使用的计划、过程、政策、程序和知识库，它们会影响具体项目的管理。这些资产包括来自任何（或所有）项目执行组织的，可用于执行或治理项目的任何工件、实践或知识，同时也包括组织以往项目的经验教训和历史信息。

关于本考点的常见考法如下：

参考组织过程资产获取对项目有用的经验教训。★

考法讲解

参考组织过程资产获取对项目有用的经验教训。

【例题 2.4】一位在多行业公司工作的项目经理被要求领导一个公司的软件开发项目。该公司之前曾试图为其他行业执行类似的项目，但没有成功。项目经理应该做些什么确保项目的成功？

A. 在风险管理计划中记录这些信息

B. 制定应急计划，为可能出现的风险做好准备

C. 利用专家判断继续执行项目

D. 审查以前项目的经验教训

【思路解析】项目经理被要求领导一个项目，公司之前试图执行过类似的项目，但失败了，问项目经理该做什么保证项目的成功。

A 选项，风险管理计划是指南性文件，具体的风险记录在风险登记册中，不选。

B 选项，制定应急计划可以为可能出现的风险做好准备，这有助于应对潜在的风险，但在题干背景下，查看以前项目的经验教训会更优，如果能够提前吸取经验教训，制定预防措施，可以避免部分风险的发生，也能为后续风险规划作出借鉴，相对来说 B 选项不如 D 选项合适。

C 选项，项目经理需要了解项目的情况并综合考虑多个因素，而不是仅仅依赖于专家的建议，不选。

D 选项，符合题干背景，通过审查之前项目的经验教训，可以了解失败的原因，避免本项目出现类似情况，可选。

综上所述，本题的最佳答案是 D 选项。

【正确答案】D

【考法解读】组织过程资产包括组织以往项目的经验教训和历史信息，可供未来的项目进行参考。题干通常会给一些相关的字眼，如类似项目、类似问题、避免项目失败以及给未来做参考等信息，这些都可以帮助我们联想到参考组织过程资产，吸取有用的经验教训，或者更新组织过程资产为以后的项目提供参考。

2.1.3 项目管理办公室

项目管理办公室（projetct management offiee，PMO）是一个组织结构，负责标准化与项目相关的治理过程，并促进资源、方法论、工具和技术的共享。PMO 的职责范围可以从提供项目管理支持服务到直接管理一个或多个项目。通常，组织中只有一个 PMO，它服务于组织中的所有项目，而不是为某个项目而设立。

关于本考点的常见考法如下：

关注自身职能特点，为项目提供支持。

考法讲解

关注自身职能特点，为项目提供支持。

【例题 2.5】项目团队在一个项目上工作了几个月后，该项目被取消。项目发起人正在向项目经理施加压力，要求其尽快履行收尾职责，以便项目团队能够继续其他工作，项目发起人已指示团队不要浪费时间进行归档，对于已取消项目的项目工件（project artifacts），项目经理应如何处理这种情况？

A. 将项目发起人的指示记录为归档的项目工件

B. 在项目经理的本地计算机上存档项目工件，以供将来参考

C. 遵守项目发起人的要求，不归档项目工件

D. 咨询项目管理办公室以获得项目工件的指导

【思路解析】项目中途取消，发起人要求团队不归档文件就进行收尾，这与常规的收尾流程不符，因此可以向 PMO 寻求帮助，D 选项切合。

A 选项，直接将项目发起人的指示记录为归档的项目工件，这是不合适的。

B 选项，题干与在哪里存档项目工件关系不大。

C 选项，PMP 收尾过程中要求归档文件，直接遵从发起人的要求不归档是不合适的。

【正确答案】D

【考法解读】PMO 在支持战略调整和创造组织价值方面发挥重要作用。在 PMP 中，PMO 主要充当顾问的角色，向项目提供模板、最佳实践、培训，以及来自其他项目的信息和经验教训，包括提供统一的项目执行流程、项目过程实施指南和文档模板、项目管理工具和项目管理信息系统（projetct management information system，PMIS）等内容。当涉及相关内容需要获取帮助时，可以及时咨询 PMO。

2.2 组织级项目管理

1. 项目集

项目集是指一组相互关联且被协调管理的项目、子项目集和项目集活动，它们共同实现单独管理所无法获得的利益。项目集管理注重作为组成部分的项目与项目之间的依赖关系，以确定管理这些项目的最佳方法。

2. 项目组合

项目组合是指为实现战略目标而组合在一起管理的项目、项目集、子项目组合和运营工作。在开展项目组合规划时，要基于收益、风险、资金和其他考虑因素对项目组合组件排列优先级。项目组合中的项目集或项目之间不一定彼此依赖或直接相关。

关于本考点的常见考法如下：

了解组织级项目管理知识，根据特点选择合适的项目管理方式。

考法讲解

了解组织级项目管理知识,根据特点选择合适的项目管理方式。

【例题2.6】一位高级项目经理正在为一家尚未盈利的公司工作。然而,该公司有许多创新项目正在开发中,并且大多数项目的时间线都已推迟,工作人员不堪重负。项目经理应该做些什么来帮助公司实现财务目标?

A. 确定项目的优先次序,对能够增加利润的项目给予较高的优先次序

B. 确保项目是快速跟进的,以便恢复时间线

C. 要求高层管理人员雇用额外的工作人员支持项目

D. 确保所有项目都是高质量的,并按时交付

【思路解析】该公司有许多创新项目正在开发中,但是大部分项目的时间都已推迟,即短时间内可能无法同时完成这么多的项目。

A选项,进行项目的优先级排序,考虑先做优先级高的项目,用较低的时间成本实现较高利益的项目,可选。

B选项,此时工作人员已经不堪重负,再去并行跟进,不合适。

C选项,目前公司尚未盈利,雇用额外的人意味着更高的成本,不如A选项合适。

D选项,现在人员、时间、成本都十分有限,兼顾所有项目比较难。

综上所述,本题的最佳答案是A选项。

【正确答案】A

【考法解读】对于组织中存在的众多项目,当在管理中出现项目开展比较混乱,不知如何下手的情况时,可以参考项目组合管理的方式确定项目优先级,以便符合组织战略,给组织带来最大利益。同时,在这里要注意,在考查这些组织级项目管理时,要区分项目集和项目组合的侧重点,题干通常会给出相关信息,如项目的依赖关系,以及对于战略目标的关注和综合项目优先级排序情况等内容,然后要求我们根据这些信息选择最佳的项目管理方式。

从另一个角度,根据这些管理方式的特点可以确定管理角色的特质,执行具体项目管理的人可以按照这些特质向对应的人寻求帮助。例如,当项目经理接手的项目属于组织中众多项目中的一个时,需要了解其他相关项目的信息,可以咨询统筹管理这些项目的项目经理,也就是更高一级的项目经理(通常称为高级经理、项目集经理或者项目组合经理)以获取需要的信息和帮助。

第 3 章 项目团队管理

3.1 项目经理

3.1.1 项目经理角色

项目经理在领导项目团队达成项目目标方面发挥着至关重要的作用。很多项目经理从项目启动时就参与项目，直到项目结束。不过，在某些组织内，项目经理可能会在项目启动之前就参与评估和分析活动。这些活动可能包括咨询管理层和业务部门领导者的意见，以推进战略目标的实现，提高组织绩效，或满足客户需求。某些组织可能还要求项目经理管理或协助项目的商业分析、商业论证的制定以及项目组合管理事宜。项目经理还可能参与后续跟进活动，以实现项目的商业效益。

关于本考点的常见考法如下：

（1）协调者角色。★

（2）遵守 PMI 职业道德。★

考法讲解

（1）协调者角色。

【例题 3.1】由于采购负责人和合同经理之间的冲突导致组件未交付、项目延迟。项目经理安排与两个干系人的会议来解决问题。在这种情况下，项目经理扮演什么角色？

A. 招待者　　　B. 协调者　　　C. 仲裁员　　　D. 安抚者

【思路解析】项目经理在大部分场景下都是协调者的角色，项目经理的三大职责：规划、沟通和协调。

在当前题干情景下，项目经理扮演的角色是协调者。项目经理应该尝试与采购负责人和合同经理召开会议来解决问题，帮助他们达成共识并解决冲突。作为协调者，项目经理需要保持中立，并协调双方的观点和利益，以达成双方都可以接受的解决方案。这可以帮助项目经理确保项目按时交付，并确保干系人之间的良好关系。因此，本题的最佳答案是 B 选项。

【正确答案】B

【考法解读】协调者是指负责协调不同方面或不同方人员之间协作、合作的角色。在团队或组织中，协调者通常负责沟通各方利益、协调资源分配、调解冲突、推动工作进展等工作。协调者需要具备良好的沟通能力、组织能力和解决问题的能力，以确保各方的协作能顺利进行，达成共同目标。在项目管理中，项目经理通常也扮演着协调者的角色，负责协调项目团队成员、干系人和资源，推动项目顺利实施。

（2）遵守 PMI 职业道德。

【例题 3.2】一名员工走近你，并告诉你一些机密信息：他去年一直在公司内从事非法活动。他对此感到内疚，告诉你是为了得到关于他应该怎么做的建议。你该怎么办？

A. 告诉员工去通知他的老板　　　　　　B. 询问完整的细节
C. 确认该活动确实是非法的　　　　　　D. 将非法活动通知你的经理

【思路解析】团队成员从事了非法活动，而这一做法并不符合项目管理领域最重要的四项价值观，即责任、尊重、公平和诚实。对于非法活动，我们要敢于揭露，勇于斗争。这要求我们将了解到的情况及时上报，避免非法活动继续下去，给公司带来不可挽回的损失。

A 选项，让员工自己告诉老板实际情况，员工自己可能会瞒报，没有完全尽责。

B 选项，询问细节没有揭露员工的违法行为，违背职业道德。

C 选项，题干已经告知是非法活动，无须再次确认。

D 选项，及时上报上级，避免损失进一步扩大。

综上所述，本题的最佳答案是 D 选项。

【正确答案】D

【考法解读】做题时，应该选择积极的、符合职业道德的答案，要时刻铭记四大价值观，务必遵守底线，合法合规，如发现任何非法活动，应立即上报。若犯错，要勇于承担责任，绝不掩盖错误。四大价值观如下。

责任：要勇于承担项目管理决策的后果，为自己的行为和决策负责，确保项目目标的实现和干系人的利益最大化。

尊重：尊重不同文化背景、信仰、价值观和观点。平等对待团队成员、干系人以及项目参与者，并促进积极的合作与互信。

公平：要无偏见和客观地作出决策，不偏袒任何一方，不接受或提供贿赂和非法回扣。避免利益冲突，确保决策公正透明。

诚实：要真实、坦诚地传递项目信息，不隐瞒事实，不误导他人。确保团队、干系人和客户之间的沟通准确和透明。

3.1.2 领导力风格

项目经理领导团队的方式多种多样，他们可能会出于个人偏好或综合考虑与项目有关的多个因素之后选择领导力风格。最常见的领导力风格包括（但不限于）：

（1）放任型领导：允许团队自主决策和设定目标，又被称为"无为而治"。

（2）交易型领导：关注目标、反馈和成就以确定奖励，实行例外管理。

（3）服务型领导：作出服务承诺，处处先为他人着想；关注他人的成长、学习、发展、自主性和福祉；重视人际关系、团体与合作；服务优先于领导。

（4）变革型领导：通过理想化特质和行为、鼓舞性激励、促进创新和创造，以及个人关怀，提高追随者的能力。

（5）魅力型领导：能够激励他人；精神饱满、热情洋溢、充满自信；说服力强。

（6）交互型领导：结合了交易型、变革型和魅力型领导的特点。

关于本考点的常见考法如下：

根据场景描述选择或判断领导力风格。

考法讲解

根据场景描述选择或判断领导力风格。

【例题3.3】一个有良好业绩的成熟项目团队已经在一个项目上工作了一年，项目经理信任这个团队和他们的工作。以下哪个术语描述了项目经理的管理方法？

A. 放任型　　　　B. 交易型　　　　C. 变革型　　　　D. 魅力型

【思路解析】

A选项，放任型领导允许团队自主决策和设定目标，又被称为"无为而治"。这种领导力风格在团队中有能力、愿意接受责任、能够作出决策，并且当团队成员之间的关系良好时非常有效。在这种情况下，领导者对团队的工作有信任感，很少干预团队的日常工作，契合题意"项目经理信任这个团队和他们的工作"。

B 选项，交易型领导者关注的是团队成员的工作性能和产出，并以奖励或惩罚来鼓励或阻止特定的行为，与题干描述不符。

C 选项，变革型领导通过理想化特质和行为、鼓舞性激励、促进创新和创造，以及个人关怀，提高追随者的能力，与题干描述不符。

D 选项，魅力型领导者依靠他们的个人魅力和影响力来激励和引导团队成员，与题干描述不符。

综上所述，本题的最佳答案是 A 选项。

【正确答案】A

【考法解读】了解各个领导力风格的特点便可以快速解题，考试通常考查放任型和服务型领导。放任型领导更注重相信团队成员，给予更多自主权；服务型领导则更侧重为团队成员提供支持、关怀和资源，帮助他们实现个人和团队的成功。

3.1.3 规划资源管理

1. 资源管理计划

资源管理计划是关于如何分类、分配、管理和释放项目资源的指南。它可以根据项目的具体情况分为团队管理计划和实物资源管理计划。一般来说，资源管理计划应该包括以下内容。

（1）识别资源：用于识别和量化项目所需的团队和实物资源的方法。

（2）获取资源：关于如何获取项目所需的团队和实物资源的指南。

（3）角色与职责：包括角色、职权、职责和能力。

（4）项目组织图：基于项目需求，项目组织图可以是正式或非正式的，非常详细或高度概括的。

（5）项目团队资源管理：关于如何定义、配备、管理和最终遣散项目团队资源的指南。

（6）培训：针对项目成员的培训策略。

（7）团队建设：建设团队的方法。

（8）资源控制：依据需要确保实物资源充足可用，并为项目需求优化实物资源采购而采用的方法，包括整个项目生命周期期间的库存、设备和用品管理的信息。

（9）认可计划：明确将给予团队成员哪些认可和奖励，以及何时给予。

关于本考点的常见考法如下：

资源管理计划的内容及作用。★

考法讲解

资源管理计划的内容及作用。

【例题3.4】当数据集成团队和数据迁移团队的领域重叠时，项目会出现问题。目前不清楚谁将负责这些领域的交付工作。项目经理接下来应该做什么？

A. 审查项目范围以调整项目团队

B. 审查工作分解结构（WBS）以调整项目团队

C. 审查资源管理计划以调整项目团队

D. 审查项目整合计划以调整项目团队

【思路解析】数据集成团队和数据迁移团队的领域（工作内容）出现重叠，目前不清楚到底是哪个团队负责重叠领域的交付。资源管理计划提供了关于如何分类、分配、管理和释放项目资源的指南。其中包含团队成员角色和职责的内容，通过查看资源管理计划可以避免责任分配不清的问题。因此，本题的最佳答案是C选项。

A选项和B选项，审查项目范围工作分解结构（work breakdown structure，WBS）可以了解项目应该完成的工作范围，但并不能清楚地了解各个团队成员的职责和工作分配，因此不能解决问题。

D选项，相较于整合管理计划，资源管理计划在解决资源分配的问题上更具针对性。相对而言，C选项更合适。

【正确答案】C

【考法解读】通常情况下，在题目中出现的"资源"，是指人力资源，也就是团队成员。资源管理计划通常包括培训计划。一旦发现团队成员缺乏相关技能，就可以制定相应的培训策略。这些策略通常记录在资源管理计划中，通过为团队成员提供必要的培训来增强他们的技能和知识。这有助于确保团队具备完成项目任务所需的必要能力。

资源管理计划还可能包含有关团队成员和其他干系人在项目中所扮演角色和职责的信息。当角色和职责不够清晰明确时，可以参考资源管理计划以获取准确的信息和指导。注意，对于职责不明的问题，在有责任分配矩阵的情况下优先选择责任分配矩阵，因为资源管理计划还包含其他内容。当两个文件X和Y都可以解决其问题，并且包含了Y时，应选择更具体的Y文件。

2.责任分配矩阵

责任分配矩阵（responsibility assignment matrix，RAM）是一种将工作内容和相对应的责任人关联起来的表格，用于明确工作和人员的分配。RAM还可以用来定义项目的角色和职责，包括项目干系人，使得项目管理团队与项目干系人之间的沟通更加方便有效。

RAM中有一种特殊的情形，称为RACI矩阵。RACI矩阵使用四个字母表示不同责任角色，即责任执行者（responsible）、责任承担者（accountable）、咨询者（consulted）和知情者（informed）。这种矩阵可以用于明确工作任务的责任分配，分配给每项工作的资源可以是个人或小组，项目经理也可以根据项目需要，使用"领导"或"资源"等词汇来分配项目责任。如果团队是由内部和外部人员组成的，RACI矩阵在明确划分角色和职责方面尤其有用。

关于本考点的常见考法如下：

明确角色职责。★

考法讲解

明确角色职责。

【例题3.5】项目经理正在规划项目。他在以前的项目中遇到过问题：在这些项目中，对于谁负责完成与项目相关的各种活动和流程存在混淆。他可以在项目管理计划中包含什么文件来帮助避免这个问题？

A.责任分配矩阵（RAM）　　B.组织结构图　　C.人员配备计划　　D.甘特图

【思路解析】题干中主要存在的问题是职责不明确，RAM可以展示项目资源在各个工作包中的任务分配，切合问题，A选项符合。

B选项，组织结构图主要展示的是其层级结构，如WBS、OBS等，不如A选项切合。

C选项，人员配备计划不涉及责任分配的具体内容。

D 选项，甘特图是展示进度信息的条形图，不符合题意。

【正确答案】A

【考法解读】当题干中提到角色不清、职责不明时，就可以选择 RAM 来明确角色和职责。如果选项中同时出现了 RACI 和 RAM，就需要了解它们之间的区别。RACI 和 RAM 最大的区别在于，RACI 更适用于大型且复杂的项目，尤其是当团队成员是由团队内部和外部人员共同组成时，选择 RACI 更为合适；否则就选择 RAM。

3. 团队章程

团队章程是一个为团队创建团队价值观、共识和工作指南的文件。它明确了对项目团队成员的可接受行为的期望，包括但不限于团队价值观、沟通指南、决策标准和过程、冲突处理过程、会议指南和团队共识。

确定并遵守明确的规则，有助于减少误解，提高生产力。讨论诸如行为规范、沟通、决策、会议礼仪等领域，可以帮助团队成员了解彼此重要的价值观，进行思想行为上的磨合，提升默契度。由团队共同制定或参与制定的团队章程可发挥最佳效果。

关于本考点的常见考法如下：

明确团队目标、角色和规则，促进团队高效合作。★★★

考法讲解

明确团队目标、角色和规则，促进团队高效合作。

【例题 3.6】一位项目经理正在为准备客户报告的最后期限而努力。虽然项目经理准备了会议议程，但没有一次会议按计划进行，会议总是以争论结束，并且没有产出任何行动计划。项目经理非常沮丧并寻求项目发起人的帮助，他应该创建什么文件防止这种情况发生？

A. 资源分解结构 　　　　　　　　　B. 工作分解结构（WBS）
C. 项目章程 　　　　　　　　　　　D. 团队章程

【思路解析】根据题干背景，虽然每次都有会议议程，但会议并未按计划进行，总是以争论结束，且没有产出任何行动计划，相当于开了无效的会议。为了解决这个问题，项目经理应该规范相应的会议准则，确保大家严格按照会议计划进行，避免争论并有效产出。而会议准则一般包含于团队章程之中，故本题的最佳答案是 D 选项。

A 选项，资源分解结构是按资源类别和类型对团队与实物资源的层级列表，用于规划、管理和控制项目工作，与题意无关。

B 选项，工作分解结构用来显示如何把项目可交付成果分解为工作包，与本题所说的会议无关。

C 选项，项目章程记录了关于项目和项目预期交付的产品、服务或成果的高层级信息，不会包含团队工作准则，与题意无关。

【正确答案】D

【考法解读】团队章程是为团队创建团队价值观、共识和工作指南的文件。当团队面临会议纠纷，成员出现人际冲突、工作方式、时间分配争议等问题时，可以参考团队章程来解决。团队章程需要团队成员共同制定并批准，这样才能更好地去遵守和执行。团队章程也需要定期审查和更新，确保团队始终遵循适应性的基本规则。

3.1.4 获取资源

在项目管理中，获取所需资源往往需要通过谈判来实现。项目管理团队通常需要与以下各方进行谈判。

（1）职能经理：确保项目在要求的时限内获得最佳资源，直到完成职责。

（2）执行组织中的其他项目管理团队：合理分配稀缺或特殊资源。

（3）外部组织和供应商：提供合适的、稀缺的、特殊的、合格的、经认证的或其他特殊的团队或实物资源。

关于本考点的常见考法如下：

（1）优先选择从组织内部获取资源，如若组织内部无法获取再考虑外购。★

（2）协商共享资源。

考法讲解

（1）优先选择从组织内部获取资源，如若组织内部无法获取再考虑外购。

【例题 3.7】一个非常关键的项目由于缺乏专业资源而处于危险之中。新任命的项目经理首先应该做什么？

A. 在组织内寻找可用的专业人员来填补空缺

B. 拨出资金，物色外部专业人员以填补空缺

C. 确定团队成员拆解所需任务以致完成的可能性

D. 为缺少专业知识的团队培训申请额外预算

【思路解析】一个关键项目由于缺少专业资源而处于危险之中。

A 选项，当前项目处于危险中，先从内部寻找"专业人员"是合理的选择。

B 选项，当缺乏资源时，优先内部寻找，如果找不到，再考虑外部招聘。

C 选项，题干明确告知需要"专业资源"，而非简单的"缺乏资源"。如果仅是"缺乏资源"的这类描述，可以考虑 C 选项。

D 选项，如果只是缺乏某项简单的技能，能通过培训获得，可以考虑培训。但是题干中是缺乏"专业资源"，且项目因此处于危险之中，此时培训可能无法及时解决问题，因此 D 选项不如 A 选项合适。

综上所述，本题的最佳答案是 A 选项。

【正确答案】A

【考法解读】在资源短缺的情况下，应遵守"先内后外"的原则，先考虑从内部获取资源，如果组织内部无法获取资源，再考虑从外部获取。一般优先与职能经理谈判获取资源，其次是与其他项目的项目经理谈判，最后考虑从外部组织中获取资源。

（2）协商共享资源。

【例题 3.8】项目章程刚刚获得批准，项目发起人已允许开始实施该项目，项目经理已确认本项目的一个关键资源在同一时间也被另一个项目需要，这将影响本项目的交付，项目经理应该怎么做？

A. 与另一个项目的项目经理会面，以找到适用于两个项目的资源优化解决方案

B. 与项目集经理讨论将该项目优先于其他项目，以便获得关键资源

C. 为关键资源支付加班费以完成工作时间以外的工作

D. 与客户洽谈，看看项目交付期限是否能因资源可用性问题而延迟

【思路解析】本题中，关键项目资源与另一个项目有冲突，项目经理可以运用谈判的技巧去与另一个项目的项目经理进行协商，因此，本题的最佳答案是 A 选项。

B 选项，不能因为要获取资源就将本项目的优先级提高，并且题干也没有信息显示项目的优先级问题，B 选项不合适。

C 选项，让关键资源加班不是可取的手段，C 选项不合适。

D 选项，组织内的资源问题应内部解决，不能因为资源问题而向客户要求延期，D 选项不合适。

【正确答案】A

【考法解读】当资源被其他项目或部门共享时，为更有效地利用公共资源，避免冲突，并确保资源共享的顺利进行，项目经理需要与其他项目或部门的负责人进行充分沟通和协商。在谈判过程中，应该明确定义资源的使用方式、时间安排、责任分配以及监督机制，以确保共享资源的合理利用和最终实现各方利益的平衡，实现资源效益最大化。

3.1.5 控制资源

控制资源是确保按计划为项目分配实物资源，以及根据资源使用计划监督资源实际使用情况，并采取必要纠正措施的过程。这一过程的主要作用是确保所分配的资源能够及时准确地用于项目，且在不再需要时被释放。

关于本考点的常见考法如下：

资源有变化（如离职、被调离），先分析后行动。★

考法讲解

资源有变化（如离职、被调离），先分析后行动。

【例题 3.9】项目经理正在管理一个需要专门架构服务的项目，该项目被认定为该组织的高风险项目。项目经理与高度专业化的外部架构师一起工作，然而，架构师即将辞职，因为他们接受了另一家公司的邀请。项目经理下一步该怎么做？

A. 与项目团队讨论，评估影响，并决定适当的后续行动

B. 询问架构师新雇主的联系方式，并打电话给他们的客户经理

C. 打电话给客户经理，给他们提供奖励，让他们留住专家

D. 将问题升级到采购部门，并要求他们与供应商公司讨论

【思路解析】项目中的架构师要从项目中离职，项目经理应该先分析评估离职会对项目的影响，然后制定解决方案。因此，本题的最佳答案是 A 选项。

B 选项，向对方公司客户经理投诉的做法不妥当。

C 选项，成员要离职，应该先内部想办法解决，直接让客户加钱挽留团队成员的做法不太合适。

D 选项，成员要离职，应该先确定影响，再确定具体的行动方案，采购部门重新找人是 A 选项之后的行动，不是下一步要做的。

【正确答案】A

【考法解读】项目中出现资源变化（如团队成员离职或被调离）时，应该先进行分析，了解资源变化对项目的影响，包括确定哪些资源受到影响、影响的程度、可能产生的风险以及如何填补资源空缺等。在对资源变化进行充分分析之后，项目团队可以制定相应的行动计划来处理资源变化，如重新分配任务、调整进度计划、招募新成员或提供培训等。通过先分析后行动的方式，项目团队能够更有针对性地解决资源变化带来的问题，避免盲目行动可能带来的风险，从而提高项目的成功概率。

3.2 团队

3.2.1 建设团队

团队建设是指通过举办各种活动来强化团队成员间的社交联系，营造积极合作的工作氛围。团队建设活动既可以是状态审查会上的简短议程，也可以是为了改善人际关系而专门设计的、在工作场所举办的专业提升活动，旨在帮助各团队成员更有效地协同工作。如果团队成员的工作地点相隔甚远，无法进行面对面接触，就特别需要有效的团队建设策略。非正式的沟通和活动有助于建立信任与良好的工作关系。

关于本考点的常见考法如下：

通过团队建设提升团队凝聚力和协作能力。★

考法讲解

通过团队建设提升团队凝聚力和协作能力。

【例题 3.10】一个新的项目团队已经成立,项目经理注意到,一些团队成员对成为项目团队的一员感到不舒服,因此喜欢单独工作而不是作为一个团队一起工作。项目经理应该如何解决这个问题?

A. 等到一些迭代完成再进行干预 B. 促进团队建设会议来解决这个问题
C. 允许团队成员保留以前的个人角色 D. 直接指导团队成员如何执行任务

【思路解析】团队成员之间的合作需要加强,项目经理可以通过举行一些团建活动解决,因此,本题的最佳答案是 B 选项。

A 选项,团队协作问题应该在团队早期尽快解决,加强团队合作有助于项目工作的高效完成,等到一些迭代完成后再干预未免有点晚,不是最优解。

C 选项,每个人都有自己的个性和特点,允许团队成员保留以前的个人角色是合理的,但是这与解决团队合作问题并没有太大关联,不是最优解。

D 选项,直接指导团队成员如何执行任务,并不能从根本上解决团队成员之间合作的意愿问题,不是最优解。

【正确答案】B

【考法解读】当团队缺乏凝聚力和归属感时(如成员认为没有参与感,感觉被团队排除在外,倾向于单独工作而不是作为一个整体工作),可以开展团队建设活动促进沟通、建立信任、增强团队意识和凝聚力,从而改善团队成员之间的关系,使他们更加紧密合作,并以整体工作的方式推动团队的成功。团队建设是一个"万金油"的选项,但是要注意的是团队建设并不能解决所有问题,特别是在涉及个人技能、能力或人际关系的具体问题时,可能需要针对性的培训、辅导或沟通来解决。

1. 虚拟团队

虚拟团队可定义为具有共同目标、在完成角色任务的过程中很少或没有时间面对面工作的一群人。现代沟通技术(如电子邮件、电话会议、社交媒体、网络会议和视频会议等)使虚拟团队成为可能。

关于本考点的常见考法如下:

有效处理虚拟团队面临的挑战。★★★

考法讲解

有效处理虚拟团队面临的挑战。

【例题3.11】一个电信项目由分布在具有不同文化的多个国家的部门组成。项目团队很少会面,每个团队成员都使用在线报告工具独立工作。项目经理应该怎么做才能确保团队成员致力于项目成功?

A. 创建月度报告,以便每个人都了解当前状态

B. 计划定期的虚拟会议以激励和支持团队

C. 以小组形式开会并通过电子邮件与团队其他成员共享信息

D. 控制和遵循项目的主要目标、预算和进度

【思路解析】项目分布在具有不同文化的多个国家,成员使用在线工具办公。基于不同的地理位置和项目团队当下的办公现状,采用集中虚拟办公的形式一起工作,更能促进团队协作,确保团队成员沟通以保证项目成功。

A选项,月度报告属于推式沟通形式,沟通频率低,且无法实现团队成员间的相互沟通。

B选项,定期的虚拟会议可以激励团队,促进团队成员交互式沟通,更能促进团队间的协作,确保项目成功。

C选项,以小组形式沟通并发送邮件共享,多个小组间的沟通没有交互,小组间的沟通变得困难,不利于整体团队沟通。

D选项,基于地理环境和工作现状,从确保团队成员致力于项目成功的角度考虑,促进团队成员的协作更能确保项目成功。仅从项目整体目标、进度、成本角度考虑,容易忽视具体问题。

综上所述,本题的最佳答案是B选项。

【正确答案】B

【考法解读】虚拟团队模式适用于团队成员分布于不同地理位置的情况,包括专家在不同地理区域、工作班次或工作时间不同的员工一起合作。在虚拟团队中,团队成员需要特别关注沟通和文化问题,花更多时间来确立明确的期望,促进成员有效沟通(如建立和维护明确的虚拟沟通渠道),制定解决冲突的方法,定期举行会议,分享信息,共享成功的喜悦,同时要尊重文化多样性。

2. 培训

培训是指提升项目团队成员能力的全部活动。这些活动可以是正式或非正式的，包括课堂培训、在线培训、计算机辅助培训、在岗培训（由其他项目团队成员提供）、辅导及训练。如果项目团队成员缺乏必要的管理或技术技能，可以将这些技能的培养作为项目工作的一部分。项目经理应该按资源管理计划中的安排实施预定的培训，也应该根据管理项目团队过程中的观察、交谈和项目绩效评估的结果，开展必要的计划外培训，培训成本通常应该包括在项目预算中，如果增加的技能对未来的项目有益，则由执行组织承担。培训可以由内部或外部培训师执行。

关于本考点的常见考法如下：

为缺乏能力的团队成员提供培训或指导。★★★

考法讲解

为缺乏能力的团队成员提供培训或指导。

【例题 3.12】一些从事公共住房项目的新团队成员不熟悉该系统。他们不了解如何评估申请补贴建造房屋的居民，包括批准的规则和标准。项目经理该怎么做？

A. 为不熟悉系统的新团队成员计划一次培训

B. 通过电子邮件将规则和标准传达给团队成员

C. 只与熟悉系统的团队成员一起工作

D. 记录新团队成员不熟悉的规则和标准

【思路解析】新团队成员不熟悉系统，不了解批准的规则和标准，问项目经理应该怎么做。

A 选项，为不熟悉系统的新成员计划一次培训，帮助新成员了解规则和标准，可选。

B 选项，仅通过电子邮件传达规则和标准，不能保证团队成员接收并理解规则的内容，不合适。

C 选项，新团队成员不熟悉系统，应该想办法帮助其解决，而不是只与熟悉系统的团队成员工作，不合适。

D 选项，仅仅记录团队成员不熟悉的规则和标准，而没有实际行动去帮助他们，不合适。

综上所述，本题的最佳答案是 A 选项。

【正确答案】A

【考法解读】 针对新成员或缺乏能力或经验的团队成员，应该提供培训或指导，帮助他们提高技能和能力，以更好地融入团队并取得更出色的表现。在规划阶段，需要评估项目需求和成员能力，制定合适的培训计划以确保培训内容和形式能够符合项目需求，达到良好的培训效果。在执行阶段，若发现成员能力不匹配，存在差距，也可以制定对应的培训计划帮助成员提升技能。要注意，在缺乏经验或者项目时间紧迫且缺乏技能的情况下，优先考虑指导，如老带新、结对工作等，在实践中提高成员技能。

3. 情商

情商（EQ）是识别自己和他人情绪的能力，这些信息用于指导思维和行为。对个人感受的认可、对他人的感受的同理心，以及采取适当行动的能力，是有效沟通、协作和领导力的基石。在项目团队环境中，情商至关重要。情商通常集中在四个关键领域：自我意识、自我管理、社交意识、社交技能。自我意识和自我管理是在项目处于困境时保持冷静和富有成效的必要条件。社交意识和社交技能有助于更好地与项目团队成员和干系人建立联系。情商是各种领导力的基础。

关于本考点的常见考法如下：

情商的作用。★

考法讲解

情商的作用。

【例题 3.13】 在一个项目中工作的两名项目团队成员之间经常发生冲突，这对项目造成了负面影响。项目经理应该如何处理这种情况？

A. 向两名项目团队成员提出建议，并向他们发出最后警告

B. 在出现更大的问题之前，将问题上报给人力资源（HR）经理

C. 通过情商培养两名项目团队成员之间的自我意识

D. 将两名项目团队成员重新安置到不同的项目团队中

【思路解析】 这道题考查的是冲突的解决方法，一般来说，解决冲突最好的方式是通过合作的态度和对话引导双方达成共识，实现双赢。下面是四个选项的对比情况。

A 选项，发出警告相当于命令/强迫，可以解决问题，但是强迫的方式可能会导致负面的效果，不是最优解。

B 选项和 D 选项，不管是将冲突丢给别人，还是把两个人安置在不同的项目团队，都属于撤退/回避，并没有解决问题，不能体现项目经理的主观能动性，不是最优解。

C 选项，通过培养情商，可以帮助两名成员了解他们的情绪和行为，以此促进有效的沟通，解决双方之间的问题，可选。

综上所述，本题的最佳答案是 C 选项。

【正确答案】C

【考法解读】培养情商具有以下几方面的作用。

（1）更好地认识和管理自己的情绪，增强情绪稳定性和应对能力。

（2）增强对他人情绪的理解和同理心，促进更有效地沟通和人际关系。

（3）提升解决问题和冲突的能力，有助于改善团队合作和领导力。

（4）帮助更好地应对压力和挑战，提高自我调节和适应能力。

（5）激发自我激励和动力，有助于实现个人和职业发展目标。

因此，在面对团队成员情绪、压力、冲突、动力不足和沟通障碍等问题时，关注并培养情商可以促进团队成员个人发展，改善人际关系。

4. 塔克曼阶梯模型

塔克曼阶梯模型是关于团队发展的经典理论，描述了团队在达到高效工作状态之前可能经历的五个阶段，每个阶段的特点如下。

（1）形成阶段。项目团队成员首次聚到一起。在这个阶段，成员们可以相互了解各自的姓名、在项目团队中的地位、技能组合以及其他相关背景信息。这通常发生在项目启动会议上。

（2）震荡阶段。项目团队成员会运用各种方法谋取在团队中的地位。在这个阶段，团队成员的个性、优点和弱点开始显现。当团队成员们试图弄明白如何共事时，可能会出现一些冲突或斗争。震荡期可能会持续一段时间，也可能会相对较快地结束。

（3）规范阶段。项目团队开始作为一个整体运行。此时，项目团队成员知道自己在团队中的地位，以及与其他成员的关系和互动方式。在协作中，即使遇到一些挑战，他们也能很快解决问题，项目团队也会采取行动。

（4）成熟阶段。项目团队高效运行。经过一段时间的合作，项目团队能够产生协同效应。通过协作，项目团队成员可以完成更多工作，并生产出高质量的产品。

（5）解散阶段。项目完成后，团队解散，成员们转向其他事务。如果项目团队建立了良好的关系,一些项目团队成员可能会对离开项目团队感到不舍。

在塔克曼阶梯模型中,项目团队文化开始于形成阶段,并在随后的各个阶段中不断演进。虽然此模型显示了一个线性进展的过程,但项目团队可能会在这些阶段之间来回反复。此外,并非所有项目团队都能达到成熟阶段,有些甚至无法达到规范阶段。

关于本考点的常见考法如下:

了解团队在各个阶段的特点,采用合适的领导风格管理。

考法讲解

了解团队在各个阶段的特点,采用合适的领导风格管理。

【例题 3.14】在给项目团队分配任务后,项目经理发现一些团队成员感到不满意。同一团队的成员在理解分配给他们的任务时遇到困难,而其他团队的成员则在挑战(challenge)基于项目分配的时间表。塔克曼阶梯模型的哪个阶段正在发生?

A. 形成阶段　　　　B. 成熟阶段　　　　C. 震荡阶段　　　　D. 规范阶段

【思路解析】塔克曼阶梯模型指出团队建设通常要经历以下五个阶段。

在形成阶段,团队成员相互认识、了解项目情况及他们在项目中的正式角色与职责。在这一阶段,团队成员倾向于相互独立,不一定开诚布公。

在震荡阶段,团队开始从事项目工作、制定技术决策和讨论项目管理方法。如果团队成员不能用合作和开放的态度对待不同观点与意见,团队环境可能变得事与愿违。

在规范阶段,团队成员开始协同工作,并调整各自的工作习惯和行为来支持团队,团队成员会学习相互信任。

进入成熟阶段后,团队就像一个组织有序的单位那样工作,团队成员之间相互依靠,平稳高效地解决问题。

在解散阶段,团队完成所有工作,团队成员离开项目。通常在项目可交付成果完成之后,或者在结束项目或阶段过程中,释放人员,解散团队。

本题中,一些团队成员感觉不舒服、理解任务困难;另一些团队成员则在挑战时间表,也就是对项目的时间表提出了质疑,原文中的 challenge 被翻译为"挑战",这里的 challenge 实际上是"提出质疑"的意思。这说明此时的团队还不能很好地适应工作,不符合规范阶段的特点。同时,题干也没有提到有新成员加入团队,题干描述的情况比较符合震荡阶段的特点,因此,本题的最佳答案是 C 选项。

【正确答案】C

【考法解读】了解塔克曼阶梯模型每个阶段的特点，根据题干情景做出判断。下面是该模型每个阶段的简要特点。

形成阶段：成员刚刚加入团队，彼此不太了解，依赖领导者提供方向和指导。

震荡阶段：冲突和竞争。

规范阶段：开始形成共同的工作方式和目标。

成熟阶段：高度合作和互相信任，发展到了高效的工作状态。

解散阶段：准备分开并追求新计划，总结和反思团队成就与经验。

需要注意的是，每个团队的发展过程可能会有所不同，而且团队不一定会按照线性的方式经历每个阶段。有时团队可能会在某个阶段停滞或回退，需要领导者的指导和干预来推动团队向前发展。

3.2.2 管理团队

管理团队是跟踪团队成员的工作表现、提供反馈、解决问题并管理团队变更，以优化项目绩效的过程。这个过程的主要作用是引导团队行为、管理冲突以及解决问题。

关于本考点的常见考法如下：

（1）遇到问题先分析（沟通）后行动。★★★★

（2）给予团队适当的支持，帮助他们更好地专注于项目工作。★

考法讲解

（1）遇到问题先分析（沟通）后行动。

【例题 3.15】一个关键的项目里程碑被错过了，原因是一名团队成员没有按时完成任务。这一事件在终端用户的演示中引起了激烈的讨论。项目经理下一步该怎么做？

A. 在团队会议上要求团队成员解释延迟的原因

B. 与该团队成员一对一地讨论这个问题

C. 审查人力资源政策，以采取相关的纠正措施

D. 将绩效问题上报给团队成员的职能经理

【思路解析】本题关键是一名团队成员没有按时完成任务，导致项目的关键里程碑被错过（进度延迟），且引起了激烈的讨论。题干问的是下一步应该怎么做，所以需要着重考虑步骤的先后顺序。

A 选项，公开要求团队成员在团队会议上解释延迟的原因并不是最佳选择，因为这可能会导致团队成员的不适和尴尬，从而产生防御和反抗性的反应，使问题更难找到根源，不利于问题的及时解决。

B 选项，项目经理和该成员一对一的会议为坦诚讨论提供了一个安全的环境，有利于该团队成员坦诚延迟的原因。

C 选项，题干信息并不能判断出当前的人力资源政策存在问题，应先积极沟通找到原因再采取行动。

D 选项，项目经理在没有经过沟通和分析问题原因的情况下，直接将绩效问题上报给职能经理并不是合适的做法。

综上所述，本题的最佳答案是 B 选项。

【正确答案】B

【例题 3.16】项目经理注意到公司的一位营销主管看起来压力很大，而且他的绩效正在逐渐下降，并影响到项目的可交付成果。项目经理应该做什么？

A. 让营销主管对他们的工作和产出负责

B. 与人力资源部一起审查营销主管业绩下降的情况

C. 表现出同理心并赞扬营销主管的优势

D. 将营销主管的任务分配给其他项目团队成员

【思路解析】审查该营销主管绩效下滑的情况，明确其对项目所造成的影响，了解导致其压力大的原因，进而更好地帮助他走出困境，因此，本题的最佳答案是 B 选项。

A 选项，这种做法并不能深入地了解原因，不利于解决问题，因此相比之下 B 选项更好。

C 选项，不一定能够解决问题。

D 选项，这种做法是不合适的，不到万不得已不得采取。

【正确答案】B

【考法解读】如果遇到团队成员绩效表现不佳或状态不好等问题时,首先要与其沟通讨论,了解问题的根源和具体情况。通过沟通可以获取更多信息,确定问题的来源,确保对问题有全面和准确的理解。在经过充分的分析和沟通之后,再采取行动解决问题,确保在对问题有清晰理解的基础上,采取有效的行动计划来解决问题,避免盲目行动导致问题加剧或无法解决根本问题。

如果没有与本人先沟通的选项,也可以考虑与人力资源部门和职能经理合作,协同解决问题。这样可以更好地理解团队成员的情况,并采取有效措施帮助他们解决问题。

(2)给予团队适当的支持,帮助他们更好地专注于项目工作。

【例题 3.17】所有项目团队成员都向项目经理咨询各种决策,这会导致一些任务的延迟,因为项目经理通常整天都在忙于会议。项目经理应该做些什么防止这些延迟?

A. 回顾帕累托图以确定延迟的来源
B. 在两周内与团队会面,对所有开放的任务作出回应
C. 将决策权保留在项目经理手中
D. 将部分任务的决策权下放给团队

【思路解析】项目经理忙于会议而不能及时决策,导致团队任务的延迟。

A 选项,题干已经指出了延迟的原因是项目经理忙于会议,应该针对原因去解决问题,A 选项并不能直接解决延迟问题。

B 选项,有些问题可能需要马上决策,两周内与团队会面,时间跨度比较长,可能仍会影响任务的完成。

C 选项,这种做法和原来的做法一致,不能解决问题。

D 选项,将部分任务的决策权授权给团队成员,团队不需要再等待项目经理来决断,可以避免因决策延误而耽误完成时间,是可行的措施。

综上所述,本题的最佳答案是 D 选项。

【正确答案】D

【考法解读】项目经理可以在团队中适当授权,确保团队成员能够及时作出决策,避免因等待时间过长耽误项目进度。同时,在团队成员需要指导时提供支持和指导,帮助他们解决问题。还需要为团队成员消除外部干扰,如干系人的打扰或职能经理安排的非本项目任务,

可以与相关人员协调，确保团队可以更专注于本项目的工作。此外，要营造一个安全、信任的环境，便于团队成员相互沟通和合作，让团队成员感到放心，从而更好地发挥他们的工作能力。

1. 团队激励

对团队成员的激励可以分为内在激励和外在激励两种形式。内在激励源自个人内心或与工作相关，与寻找工作乐趣有关，而不是关注奖励。外在激励则是因为外部奖励（如奖金）而开展工作。许多项目工作都与内在激励相一致。人们不止有一个激励因素，多数人都有一个首要的激励因素。要想有效地激励项目团队成员，了解每位成员的首要激励因素是很有帮助的。根据个人偏好定制激励方法，有助于实现最佳的个人和项目团队绩效。

关于本考点的常见考法如下：

（1）根据成员偏好确定合适的激励方式。★

（2）鼓励和认可团队成员，激励他们克服困难和实现目标。★

考法讲解

（1）根据成员偏好确定合适的激励方式。

【例题 3.18】在项目的执行阶段，项目经理注意到项目团队缺乏动力且绩效下降，他决定对所有关键团队成员进行财务奖励。然而，奖励发放后，团队仍然表现不佳。项目经理应如何避免这种情况？

A. 确定对关键团队成员适合的激励方式

B. 在项目执行过程中，对关键团队成员的表现进行频繁监控

C. 根据团队成员的个人表现分配金钱奖励

D. 确定表现不佳的团队成员并要求人力资源部门更换他们

【思路解析】根据题干信息，尽管对关键团队成员进行了财务奖励，但是团队仍然表现不佳，这说明财务奖励的措施没有起到效果。团员成员可能是想要成就感、职位提升等不同激励因素。要激发关键团队成员的动力，应当根据他们实际的需求进行激励，所以首先应该确定适合于关键团队成员的激励方式，再有针对性地采取激励方式，以达到效果。因此，本题的最佳答案是 A 选项。

B 选项，对关键团队成员的表现进行频繁监控会引起成员的不适感，不但不能激发动力，还可能产生反作用，不合适。

C 选项，题干中已表明财务奖励不起作用，不是金钱分配的问题，而是激励方式不合适，不合适。

D 选项，现在是整个团队的动力不足并且绩效下降，直接更换表现不佳的团队成员不能从根本上解决问题，且可能会引起团队成员的不满，不合适。

【正确答案】A

【考法解读】要想有效激励团队成员，需要了解他们的喜好，确定激发他们动力的因素。选择适合的激励方式，可有效提升团队激励效果，推动项目发展。内在激励通常比外在奖励更为有效，包括赞扬、认可和感谢，较物质奖励（奖金）更具影响力。

（2）鼓励和认可团队成员，激励他们克服困难和实现目标。

【例题 3.19】一个项目取得了重大进展且即将完成。项目经理观察到团队成员不再集中注意力，开始上班迟到。项目经理应该采取什么措施？

A. 与职能经理接触，确保团队成员的角色

B. 举行激励会议以保持团队成员的士气

C. 要求更换项目团队成员

D. 惩罚迟到的团队成员

【思路解析】在项目快要结束时，团队成员出现了懈怠的情况，为了确保项目顺利完成，项目经理需要确保团队成员的士气高昂。举行激励会议可以重新点燃团队的热情，提醒他们项目的重要性和他们的贡献。

A 选项，虽然可以与职能经理接触，但是题干未显示团队成员不了解自己的角色定位，不合适。

C 选项和 D 选项，团队成员出现懈怠的问题，可以找到问题的原因并解决问题，不提倡惩罚或更换团队成员，不合适。

本题的最佳答案是 B 选项。

【正确答案】B

【考法解读】在团队管理中，不断鼓励和认可团队成员至关重要，以激励他们克服困难并

实现共同的目标。通过表扬、支持、信任和设定短期目标来鼓励团队成员，同时及时给予肯定和奖励，让他们感到自己的努力得到认可。当团队面临挑战和困难时，应该通过合适的激励方式使团队成员勇敢面对、积极解决问题，不轻言放弃，从而激发他们战胜困难的信心和勇气。这种鼓励和认可有助于团队成员认同共同的目标，增强团队凝聚力和执行力，共同努力实现团队的目标。

2. 团队绩效评估

项目管理团队需要对项目团队绩效进行持续正式或非正式的评估。定期评估项目团队绩效有助于及时采取措施解决问题、调整沟通方式、解决冲突和改进团队互动。

常见的绩效评估指标有 KPI、OKR。

关键绩效指标（key performance indicator，KPI）是一种可量化的、被事先认可的、用来反映组织目标实现程度的重要指标体系，是衡量工作和人力资源绩效表现的量化考核指标。

目标和关键成果（objectives and key results，OKR）是一套定义和跟踪目标及其完成情况的管理工具，侧重于关注员工是否达到既定目标的管理方法。

关于本考点的常见考法如下：

制定合适的绩效指标来评估团队成员表现。

考法讲解

制定合适的绩效指标来评估团队成员表现。

【例题 3.20】在项目开始时，项目经理被要求向人力资源部提供对每名团队成员表现的评估，该评估将在项目结束时进行。项目经理应如何处理此请求？

A. 询问项目团队成员希望如何评估，并使用这些标准与人力资源部分享结果

B. 根据完成的项目是否实现了预期目标来评估项目团队成员的绩效

C. 建立一套客观和可衡量的绩效指标，用于评估团队成员，并与团队共享

D. 在项目结束时与人力资源部会面，并对每名团队成员的表现进行保密评估

【思路解析】项目经理被人力资源部要求评估项目团队中每名团队成员的表现，需要决定如何处理。

A 选项，直接使用"项目团队成员希望如何评估"的标准进行评估，可能缺乏客观性和普遍性，不合适。

B 选项，项目的完成情况可以作为评估绩效的标准之一，但无法代表整体的表现，这是因为忽略了团队成员在项目过程中的具体个人贡献，不合适。

C 选项，建立客观、可衡量，并与团队共享的绩效指标是较为合适的评估方案，可选。

D 选项，采用保密评估，无法确保评估的透明性和公平性，容易引起质疑和不满，不合适。

综上所述，本题的最佳答案是 C 选项。

【正确答案】C

【考法解读】在项目管理中，要设定适当的评价标准和指标，用于评估团队成员的工作表现。这些指标应该能够客观地衡量团队成员在工作中的表现和贡献，从而为评估提供有效依据。评估团队成员的表现是为了帮助他们了解自己的工作表现，发现优势和改进空间，并为个人成长和团队整体绩效提供指导与支持。

3. 冲突管理

项目冲突是组织冲突的一种特定表现形态，是项目内部或外部某些关系难以协调而导致的矛盾激化和行为对抗。根据处理冲突的不同方式，既可能导致更多的冲突，也可能促成更好的决策和更出色的解决方案。应在冲突已超出有益辩论的范畴并升级之前加以解决，以获得更好的成果，避免事态恶化。

解决项目冲突的基本策略如下：

（1）撤退/回避：从实际或潜在冲突中退出，将问题推迟到准备充分时，或者将问题推给其他人员解决。

（2）缓和/包容：为维持和谐关系而退让，考虑其他方的需要，强调双方的共同点而非差异。

（3）妥协/调解：为了暂时或部分解决冲突，寻找能让各方都在一定程度上满意的方法，但这种方法有时会导致"双输"局面。

（4）强迫/命令：指采用"非赢即输"的方法解决冲突，通过牺牲别人的观点推行自己的观点。通常是利用权力来强行解决紧急问题。

（5）合作/解决问题：综合考虑不同的观点和意见，采取合作的态度和开放式对话引导各方达成共识和承诺，这是一种"双赢"的方法。

关于本考点的常见考法如下：

（1）区分五种冲突解决方法的特点，根据情景选择合适的做法。★

（2）与冲突当事人沟通，以便促进当事人达成共识并解决冲突。★★★★★

考法讲解

（1）区分五种冲突解决方法的特点，根据情景选择合适的做法。

【例题 3.21】 新团队成员总是上班迟到，项目经理担心这可能会影响其他团队成员的积极性，因此要求新团队成员要与团队的原则保持一致并按时到达。项目经理在这种情况下采用了哪种冲突解决方案？

A. 合作/解决问题　　B. 强迫/命令　　C. 缓和/包容　　D. 妥协/调解

【思路解析】 关建词：要求新团队成员要与团队的原则保持一致并按时到达。项目经理对迟到的团队成员提出要求，属于强迫/命令的方法，利用权力要求另一方满足条件，因此，本题的最佳答案是 B 选项。

A 选项，合作/解决问题是综合考虑不同的观点和意见，通过合作和开放式对话引导各方达成共识和承诺，这是一种"双赢"的方法，与题干不符。

C 选项，没有强调双方的共同点而非差异点来解决问题，与题干不符。

D 选项，不是寻求一种折中的方法，与题干不符。

【正确答案】 B

【考法解读】 关于这五种解决冲突的方法，需要了解、区分它们的特点，并在对应的场景中选择合适的方式。若无特殊情况，首选合作/解决问题策略，因为这是以合作的态度去解决冲突，促进冲突双方达成共识，是解决冲突的最佳方案。

题干通常描述与冲突相关的背景，并使用某种方法解决，询问应该采取的解决方式，或者描述一段场景，包含与五种方法特点相关的内容，询问应该采取的解决方式（表 3.1）。所以要重点关注题干的关键词，选择对应的解决方法。

表 3.1 冲突解决方法及关键词

解决方法	关键词
撤退/回避	推迟、转移、等待
缓和/包容	求同存异
妥协/调解	各退一步、平均、双输
强迫/命令	项目经理选择、命令、快速、立即决策、输赢
合作/解决问题	对话、合作、长期、有效、解决、双赢（无其他约束时首选）

（2）与冲突当事人沟通，以便促进当事人达成共识并解决冲突。

【例题 3.22】项目经理领导一个移动聊天应用程序的开发项目。其中，一个经验丰富的开发人员经常与其他团队成员产生冲突，导致其他团队成员拒绝与该开发人员合作。由于该开发人员是高绩效人员，如果离开团队，项目目标可能会受到负面影响。在这种情况下，项目经理应该怎么做？

A. 安排团队建设培训课程，并要求所有团队成员参加

B. 收集团队的反馈意见，反馈给人力资源以解决冲突

C. 与开发人员见面，要求他尊重其他团队成员，并作为一个团队一起工作

D. 与团队成员和开发人员单独会面，了解情况，并据此制定行动计划

【思路解析】开发人员因为经常与其他团队成员产生冲突而导致其他团队成员拒绝与他合作，要解决这个问题，首先要了解具体情况和冲突原因，再选择最合适的冲突解决策略。

A 选项，团队建设可以暂时缓解团队成员之间的矛盾，营造可以相互合作的环境，但是根本问题没有得到解决，开发人员以后还会因为相同的原因与其他团队成员产生冲突。

B 选项，项目经理应该首先尝试自己解决问题，当选项中没有项目经理主动解决的选项时，可以考虑本选项。

C 选项，找到冲突的原因才能更好地解决问题，在不确定开发人员单方面是否有问题的情况下，要求开发人员单方面让步不是一个很恰当的方法。

D 选项，先分别和团队成员与开发人员面对面沟通，了解具体情况后再制定行动计划，是更全面地解决冲突的方法。

综上所述，本题的最佳答案是 D 选项。

【正确答案】D

【例题 3.23】一个项目经理注意到团队对完成一项任务所需的工作量存在分歧。项目经理应该怎么做？

A. 建议团队使用所有估算的平均值，因为这将是最可靠的工作量

B. 建议每名团队成员解释他们估算的理由，然后要求团队达成共识

C. 建议团队解决估算问题，只要需要，他们可以一直进行下去

D. 告诉团队，由于团队无法达成一致意见，项目经理将确定工作量水平

【思路解析】团队对任务所需工作量有分歧，需要采取合适的方法来解决。

A选项，直接使用平均值可能会忽视团队成员对任务工作量的不同看法和理解，某些估算可能过高或过低，会导致对实际工作量的准确估算产生误导，不合适。

B选项，让团队成员解释他们的估算理由，可以增进大家的理解，有助于团队更好地理解不同估算的基础，通过讨论和协商，考虑所有观点并达成一个共同的估算，合适。

C选项，如果团队一直在解决估算问题而没有时间限制，可能会导致任务推迟并增加项目的风险，不合适。

D选项，项目经理应该鼓励团队进行讨论和达成共识，而不是单方面决定工作量，忽视了团队的参与和协作，不合适。

综上所述，本题的最佳答案是B选项。

【正确答案】B

【考法解读】当发生冲突时，首先要找到当事人进行沟通，了解清楚具体情况和冲突原因，然后确定合适的行动，促进当事人之间的协作关系，让他们能客观地发表各自的想法。最后，就存在分歧的想法，采取合适的方式帮助他们达成共识，以此解决冲突。当题干提及需求不一致、一方对另一方存在抱怨等冲突场景时，优选通过沟通来找到原因并促进共识的方法。

第 4 章 干系人与沟通管理

4.1 干系人管理

4.1.1 识别干系人

识别干系人是定期识别项目干系人，分析和记录他们的利益、参与度、相互依赖性、影响力和对项目成功的潜在影响的过程。不同干系人在项目中的责任和职权各不相同，并且可能随着项目生命周期的进展而变化。干系人会受到项目的积极或消极影响，相应地也会对项目施加积极或消极的影响。为提高项目成功的可能性，应尽早开始识别干系人，对干系人进行分类，并正确引导干系人参与。

关于本考点的常见考法如下：

通过准确识别干系人来获取关键信息，以满足需求。★

考法讲解

通过准确识别干系人来获取关键信息，以满足需求。

【例题 4.1】实施混合型项目的项目经理在快速变化的商业环境中与多个干系人打交道。项目经理应如何确保满足多个干系人的需求？

A. 添加更多迭代技术来改进干系人的学习

B. 在项目启动期间识别所有关键干系人

C. 将一名团队成员分配给一名干系人，以确保负责的团队成员熟悉干系人的需求

D. 使用涉及干系人的迭代生命周期，使团队能够通过连续的原型改进产品最终结果

【思路解析】在混合型项目中，项目经理需要满足多个干系人的需求。因此，项目经理应该在规划阶段尽可能多地识别干系人，并收集他们的需求，以满足项目要求。在此情况下，本题的最佳答案是 B 选项。

A 选项，干系人学习迭代技术与满足需求没有直接联系。

C 选项，在多个干系人的情况下，为每名干系人分配一名团队成员，可能会导致项目人手不足，进度缓慢。

D 选项，这个做法就是把项目的生命周期类型替换为迭代型，但是题干已经强调是混合型项目，不能直接替换生命周期，此做法不太合适。

【正确答案】B

【考法解读】一个项目往往拥有众多干系人，为了确保项目后续正常地运行，重要的是在项目前期就要尽量识别到相关的干系人，且要识别到正确的干系人，保证这些正确的干系人的信息和需求都能够被及时获取。通过识别干系人，项目团队在规划阶段制定项目管理计划时，尽可能地在计划中包含干系人的需求，这不仅能提高干系人批准项目管理计划的概率，还能避免后续干系人因项目成果不符合期望而抵制项目、造成项目失败的情况。这里要注意，此过程需要在项目进行中持续进行，以确保干系人需求与计划的一致性。

1. 干系人分析

干系人分析是一种通过系统收集和分析各种定量与定性信息，来确定在整个项目中应该考虑哪些人的利益的方法。它会产生干系人清单和关于干系人的详细信息，如在组织内的位置、在项目中的角色、与项目的利害关系、期望、态度（对项目的支持程度），以及对项目信息的兴趣。

干系人分析所产生的信息会登记到干系人登记册中。在识别到干系人或者干系人发生变化时，会进行干系人分析。同时，干系人分析对后续干系人的管理、项目计划的制定和开展也起到重要作用。

关于本考点的常见考法如下：

（1）干系人分析的输入——干系人基本身份信息。

（2）通过干系人分析评估干系人具体情况，以满足干系人需求及期望。★★★★

考法讲解

（1）干系人分析的输入——干系人基本身份信息。

【例题 4.2】新加入组织的项目经理将获得包括项目团队成员和干系人在内的信息数据。在组织的其他项目中，这些信息包括每个干系人的当前角色、他们参与的以前和当前项目以及他们的组织影响力水平。项目经理应在何种类型的分析中使用此信息？

A. 干系人分析　　　　　　　　B. 回归分析

C. 决策树分析　　　　　　　　D. 定性风险分析

【思路解析】本题的关键信息是新的项目经理获得了团队成员和干系人的信息。如果需要分析这些信息，那么对应的方法应该是干系人分析。因此，本题的最佳答案是 A 选项。

B 选项，回归分析作用于项目结果与不同项目变量之间的相互关系，以提高未来项目的绩效，和题干信息无关。

C 选项，决策树分析是一种定量风险分析工具，题干并未提到风险。

D 选项，题干并未提到风险相关的信息。

【正确答案】A

【考法解读】识别干系人后，会收集到干系人的一些基本信息，如干系人的角色、身份信息等内容，这些基本信息是干系人分析的输入内容。获取到这些基本信息后，下一步就是要进行干系人分析，基于这些信息挖掘干系人的需求和期望，方便后续干系人的管理和项目计划的制定。同时，在项目开展过程中，有新干系人的加入或者干系人的角色、职位等发生变化也要进行干系人分析。

（2）通过干系人分析评估干系人具体情况，以满足干系人需求及期望。

【例题 4.3】项目经理正在管理一个软件项目，项目团队刚刚交付了部分软件的初步版本，并向项目发起人和主要干系人进行了演示。演示后，项目发起人通知项目经理，有一个关键干系人的需求没有得到满足，必须对软件进行大范围变更以满足该干系人的需求。对此最好的解释是什么？

A. 项目经理没有足够的预算来执行这个项目

B. 发起人不合理

C. 未能充分进行干系人分析

D. 团队犯了严重错误，项目经理需要用惩罚的力量来纠正它

【思路解析】有关键干系人的需求未能满足，一般来说是干系人分析没有做到位，导致遗漏了需求或需求相关信息，本题的最佳答案是 C 选项。

A 选项，项目缺乏预算可以提出预算变更请求，与需求未能满足没有必然关系。

B 选项，发起人的问题与需求未能满足无关。

D 选项，团队存在问题对未能实现干系人需求可能存在责任，但优先级不如 C 选项。

【正确答案】C

【例题 4.4】客户的首席技术官发起了一个新项目，所有项目估算和计划均已经得到了批准，但是客户的信息技术经理并不同意这些计划，项目经理应该怎么做？

A. 进行干系人分析，确定下一步应该如何做

B. 因为项目的发起人是首席技术官，直接无视信息技术经理的意见

C. 向信息技术经理解释估算和计划，并说明其均已经获得首席技术官批准

D. 和指导委员会沟通该情况

【思路解析】首席技术官是该项目的发起人，而且项目的估算和计划已经得到了批准，但是客户的信息技术经理不同意。所以最佳的做法是基于信息技术经理的角度，理解他的诉求，寻找他的差异和已有的决议之间可以合作共赢的地方，然后用冲突处理技术，去引导他接受首席技术官的决议。因此，本题的最佳答案是 A 选项。

B 选项，该做法过于激进，不符合项目经理的角色。

C 选项，没有考虑到干系人的意见，应该先了解情况。

D 选项，干系人提出问题应该首先自己解决，而不是请求管理层指导。

【正确答案】A

【考法解读】干系人分析会产出干系人的相关信息，如期望、权力、利益等，通过这些内容的分析，能够帮助我们更全面地认识干系人，了解干系人的具体情况，同时，根据分析得到的结果，可以制定针对性的行动方案，确保干系人后续得到正确管理，以满足他们的期望，提高项目的成功率。

当出现干系人认为没有满足需求，或者对可交付成果不满意，认为没有达到期望，或是不支持计划开展、不支持项目等这样类似场景时，可以联想到是不是没有挖掘出其需求，导致干系人对成果或计划不满意。遇到这种场景，题干通常会问事先应该做什么去避免或者事后应该怎么去处理，都可以考虑进行干系人分析，以帮助后续制定合适的行动方案。

2. 干系人登记册

干系人登记册是在识别干系人后，对干系人的各项基本信息进行收集和评估，并根据信

息对干系人进行分类，最终形成的一个可供参考的汇总表。该登记册记录了关于已识别干系人的信息，包括（但不限于）：

（1）身份信息：姓名、组织职位、地点、联系方式，以及在项目中扮演的角色。

（2）评估信息：主要需求、期望、影响项目成果的潜力。

（3）干系人分类：根据内部或外部、作用、影响、权力或利益、上级、下级、外围或横向，或项目经理选择的其他分类模型，进行分类的结果。

干系人登记册会在整个项目过程中随着干系人的识别随时更新，并需要定期查看最新的内容，以保证信息的时效性。

关于本考点的常见考法如下：

识别到新的干系人或干系人发生变化，需要更新干系人登记册。★

考法讲解

识别到新的干系人或干系人发生变化，需要更新干系人登记册。

【例题 4.5】一个运行项目的主要联系人（也是客户）通知项目经理，由于忙碌的日程将引入一位新的干系人。从现在开始，这位新的干系人也将参与重要决策。项目经理接下来应该采取什么行动？

A. 更新干系人登记册，包括新干系人的详细信息

B. 通知项目团队有关新的干系人

C. 更新沟通管理计划

D. 请求与客户和新干系人的会议

【思路解析】项目中新加入了一位干系人，项目经理应首先更新干系人登记册，记录该干系人的信息，因此 A 选项是合适的。

B、C、D 选项都是可以采取的行动，但不是首先需要做的。干系人发生变化时，首先需要更新干系人登记册，B、C、D 选项都在 A 选项之后。

【正确答案】A

【考法解读】在识别到干系人后，需要将识别到的干系人信息更新到干系人登记册中，以便后续管理干系人。在项目执行过程中，需要了解干系人的一些相关信息，如期望、身份信息等，这些都可以通过查看该登记册进行了解。当题干中出现干系人发生变化或在项目开展中识别到新的干系人等类似场景时，通常应首先更新干系人登记册。

4.1.2 规划干系人参与

规划干系人参与是根据干系人的需求、期望、利益和对项目的潜在影响,制定项目干系人参与项目的方法的过程。其主要作用是提供与干系人进行有效互动的可行计划。本过程应根据需要在整个项目期间定期开展。

关于本考点的常见考法如下:

根据干系人需求,规划参与策略。★

考法讲解

根据干系人需求,规划参与策略。

【例题 4.6】项目经理和项目团队正在制定战略方法,使内部和外部干系人参与进来。项目经理应该遵循哪一种方法?

A. 安排与所有干系人的状态会议,使他们能够参与所有项目讨论和报告

B. 分析内部和外部干系人,并为每位干系人定制参与策略

C. 仅让内部干系人参与,因为外部干系人不应获得机密信息

D. 对所有高风险干系人进行分类,并要求项目发起人直接与他们沟通

【思路解析】题干要求使内部和外部干系人都参与到项目中来,项目经理应该怎么做?

A 选项,干系人的期望跟需求各有差异,首先要分析他们的需求,再采用合适的方法管理干系人,并不是所有干系人都需要参加所有讨论与报告。

B 选项,项目经理分析干系人,根据干系人的需求、期望、利益和对项目的潜在影响,制定项目干系人参与项目的方法,可选。

C 选项,干系人能否获取机密信息要根据干系人的需求和职位等判断,不能依据内外部干系人区分。

D 选项,与干系人沟通是项目经理的职责,让发起人直接与之沟通无法体现项目经理的主观能动性。

综上所述,本题的最佳答案是 B 选项。

【正确答案】B

【考法解读】在识别到干系人后,需要对他们的需求和期望进行梳理,去规划合适的管理策略,引导他们正确参与项目。规划干系人参与过程的目的就在于此。在规划过程中,要注

意项目团队不能只依据自己的想法去确定管理措施，而是要基于干系人本身的需求出发，制定适合他们的参与方式，这样才能确保干系人不会抵触参与项目。这个过程会在项目开展中随时进行，一旦出现干系人参与问题，就可以进行分析，规划合适的参与策略。

1. 干系人参与度评估矩阵

干系人参与度评估矩阵用于将干系人当前参与水平与期望参与水平进行比较，是对干系人参与水平进行分类的方式之一。干系人参与水平通常分为以下五种情况。

（1）领导型：对项目特别上心，甚至愿意主动引领项目，带动大家推进项目。

（2）支持型：虽然不去主动引领项目，但只要项目有需要，就会支持项目，会一起想办法推进项目。

（3）中立型：既不支持，也不反对。

（4）不了解型：不知道项目的情况，既不施加正面影响，也不施加负面影响。

（5）抵制型：拒绝项目。

运用干系人参与度评估矩阵，可将干系人当前所处的参与水平进行标示，并指出将来希望干系人能达到的参与水平，从而在规划相应干系人的参与时提供指导。

关于本考点的常见考法如下：

确定干系人参与水平，以保障干系人适当参与项目。

考法讲解

确定干系人参与水平，以保障干系人适当参与项目。

【例题 4.7】项目经理负责一个有 100 多位干系人的跨国项目。项目经理关心的是成功交付项目所需的适当的干系人参与和参与水平。项目经理应该做什么？

A. 与干系人沟通，寻找解决方案

B. 与项目干系人一起审查问题日志

C. 评估干系人参与度评估矩阵

D. 进行干系人假设条件和约束分析

【思路解析】由题干可知，项目经理想知道干系人的参与水平，可以借助干系人参与度评估矩阵进行分析，因此本题 C 选项契合题意。

A、B 选项，因为题干中并没有提及任何有关"问题"的概念，即这两个选项皆为答非所问。

D 选项，题干问的是参与程度，而非分析干系人对项目产生的假设条件和制约因素，因此不选。

【正确答案】C

【考法解读】干系人参与度评估矩阵就是用于评估干系人参与水平，记录对干系人的预期参与水平和当期参与水平的矩阵。通过定期评估干系人参与水平，可以确保干系人得到应有的关注和管理。如果题干中出现需要查看干系人的参与度，或者出现干系人本身的参与水平与原本计划不符，都可以考虑利用该矩阵进行分析。干系人参与度评估矩阵见表 4.1。

表 4.1 干系人参与度评估矩阵

干系人	不知晓	抵制	中立	支持	领导
干系人 1	C			D	
干系人 2			C	D	
干系人 3		C	D		

注：C=current（当前），D=desire（期望）。

2. 干系人参与计划

干系人参与计划是项目管理计划的组成部分，它会确定策略和行动，用于促进干系人有效参与决策和执行。干系人参与计划可包括（但不限于）调动个人或干系人参与的特定策略或方法。

基于项目的需要和干系人的期望，干系人参与计划可以是正式或非正式的，非常详细或高度概括的。在通过识别干系人过程明确最初的干系人之后，就应该编制第一版干系人参与计划，然后定期更新干系人参与计划，以反映干系人的变化。

关于本考点的常见考法如下：

引导干系人正确参与项目，提高项目成功率。★★★★

考法讲解

引导干系人正确参与项目，提高项目成功率。

【例题 4.8】一家公司正在开发一种新产品。在项目规划期间，法律部门的干系人不参加任何项目会议，对产品设计不感兴趣。项目经理应该如何处理这种情况？

　　A.将问题上报给项目发起人并寻求帮助

　　B.审查干系人参与计划和沟通策略

　　C.审查产品需求并更新干系人登记册

　　D.让项目干系人参与并确保捕获所有需求

　【思路解析】本题的关键词是在项目规划期间，法律部门的干系人不参加任何项目会议，对产品设计不感兴趣。针对这种情况，项目经理需要及时地审查、调整干系人参与计划和沟通策略，以便之后能够更好地进行干系人管理，因此，本题的最佳答案是 B 选项。

　　A 选项，并不属于项目经理权限外的问题，直接上报的做法没有体现项目经理积极主动解决问题的能力，做法不合适。

　　C 选项，是干系人不参与的问题，与产品需求可能没有太大的关系，做法不合适。

　　D 选项，仅仅说让他们参与而没有做出对应的措施，D 选项没有 B 选项合适。

　【正确答案】B

　【例题 4.9】一位项目经理正在与众多干系人启动一个极具争议的项目，其中一些干系人未能支持该项目。项目经理应该使用什么管理干系人的期望？

　　A.风险登记册　　　　　　　　　　B.责任分配矩阵（RAM）

　　C.干系人登记册　　　　　　　　　D.干系人参与计划

　【思路解析】本题的关键词是一些干系人未能支持该项目，使用什么管理干系人的期望？干系人参与计划是根据干系人的需求、期望、利益和对项目的潜在影响，制定项目干系人参与项目的方法的过程。部分干系人不支持项目，项目经理可以通过干系人参与计划去影响和管理他们，因此，本题的最佳答案是 D 选项。

　　A 选项，风险登记册记录已识别单个项目风险的详细信息，主要内容包括已识别单个项目风险、风险责任人、商定的风险应对策略，以及具体的应对措施，与题干无关。

　　B 选项，责任分配矩阵展示项目资源在各个工作包中的任务分配，与题干无关。

　　C 选项，干系人登记册中记录了干系人的信息和对应的职权，对项目的影响能力和主要期望和需求。现在是干系人不能支持该项目，因此需要依据干系人参与计划进行引导，而不是单纯记录需求。

【正确答案】D

【考法解读】干系人参与计划的重点在于干系人的管理策略，遵循计划中的策略对干系人进行合理管理，引导干系人正确参与项目。如果遇到干系人不知道如何参与、对项目不感兴趣、强烈抵制项目、明确不支持项目或者干系人之间发生冲突等情况时，应优先去审查干系人参与计划的内容，并参考其中的管理策略去影响干系人，改变他们的态度，引导他们支持项目。如果在审查过程中发现现有的管理策略不再适用，那么需要更新对应的策略，以便后续更好地管理干系人。

这里还要注意的一点就是，干系人参与计划中可能会包含关于沟通的策略，与沟通管理计划的内容会有部分重合。不过，沟通管理计划侧重于信息本身，而干系人参与计划侧重于干系人本身。如果出现纯粹的沟通问题，如果信息内容出现错误或沟通方式发生变化等，则优先去审查沟通管理计划；如果是因为干系人本身态度有问题导致的沟通不顺畅，则优先去审查干系人参与计划。

4.1.3 管理干系人参与

管理干系人参与是与干系人进行沟通和协作以满足其需求与期望、处理问题，并促进干系人合理参与的过程。其主要作用是让项目经理能够提高干系人的支持，并尽可能降低干系人的抵制。管理干系人参与有助于确保干系人明确了解项目目标、收益和风险，以及他们的贡献将如何促进项目成功。

关于本考点的常见考法如下：

（1）干系人缺乏经验或遇到困难时，项目经理可提供适当的帮助。

（2）尽早让干系人参与到项目过程中，避免其成为阻力。★

（3）干系人存在分歧或不满，可与其进行沟通，并分析干系人需求，制订解决方案（寻求共识）。★

考法讲解

（1）干系人缺乏经验或遇到困难时，项目经理可提供适当的帮助。

【例题 4.10】项目经理正在为公司范围内的项目建立项目管理办公室（PMO），以实施基于人工智能（AI）的软件。作为 PMO 任务的一部分，项目经理需要帮助一些干系人了解如何处理困难的情况。项目经理应该使用哪些活动帮助培训干系人？

A. 指导和辅导　　　B. 合同谈判　　　C. 在职培训　　　D. 团队评估

【思路解析】题干的背景是项目经理目前需要帮助干系人了解如何去处理他们遇到的困难。而作为项目经理，需要积极主动地去指导干系人，以便干系人能更好地参与到项目中。

A 选项，项目经理主动指导和辅导干系人去了解如何处理困难是积极、主动的方式，是合适的举措。

B 选项，当前的情况是干系人需要帮助，还没有到需要谈判的地步。

C 选项，在职培训指为提高在职劳动者的技术技能水平，由用人单位直接或委托其他培训机构对劳动者实施的培训。在职培训需要花费额外成本，且干系人并不一定都是组织内的人员。

D 选项，干系人不一定都是团队内部的人员。

综上所述，本题的最佳答案是 A 选项。

【正确答案】A

【考法解读】在项目执行过程中，如果干系人遇到困难，需要项目团队的帮助时，或者说该项目是干系人未涉及过的领域，对此毫无经验时，项目经理都可以为其提供指导，根据不同情况为干系人提供适当的培训。这样做可以让干系人更好地理解项目目标和项目计划以及更好地参与到项目中。

（2）尽早让干系人参与到项目过程中，避免其成为阻力。

【例题 4.11】一个项目经理正在实施一个新的软件系统，一些部门员工质疑改变的必要性，并认为新系统会阻碍他们当前的流程。项目经理在项目开始时应该做些什么来避免这种阻力？

A. 在接受项目之前确保公司文化鼓励变革

B. 鼓励领导层与抵制变革的部门讨论变革

C. 创建一个沟通管理计划，概述与利益干系人沟通的方法

D. 公司各个层面的利益干系人都参与其中，让每个人都了解变化

【思路解析】项目经理在实施一个新的软件系统时，遭到了部门员工的质疑，说明在项目实施初期，并未对干系人参与度进行评估，所以应该提前制定好干系人参与计划，管理干系人参与，因此，本题的最佳答案是 D 选项。

A 选项，题干中并未提及公司文化，无法证明公司文化不鼓励变革。

B 选项，上报领导层的做法太过消极，无法体现项目经理积极处理问题。

C 选项，沟通管理计划侧重于在正确的时间把正确的信息传达给正确的人，题目中并不涉及沟通的问题。

【正确答案】D

【考法解读】干系人的参与状态在项目开展过程中可能会随时发生变化，如干系人在前期积极参与，并且支持项目决策，但到后期可能由于某些原因，干系人态度变冷淡，导致干系人没有及时参与到项目过程中，参与度降低，甚至拒绝项目的可交付成果，成为项目阻力。当题目出现类似场景时，通常会问事先应该做什么、应该如何避免，可以优先考虑引导干系人尽早参与到项目过程的做法。

（3）干系人存在分歧或不满，可与其进行沟通，并分析干系人需求，制订解决方案（寻求共识）。

【例题 4.12】项目即将结束，客户已经接受了最终的可交付物。项目团队对项目的成功感到高兴。然而，客户组织内的一些团队认为项目的目标没有达到。项目经理应该做些什么来避免这个问题？

A.向主要干系人分发详细的质量管理计划

B.在结束阶段包括最终报告，以确保共同理解

C.确定主要干系人，并将他们全部纳入项目协议讨论

D.根据沟通管理计划进行项目报告

【思路解析】客户接受了可交付物，但一些干系人认为项目目标没有达到。要避免这个问题，首先应该要了解这些干系人期望达到的项目目标是什么，然后在执行过程中持续跟踪这些目标的完成，同时保证这些干系人持续参与到项目中来。

A 选项，分发质量管理计划并不能保证实现他们的目标，要满足干系人的质量目标，应该在制定质量管理计划时考虑他们的质量要求。

B 选项，即使在结束阶段给干系人看最终报告，他们还是可能对项目不满意，只有在验收阶段之前去管理他们的需求，管理他们的参与过程，才能避免现在的问题。

C 选项，识别干系人，了解他们的需求、期望等信息，并将他们纳入项目协议的讨论中，

有利于后续管理和调整干系人的期望与需求，按干系人认可的需求目标来完成项目工作，是可行的。

D 选项，题干的问题并不是信息传递的问题，根据沟通管理计划进行项目报告，并不能避免题干问题。

综上所述，本题的最佳答案是 C 选项。

【正确答案】C

【考法解读】当干系人对项目表达出不满，或者提出与项目计划不相符的要求时，项目经理需要与干系人进行沟通，了解干系人的具体需求，对需求进行分析评估并与干系人协商一致达成共识，制定合适的解决方案。这种做法也适用于干系人与干系人之间的分歧，最终目的都是促进共识，达成合作。

1. 沟通技能

在开展管理干系人参与过程时，应该根据沟通管理计划，针对每个干系人采取相应的沟通方法。沟通技能主要包括沟通胜任力、反馈、非口头技能和演示。

关于本考点的常见考法如下：

（1）在项目发生变化时，应及时与干系人沟通反馈。★★★

（2）展示项目信息或与干系人互动，有利于打消干系人对于项目的疑虑。★

（3）干系人态度及参与度出现问题或对项目存在担忧时，与其进行沟通以解决问题。★★★★★

考法讲解

（1）在项目发生变化时，应及时与干系人沟通反馈。

【例题 4.13】项目经理有一个由其他项目的共享资源组成的团队，他们正在处理客户项目。项目到期前三天，团队通知项目经理该项目将延迟，因为组件未按时交付。共享资源的相互竞争的优先级正在延迟组件的交付。项目经理应该做些什么防止这种延迟发生？

A. 与其他项目的项目干系人保持持续沟通

B. 更新风险管理计划，并记录项目的经验教训

C. 使用资源管理计划确定其他项目的影响

D. 根据工作分解结构（WBS）重组项目团队

【思路解析】项目经理管理的是一个共享资源团队，这些共享的资源除了负责本项目的工作，还要服务于其他项目。因为竞争的优先级导致组件的延迟交付，那么为了防止这种情况发生，项目经理应该考虑从事先的角度来思考和解决问题。

A选项，其他项目的干系人可以包含共享资源团队、其他项目的客户等成员。为了避免延迟交付的情况，在延迟交付之前及时和各方保持沟通并了解最新的情况，甚至可以完成项目管理计划的调整工作，可以考虑。

B选项，一般问题解决后才考虑更新经验教训登记册，属于事后措施，不考虑。

C选项，资源管理计划只能分析出对于自身项目的影响，无法通过自身项目的资源管理计划确定对于其他项目的影响，不合适。

D选项，项目团队本身就是共享资源团队，最根本的方法应该是把握项目完成的情况，并及时跟进，不合适。

综上所述，本题的最佳答案是A选项。

【正确答案】A

【考法解读】关于项目中发生的变化，如计划延迟，或者计划内容更改等情况，都需要及时与干系人进行沟通和反馈，避免由于信息误差而导致的误解。同时，有关干系人对于项目的反馈也需要及时分享给项目团队，确保团队能够考虑到干系人的需求，以满足干系人的期望。

（2）展示项目信息或与干系人互动，有利于打消干系人对于项目的疑虑。

【例题 4.14】一个项目落后于计划并超出预算，导致下一个可交付成果出现问题。项目经理在通知关键干系人的同时，应该做些什么来减轻关键干系人的担忧？

A. 发送通信以进行澄清，以便干系人全面了解情况

B. 与发起人交谈并说明情况，以便发起人向干系人解释

C. 安排启动会议，解释项目存在的问题并获得批准和支持

D. 展示绩效指标并向干系人推荐纠正措施

【思路解析】项目的成本超支、进度落后，且可交付成果出现了问题。项目经理可以将项目的绩效指标展示给干系人查看，并推荐纠正措施来减轻干系人的担忧。因此，本题的最佳答案是D选项。

A 选项，仅仅是通知干系人，并没有后续的解决措施。

B 选项，仅仅是与发起人交谈，并不能消除干系人的担忧，而项目经理遇到问题时，需要先自行解决，找发起人是比较消极的行为。

C 选项，题干说项目的进度落后，成本超支，说明项目开始执行了，启动会议在项目执行之前就已经举办了。

【正确答案】D

【考法解读】当干系人对项目的某些内容存在疑虑或对项目状态不够了解时，项目经理可以通过展示相关内容，让干系人清楚地认识到他想要了解的问题，从而减轻干系人的顾虑。例如，项目进行转型、管理框架有变更，项目经理可以向干系人展示转型方法和框架的优势与特点，以获取他们的支持。这里的重点在于要清楚干系人的具体疑惑是什么，然后对症下药。

（3）干系人态度及参与度出现问题或对项目存在担忧时，与其进行沟通以解决问题。

【例题 4.15】在项目执行期间，一名关键干系人威胁要撤回对项目的支持，理由是项目执行的方式缺乏透明度和问责制。项目经理应该如何处理这种情况？

A. 将该名关键干系人推荐给项目发起人　　B. 将问题上报给项目管理办公室（PMO）

C. 查阅风险管理计划　　D. 与该名关键干系人联系以解决问题

【思路解析】题干中，干系人威胁要撤回对项目的支持，对项目的执行方式表示缺乏透明度和问责制，项目经理应该积极与该名干系人进行沟通，解决问题，所以 D 选项合适。

A 选项和 B 选项，都是让发起人或者 PMO 去解决问题，一般不超过项目经理权限的事情不会轻易上报，上报这个行为没有体现项目经理积极主动解决问题的能力，做法不合适。

C 选项，风险管理计划是如何安排与实施项目风险管理的，目前是要解决问题，与题干不符。

【正确答案】D

【例题 4.16】一名项目干系人离开了公司，新的干系人是团队成员之一的家庭成员，干系人不参加会议。项目经理发现干系人一直在向家庭成员询问项目更新情况。项目经理应该做什么？

A. 设计一个更新的状态报告　　B. 转发项目状态报告

C. 将此上报给项目发起人　　D. 要求与干系人会面

【思路解析】一名团队成员的家庭成员是新的干系人，一直通过向团队成员询问项目消息而不参加会议，说明该干系人是关注项目运行状态的，那么对于这种干系人，首先要和他进行沟通，了解他的想法，再进一步采取措施。因此，本题的最佳答案是 D 选项。

A 选项和 B 选项，首先要了解该干系人的需要，才能进一步采取措施，而且发送报告不如面对面沟通合适。

C 选项，没有体现项目经理的主动性，没有超出项目经理的权限，直接上报发起人的做法不合适。

【正确答案】D

【考法解读】如果干系人对项目有担忧，有抵制项目或不配合项目活动、不按照原本的项目计划提供支持等情况，可以使用沟通技能与干系人进行沟通，了解背后的原因以制定解决措施，保障项目的正常运行。这里要注意在与干系人的沟通中，面对面沟通是首选方式，沟通效果是最佳的，如果不能面对面沟通，再考虑其他方式。

2. 人际关系与团队技能

人际关系与团队技能是用于有效地领导团队成员和其他干系人并与之进行互动的技能。适用于本过程的人际关系与团队技能包括（但不限于）：

（1）冲突管理：项目经理应确保及时解决冲突（达成一致）。

（2）文化意识：有助于项目经理和团队通过考虑文化差异与干系人需求来实现有效沟通。

（3）谈判：用于获得支持或达成关于支持项目工作或成果的协议，并解决团队内部或团队与其他干系人之间的冲突（建立共识）。

（4）观察和交谈：通过观察和交谈，及时了解项目团队成员和其他干系人的工作与态度。

（5）政治意识：通过了解项目内外的权力关系，建立政治意识。

关于本考点的常见考法如下：

（1）干系人之间关系不和睦（抱怨、冲突），应采取合适的手段就解决方案达成共识。★★★★

（2）就计划内容会面，进行协商，保持一致以确保项目成功交付。★★

考法讲解

（1）干系人之间关系不和睦（抱怨、冲突），应采取合适的手段就解决方案达成共识。

【例题 4.17】项目经理的公司正在进行一个建设项目。由于干系人之间再次出现冲突和误解，该项目陷入停顿。项目经理应该怎么做才能确保项目的顺利启动和完成？

A. 邀请所有干系人参加变更控制委员会（CCB）会议，分享反馈和事实，并达成共识

B. 进行现场调查，启动项目以避免任何不当延误，并确保成本得到控制

C. 由于干系人之间的误解和相关风险，建议公司取消项目

D. 确定误解的根源，让各方达成共识，帮助落实结果

【思路解析】干系人之间发生了冲突，且冲突影响到了项目的进展。项目经理针对这种情况，需要了解干系人之间产生冲突的原因，根据冲突的根源，积极主动地去调解干系人并让他们达成共识，以便确保项目能够顺利进行。因此，本题的最佳答案是 D 选项。

A 选项，题干信息和变更无关，而且 CCB 会议不会用来处理干系人之间的冲突。

B 选项，项目目前已经因为干系人之间的冲突而陷入了停顿，直接启动项目是不合适的。

C 选项，仅因为干系人之间的冲突就直接建议公司取消项目是不合适的做法。

【正确答案】D

【考法解读】由于项目的干系人众多，因此干系人之间可能会因为一些原因导致摩擦，存在冲突，如双方提出的需求不一致、存在分歧、一直争执不下等，这种情况就会影响干系人之间的合作关系，进而影响项目活动的开展。所以，当干系人之间关系不和睦时，或者干系人提出抱怨时，要采取合适的方法，确定原因，然后去引导他们就最终的解决方案达成一致，形成共识。这里要特别注意，关于干系人之间的情绪问题，通常会用情商这个技能进行应对。

（2）就计划内容会面，进行协商，保持一致以确保项目成功交付。

【例题 4.18】一位项目经理正在致力于交付一个需要快速向公众部署的解决方案。项目团队经验丰富，干系人支持交付，客户愿意合作。项目经理应使用什么策略确保按时交付解决方案？

A. 与客户会面，就解决方案的组成部分和优先级达成一致

B. 对所有里程碑、可交付成果、功能和资源分配制定详细的计划

C. 对增量交付有一个高层级的计划，并尽早获得客户的反馈

D. 请求发起人分配额外资源为按时完成项目提供支持

【思路解析】在该项目中，要快速交付解决方案，直接与客户进行面对面沟通是比较合适的做法，这能够更有效地解决问题。因此，本题的最佳答案是 A 选项。

B 选项，获得客户的认同比自己制定计划更重要。

C 选项，应先和客户沟通，再根据客户的需求和意愿制定计划。

D 选项，没有超出权限，无须请求发起人。

【正确答案】A

【考法解读】关于项目计划制定或者需要调整的活动，如范围的变化、时间的变更等内容，都需要与干系人进行协商或者谈判，双方达成一致后确定好方案，这样才能更好地去执行项目计划，引导干系人参与到项目中，避免后续完成的内容与干系人期望不符。

3. 会议

会议用于讨论和处理任何与干系人参与有关的问题或关注点。在召开会议之前，需要提前发布会议通知，通知中要明确会议目的、时间、地点、参加人员、会议议程和议题。

关于本考点的常见考法如下：

确定会议规则、规范秩序，以促进协作交流。

考法讲解

确定会议规则、规范秩序，以促进协作交流。

【例题 4.19】项目经理被指派与技术和运营团队一起领导现有产品的新版本的设计。项目经理组织一个联合需求会议来确定最实用的想法，并且被告知会议可能会变得混乱。项目经理应该做些什么来确保会议是互动的、富有成效的和高效的？

A. 组织一次正式会议，由熟练的主持人主持，并为参与者之间的互动方式制定明确的规则

B. 分发一份关于产品关键特性的问卷，并鼓励团队用他们的设计建议作出回应

C. 从两个团队中挑选资深和经验丰富的员工，安排面对面的面试

D. 与两个团队的参与者举行多次规模可控的会议，讨论他们的想法

【思路解析】题干中提及将要召开的会议可能会变得混乱，说明没有一个明确的规则。若要确保会议正常进行且是高效的，就必须要保证会议的开展是有序进行的。因此，可以参考 A 选项的做法，让一个熟练的主持人来操持会议，这样可以有序控场，避免混乱，而且让参与者按照既定的规则进行发言可以防止被打断，能保证获取到每位参与者的想法。因此，本题的最佳答案是 A 选项。

B 选项，本身的说法没有太大问题，但是没有针对题干中的混乱作出回应。如果每位团队成员都针对建议作出回应，整个会议持续时间可能会很长，若彼此之间意见相悖，可能增加场面混乱的可能性。

C 选项，无法保证获取到每位成员最真实的想法，最后得到的结果可能不那么准确。

D 选项，多次会议就不满足高效的特点了，相比起来，A 选项的可操作性强，性价比会更高。

【正确答案】A

【考法解读】项目执行过程中会召开各种会议，如开工会议、审查会议、问题会议等诸多形式的会议，用于交流信息和解决问题，如果没有一个明确的规则，会议就容易变得混乱，导致会议的效果较差。所以，召开会议前，需制定会议规则，明确会议议程，如有必要，可以有专门的人去负责维持会议的秩序，以确保会议顺利开展。需要注意的是，一般情况下，会优先考虑以线下面对面的方式召开会议，如果不在一个地点，则可考虑召开线上会议。

4.2 沟通管理

4.2.1 沟通需求分析

分析沟通需求，确定项目干系人的信息需求，包括所需信息的类型和格式，以及信息对干系人的价值。

关于本考点的常见考法如下：

收集并分析沟通需求，制定沟通策略以解决沟通问题。★★★★

考法讲解

收集并分析沟通需求，制定沟通策略以解决沟通问题。

【例题 4.20】项目经理开始收到来自不同干系人的电子邮件，要求提供项目状态的信息。项目经理应该做些什么以避免将来发生这种情况？

A. 指定一名团队成员回复来自这些干系人的电子邮件

B. 在所有项目状态中沟通包括干系人的电子邮件

C. 在规划项目沟通策略时，应包括项目干系人的需求

D. 安排与所有干系人（包括客户和内部资源）的每周项目状态会议

【思路解析】项目经理收到了不同干系人的电子邮件，要求提供项目状态的信息。

A 选项，指定一名团队成员回复干系人的电子邮件是一个临时解决方案，但没有解决干系人的根本问题，将来干系人还是会发电子邮件要求提供项目状态信息。

B 选项，题干并没有明说干系人要求提供所有项目状态，而且并不是所有项目状态一定要发给所有干系人，而且沟通方式和渠道不一定使用电子邮件，要看干系人的具体需求。

C 选项，在规划项目沟通策略时，就包括了这些干系人的需求，避免干系人再专门要求提供项目状态信息，可以确保干系人及时高效地接收到他们所需的信息，从而减少临时查询和信息请求的数量，吸取了经验教训，是可选项。

D 选项，给所有干系人都安排会议是不合适的，不是所有干系人都要接收到这个时间点的项目状态信息，所有干系人每周都参加会议会给一些干系人带来不必要的影响。

综上所述，本题的最佳选答案是 C 选项。

【正确答案】C

【考法解读】在制定明确的沟通策略之前，应该先收集干系人的沟通需求，对其需求进行分析以明确喜好，再针对性地制定沟通策略，避免后续由于沟通方式的分歧，导致无法达到预期的沟通效果而影响到项目活动。同时要注意，这个动作在项目开展过程中会持续进行，如果干系人中途改变沟通喜好、需求发生变化或出现其他的沟通问题，也要及时沟通确定情况，并对其需求进行分析，再去更新对应的沟通策略。

4.2.2 交互式、推式、拉式沟通方法

在项目执行过程中，可以使用多种沟通方法与干系人共享信息。这些方法大致可以归为三类，分别是交互式沟通、推式沟通和拉式沟通。

（1）交互式沟通：又称为互动沟通，指的是在双方或多方之间进行多向信息交换。这是确保所有参与者对某一话题达成共识的最有效的方法，包括现场会议、电话、即时通信和视频会议等。

（2）推式沟通：将信息发送给需要了解信息的特定接收方。这种方法能确保信息发布，但不能确保信息到达目标受众，或信息已被目标受众理解。推式沟通包括信件、备忘录、报告、电子邮件、传真、语音邮件、日志和新闻稿等。

（3）拉式沟通：在信息量很大或受众很多的情况下使用。它要求接收方主动获取信息内容。这种方法包括组织内网、在线课程、经验教训数据库和知识库等。

关于本考点的常见考法如下：

区分沟通方式的特点，选择合适的沟通方式。★★

考法讲解

区分沟通方式的特点，选择合适的沟通方式。

【例题 4.21】在偏远农村地区建设的一个项目即将竣工，项目经理希望与干系人分享这个好消息。项目经理应该如何与当地社区沟通？

A. 社交媒体　　　　B. 电子邮件　　　　C. 会议　　　　D. 报纸

【思路解析】在偏远农村地区的项目与当地社区沟通分享消息时，考虑到这些地区通常比较闭塞，人口不多，现代的网络传媒和社交媒体的使用可能不广泛，报纸等传播媒体的使用频率也不高。相比之下，召开会议可以让项目经理与干系人面对面交流，这种方式更加直接、有效，有助于建立良好的沟通与合作关系，促进项目的可持续发展。因此，本题的最佳答案是 C 选项。

【正确答案】C

【考法解读】在确定干系人的沟通方式时，要注意题干给出的背景。若没有特殊情况，一般优先选择交互式沟通，因为这种沟通效果最好。如果题干提到信息传递的对象众多，信息量比较大，那么可以考虑拉式沟通，如建立内网或协作平台，让干系人可以更好地获取信息和协作。如果干系人明确表明需要推送某些消息，偏好推式沟通，如电子邮件等方式，那么也可以选择推式沟通。

在区分这几种沟通方式时，题干中可能存在一些体现沟通方式特点的内容，然后问属于哪一种沟通方式；如果不能区分开这几种沟通方式，可以站在信息接收者的角度来看：自己主动获取信息一般属于拉式，被动获取信息则属于推式，双方有来有往则属于交互式。

4.2.3 沟通管理计划

沟通管理计划是指导项目沟通的重要文件，它是项目管理计划的一部分。该计划描述了如何规划、管理和监控项目沟通，以提高沟通的有效性，其中包含具体的沟通对象、沟通需求和沟通策略。该计划的作用是确保正确的信息在正确的时间通过正确的方式传递给正确的人，以达到正确的效果。

关于本考点的常见考法如下：

（1）沟通管理计划内容发生变化时，需及时更新计划。★★★★

（2）出现沟通问题时，应审查或更新沟通管理计划。★★★★★

考法讲解

（1）沟通管理计划内容发生变化时，需及时更新计划。

【例题 4.22】在一次规划会议之后，一个新项目已经启动。项目由组织中的主管直接监督，在审查会议之后，项目经理无意中听到主管要求其中一名团队成员提供仪表板以显示整体的项目状态，那么项目经理应该做些什么？

A. 要求团队成员开发仪表板来满足请求　　B. 告诉团队成员通过项目经理发送请求

C. 更新干系人参与度评估矩阵　　D. 更新沟通管理计划以包括非正式请求

【思路解析】项目由组织中的主管监督，主管向一名团队成员表示，希望提供仪表板以显示整体的项目状态，即希望通过某种形式得到项目信息。

A 选项，干系人有需求，我们确实应该采取相应举措，但不是一有提出就直接去满足，A 选项可能是 D 选项之后的动作。

B 选项，成员在不被干扰自身工作的前提下也可以和干系人适当交流，同时通过谁去发送请求对情景影响不大。

C 选项，与参与度关系不大。

D 选项，沟通管理计划就是为了保证正确的消息通过正确的渠道传给正确的人，现在是希望通过仪表板得到整体项目的状态信息，是可选项。

综上所述，本题的最佳答案是 D 选项。

【正确答案】D

【例题 4.23】在项目的前期阶段，未收到项目状态报告的干系人将此情况传达给项目经理。在检查后，项目经理确定该人已注册为干系人，但未包含在沟通管理计划中。项目经理接下来应该做什么？

A. 更新沟通管理计划，以包括遗漏的干系人，并将当前项目状态文件发送给该干系人

B. 通知项目发起人,存在未纳入沟通管理计划的干系人

C. 告知该干系人,项目团队不能向未在项目沟通管理计划中注册的任何人提供信息

D. 要求该干系人从沟通管理计划中列出的另一名干系人那里获得项目状态报告

【思路解析】一名干系人未收到项目状态报告,经项目经理确认,该干系人已被注册为干系人,但是未包含在沟通管理计划中。

A 选项,更新沟通管理计划以包括遗漏的干系人,并向其发送项目状态文件。既然该干系人未包含在沟通管理计划中,就需要对沟通管理计划进行更新,并把其未收到的项目状态报告发送给该干系人,是可选项。

B 选项,仅通知发起人沟通管理计划存在遗漏的干系人,并没有解决问题。

C 选项,在沟通管理计划中已经遗漏了该干系人,还告知该干系人不能为他提供任何信息,做法不合适。

D 选项,项目经理需要把正确的信息在正确的时间发送给正确的人,要求该干系人从别人那里获取信息是不合适的。

综上所述,本题的最佳答案是 A 选项。

【正确答案】A

【考法解读】沟通管理计划中会包含干系人的沟通需求、沟通信息、负责发送信息和获取信息的对象,以及用于传递信息的技术或方法等内容,而在实施沟通的过程中,这些沟通相关的信息可能会随时发生变化。当发现沟通相关的信息有变化后,下一步就是要及时更新沟通管理计划,以确保后续按照最新的沟通策略进行沟通,避免产生误解。

(2)出现沟通问题时,应审查或更新沟通管理计划。

【例题 4.24】在项目执行过程中,一名关键干系人向项目经理投诉最近的沟通。该关键干系人解释说,项目团队的相关信息不完整且不及时。因此,关键干系人开始脱离项目。项目经理应该怎么做?

A. 向主要干系人解释项目团队沟通信息的方式

B. 要求项目发起人与关键干系人举行会议,以确保干系人参与项目

C. 同时向所有主要干系人发送相关信息,以确保沟通一致

D. 更新沟通管理计划,以满足主要干系人对相关信息的期望

【思路解析】关键干系人投诉沟通问题，并指出项目团队的相关信息不完整且不及时，这说明干系人可能由于各种原因没有接收到信息，或者不认可这种沟通方式。因此，最好的方法是与该干系人讨论其需求，并为其更新沟通管理计划，以准备合适的沟通渠道和沟通方式。因此，本题的最佳答案是 D 选项。

A 选项，向干系人解释团队的沟通方式，并不能解决干系人的问题。

B 选项，干系人因为沟通问题不想参与项目，解决沟通问题即可，没有必要去让发起人干预。

C 选项，一名干系人对于沟通有问题，需解决该干系人的问题，向所有主要干系人发送信息的做法不合适。

【正确答案】D

【例题 4.25】项目开发团队分布在世界各地。上周，一个非常重要的发布被推迟了，因为其中一个开发人员没有及时回复发给每个人的电子邮件。这位开发人员似乎错过了阅读电子邮件。项目经理应该做些什么来避免出现这些情况？

A. 审查风险管理计划　　　　　　　B. 审查资源管理计划
C. 审查沟通管理计划　　　　　　　D. 审查干系人参与计划

【思路解析】

A 选项，风险管理计划是描述如何安排与实施项目风险管理的指南性文件，题干中并未涉及风险相关内容，不选。

B 选项，资源管理计划提供了关于如何分类、分配、管理和释放项目资源的指南。题干中的问题是开发人员未及时回复电子邮件，属于沟通问题，与资源管理计划无关，不选。

C 选项，沟通管理计划描述将如何规划、结构化、执行与监督项目沟通，以提高沟通的有效性。该计划涉及沟通需求、方式、工具等内容，题干中开发人员似乎错过了阅读电子邮件，没有及时进行回复，可以审查沟通管理计划，以确保信息的正确传递，保证有效沟通，可选。

D 选项，干系人参与计划是确定用于促进干系人有效参与决策和执行的策略与行动。题干中并不是干系人的参与出现了问题，不选。

综上所述，本题的最佳答案是 C 选项。

【正确答案】C

【考法解读】在收集到干系人的沟通需求后，下一步就是确定合适的沟通策略，以便达到最佳沟通效果，促进与干系人的合作。这些沟通策略都包含在沟通管理计划中，而制定好沟通管理计划后，下一步就是按照制定的沟通管理计划进行沟通，避免将信息传递给错误的对象或者未及时按照规定的方式进行沟通的问题。

此外，还要注意，在沟通过程中，可能会出现沟通效果不好，干系人提出抱怨、投诉的现象，以及各种未预料到的沟通问题。面对这种情况，最好先分析原因，然后确定可行的措施，再更新沟通管理计划以应对。这里题干一般会描述相关的沟通问题，然后提问避免这些情况应该怎么做，或者提问下一步应该怎么做，优先考虑审查、制定、更新沟通管理计划的选项。

4.2.4 管理沟通

管理沟通是确保项目信息及时且恰当地收集、生成、发布、存储、检索、管理、监督和最终处置的过程。这个过程的主要作用是促成项目团队与干系人之间的有效信息流动。

关于本考点的常见考法如下：

信息传递出现问题，促进沟通并就解决方案达成一致。★

考法讲解

信息传递出现问题，促进沟通并就解决方案达成一致。

【例题 4.26】一个项目处于执行的后期阶段。项目工程师在每次会议中都坚称他们从未被咨询或告知项目交付成果。然而，项目经理已经进行了充分沟通，并有项目工程师的批准记录。项目经理应该怎么做？

A. 向人力资源部（HR）写一封正式的信，详细描述项目工程师的不专业行为

B. 联系项目工程师的主管，考虑替换项目工程师

C. 在下次会议中提出这个问题，提醒所有干系人项目的目标

D. 与项目工程师进行讨论，了解其担忧，并就未来的方式达成一致

【思路解析】项目工程师在每次会议中都坚称未被告知相关信息，然而项目经理已经充分沟通并有相关记录，问项目经理应该怎么做。

A 选项，不一定是项目工程师不专业导致的，直接告知 HR 并不能够很好地解决问题，不合适。

B 选项，出现问题应该及时了解情况并解决，直接替换掉该工程师的做法不合适。

C 选项，目前只是该工程师一人存在问题，开会提醒所有干系人的做法不合适。

D 选项，与工程师进行沟通，了解原因，寻找解决方案并达成共识，合适。

综上所述，本题的最佳答案是 D 选项。

【正确答案】D

【考法解读】当出现沟通问题、信息传递有误时，应遵循先分析后行动的原则。首先对问题进行分析，确定根本原因，然后与提出问题的干系人进行沟通，协商确定合适的解决方案。这里的重点在于要确保沟通双方达成一致，避免后续分歧。

第 5 章 规划与整合管理

5.1 制定项目章程

项目章程是由项目启动者或发起人发布的文件，它正式批准项目的成立，并授权项目经理使用组织资源开展项目活动。

项目章程记录了关于项目和项目预期交付的产品、服务或成果的高层级信息。

项目章程的主要内容通常包括：可测量的项目目标和相关的成功标准；高层级需求；高层级项目描述、边界定义以及主要可交付成果；整体项目风险；预先批准的财务资源；总体里程碑进度计划；关键干系人名单；项目审批要求（如用什么标准评价项目成功，由谁对项目成功下结论，由谁签署项目结束）；项目退出标准（如在何种条件下才能关闭或取消项目或阶段）；委派的项目经理及其职责和职权；发起人或其他批准项目章程的人员的姓名和职权。

关于本考点的常见考法如下：

（1）项目章程的内容出现问题或者可能出现问题时，要与发起人讨论。★

（2）项目章程的内容——对项目经理进行授权。

考法讲解

（1）项目章程的内容出现问题或者可能出现问题时，要与发起人讨论。

【例题 5.1】项目经理已被指派到一个项目，并从 PMO 那里收到了项目章程，该章程清楚地描述了客户的要求。在项目范围管理期间，项目经理发现一些要求似乎与项目章程中规定的要求不同。项目经理应该做些什么？

A. 在配置管理计划中登记变更，并发送给 CCB

B. 向发起人解释这些要求可能危及项目的进度和成本

C. 运用焦点小组和头脑风暴会议来收集有关项目范围的更多细节

D. 修改项目基准以应对项目范围变更的轻微影响

【思路解析】项目经理发现客户的一些要求与项目章程中的内容不一致，此时已经超出项目经理的权限，需要告知发起人，由发起人确认这些需求和项目章程的内容。因此，本题的最佳答案是 B 选项。

A 选项，变更需要登记在变更日志中，并且有关项目章程内容的更改需要发起人批准而不是 CCB。

C 选项，不能解决题干中一些要求与项目章程规定不一致的问题。

D 选项，项目经理不能直接修改项目基准。

【正确答案】B

【考法解读】这一考法的核心内容在于"项目经理无权限直接修改批准后的项目章程"。项目章程通常由项目发起人进行制定和审批（或是项目章程中记录的"其他批准项目章程的人员"来审批），项目经理也可以参与制定项目章程，但是项目章程批准后项目经理无权限直接修改，往往需要上报至发起人处，经过批准之后才能对项目章程进行修改。当题干信息表明项目章程的内容存在问题（项目章程的内容存在遗漏、项目章程内容存在错误、项目章程和组织战略不符等相关情况）时，项目经理往往需要和项目发起人就相关问题进行沟通，达成共识之后才能对其进行修改。

（2）项目章程的内容——对项目经理进行授权。

【例题 5.2】项目经理从最近批准的项目中辞职。新项目经理被分配到项目中，需要确定所授予的权限。新的项目经理接下来应该做什么？

A. 参考项目章程　　　　　　　　B. 审查项目资源矩阵
C. 评估干系人登记册　　　　　　D. 更新沟通管理计划

【思路解析】新项目经理被分配到项目中，需要确定自己被授予的权限。那么对应需要参考的文件就是项目章程，因为项目章程就是授权项目经理使用组织资源开展项目活动的文件，其中就定义了项目经理在项目中的权限级别。因此，本题的最佳答案是 A 选项。

B、C、D 选项均不能帮助项目经理确定所授予的权限。

【正确答案】A

【考法解读】这类考法往往会直接考查"项目章程的主要内容"这一知识点，尤其是通过项目章程对项目经理进行授权。题干的关键句通常会提及项目章程中的主要内容，如需要确定项目经理被授予的权限、需要了解项目的高层需求、需要了解整体项目风险等，根据题干关键句就可以和项目章程这一文件匹配。

5.2 制定项目管理计划

5.2.1 项目管理计划

项目管理计划是一份说明项目执行、监控和收尾方式的文件，它整合并综合了所有子管理计划和基准，以及管理项目所需的其他信息。在项目管理实践中，项目管理计划是项目执行的基础，其最重要的用途是指导项目执行并为执行过程中的项目检查、监督和控制提供依据；同时也指导项目的收尾工作；为项目绩效考核和项目控制提供基准；促进项目干系人之间的沟通；规定管理层审查项目的时间、内容和方式等。

项目管理计划需要在关键干系人对其内容达成共识之后，才能进行正式的批准，通常在开工会议召开之前批准，偶尔也会在开工会议上批准。

关于本考点的常见考法如下：

（1）项目管理计划要与项目目标、业务需求保持一致。

（2）项目管理计划的批准需要在干系人对信息明确、理解一致的情况下进行。

考法讲解

（1）项目管理计划要与项目目标、业务需求保持一致。

【例题 5.3】一个项目的可交付成果已经完成。然而，干系人没有批准可交付成果，因为它们没有涵盖业务的需求。项目经理应该采取哪些措施来避免这种情况？

A. 定义项目管理计划并确保它满足项目目标和业务需求

B. 确保干系人参加了每日会议，以确认项目的发展是正确的

C. 在项目开始时向干系人和项目团队提供并解释冲刺待办事项

D. 要求团队在开发阶段更改可交付成果的频率，以获得早期反馈

【思路解析】一个项目的可交付成果已经完成，但是干系人没有批准可交付成果，因为没有满足其需求。要满足干系人的需求，首先应该收集到他们的需求，其次在项目完成过程中，跟踪需求的完成情况，以避免现在这种情况。

A 选项，项目经理在项目开始时，需要定义项目管理计划并确保它满足项目的目标和业务需求来避免这种情况，可选。

B 选项，干系人一般不会频繁参加每日站会，往往是通过规划会议及评审会议来参与项目的决策过程，不合适。

C 选项，澄清待办事项列表是一种比较好的与干系人沟通需求的方式，但是冲刺待办事项应该在每个冲刺开始时确定，而不是在项目开始时确定，不合适。

D 选项，获取更早的反馈是一种比较好的实践方式，但首先应确保成员能够理解干系人的需求，D 选项是 A 选项之后可能的做法。

综上所述，本题的最佳答案是 A 选项。

【正确答案】A

【考法解读】项目管理计划是项目执行的基础，对后续项目工作的执行起着重要的指南性作用，只有项目管理计划贴合项目的目标、业务需求等重要因素时，项目工作才能按照既定目标来执行。当题干中出现项目管理计划与这些因素不一致时，往往需要定位到重新审视、定义项目管理计划的选项。

（2）项目管理计划的批准需要在干系人对信息明确、理解一致的情况下进行。

【例题 5.4】在批准全球项目的项目管理计划两周后，项目经理注意到，该计划是基于国际利益干系人的不同理解水平批准的，而不是关注项目经理提交审批的内容。项目经理应该做些什么来防止这种情况发生？

　　A. 开工会议后，将会议纪要发送给利益干系人

　　B. 在开工会议期间验证每个利益干系人的理解

　　C. 开工会议结束后立即审查所有批准

　　D. 为每个文化和时区举行单独的开工会议

【思路解析】本题的关键词是基于国际利益干系人的不同理解水平批准。

项目管理计划应该在干系人对于计划的内容认知达成一致后，再进行批准，而不是基于

不同理解水平进行理解和审批。因此，应该事先要确保干系人对于项目管理计划内容的正确理解，并在开工会议上确认干系人的理解是一致的，通过最终的批准。因此，本题的最佳答案是 B 选项。

A 选项，不能确保各位干系人的理解是一致的。

C 选项，开工会议结束后，也表示要进入执行阶段了，此时审查意义不大。

D 选项，过于烦琐，最好保证所有干系人在同一会议上，并且不能确保所有干系人的理解是一致的。

【正确答案】B

【考法解读】为了确保项目执行阶段的工作能顺利进行，项目干系人能顺利参与到项目中，需要保证干系人对项目管理计划的内容达成一致后，才能对其进行批准。所以，如果题干中出现干系人对项目管理计划存在不同的理解、干系人对项目管理计划的内容不明确等情况，往往需要选择验证干系人对项目管理计划的理解是否一致、引导干系人达成一致等相关选项。

5.2.2 开工会议

开工会议通常意味着规划阶段结束和执行阶段开始，旨在传达项目目标、获得团队对项目的承诺，以及阐明每个干系人的角色和职责。

关于本考点的常见考法如下：

开工会议的三大目标。

考法讲解

开工会议的三大目标。

【例题 5.5】在完成项目的规划阶段后，但在项目执行之前，项目经理需要就项目目标进行沟通并获得承诺。项目经理下一步应该做什么？

A. 与所有干系人召开开工会议（kick-off meeting）

B. 通过电子邮件将项目管理计划发送给所有干系人

C. 召集每个干系人解释他们的角色和责任

D. 要求项目发起人将计划传达给所有干系人

【思路解析】本题考查开工会议。

本题的关键信息是在项目的规划阶段后、在项目执行之前，就项目目标进行沟通并获得承诺。而开工会议（kick-off meeting）是编写完项目管理计划，在实施之前召开的，目的是传达项目目标，阐明每个干系人的角色和职责，获得团队对项目的承诺树立团队信心。所以A选项合适，此处kick-off meeting是开工会议，被翻译成启动会议。

B选项，沟通方式不一定都是电子邮件，不合适。

C选项，包括在A选项中。

D选项，项目经理权限内的事情，不需要去要求发起人来做。

【正确答案】A

【考法解读】本考法的核心在于"开工会议的三大目标"，当题干中出现需要传达项目目标、需要获得团队对项目的承诺、需要阐明干系人的角色和职责时等相关信息时，通常最优选项就是开工会议。需要注意到一点，有时"开工会议"会被翻译为"启动会议"，但是它在题目中的英文实际上是kick-off meeting（开工会议）。

5.3 指导与管理项目工作

5.3.1 指导与管理项目工作概要

指导与管理项目工作是指为实现项目目标而领导和执行项目管理计划中所确定的工作，并实施已批准变更的过程。在项目执行的过程中，项目经理需要积极主动地进行指导和管理项目工作，遇到特殊情况时，也需要及时上报。

关于本考点的常见考法如下：

超出项目经理权限或有重大问题的情况时，需要上报。

考法讲解

超出项目经理权限或有重大问题的情况时，需要上报。

【例题5.6】一家公司想为客户推出一种新产品。该新产品的项目正处于开发阶段。由于环境不确定，项目经理对项目的可行性存有疑虑。在这种情况下，项目经理应该怎么做？

A. 在下一次项目评审会议上向项目发起人强调关注点

B. 参考经验教训来确定关于外部环境的影响

C. 建议推迟项目直到不确定性得到解决

D. 使用适当的工具验证假设以评估风险

【思路解析】题干中提到了项目可行性,这是属于项目前期准备工作需要确定的事情,是由发起人和高层来确定的。但现在项目经理在开发时,由于环境的不确定性,对这个内容存在疑虑,说明项目可行性的准确性可能存在问题,而关于这一部分的内容,不是项目经理一个人可以确定的,需要与发起人一起商讨。因此,本题的最佳答案是 A 选项。

B 选项,现在不仅仅是要关注外部环境的影响,而是要确定项目是否可行,而项目都是具有独特性的,参考经验教训也无法确保本项目的可行性,还是需要与发起人和高层商议。

C 选项,项目已经开始了,贸然停止项目是不太妥当的做法。

D 选项,题干中项目可行性的问题属于高层级问题,并非项目经理可以独自解决。即使项目经理评估出来的结果是项目不可行,项目经理也无法直接取消项目,而评估风险不一定能够解决可行性的问题,因为可行性包含了很多方面。相对来说,A 选项更符合题干。

【正确答案】A

【考法解读】一般情况下,项目经理不上报,需要积极主动解决问题。但是通常有几种特殊情况需要上报。

(1)这件事超出了项目经理权限。例如,涉及已批准的项目章程、商业论证、项目可行性等项目经理无权直接修改和决策的内容,或者是与题干问题相关的干系人涉及高层人员,需要由发起人出面进行协调。

(2)题干的问题跟发起人本人有关。例如,题干提到的问题是发起人参与决策的。

(3)还有一种情况,项目经理在产出了自己的解决方案和建议之后,可以带着自己的方案与发起人进行商讨(而不是说空手去上报,让发起人帮自己解决问题)。

5.3.2 问题日志及解决问题

发生问题时,通常需要记录、分析、评估并就解决方案达成一致,再实施问题解决方案,而问题日志是一种记录和跟进所有问题的项目文件,所需记录和跟进的内容可能包括:问题类型、问题提出者和提出时间、问题描述、问题优先级、由谁负责解决问题、目标解决日期、问题状态和最终解决情况。

关于本考点的常见考法如下：

（1）问题解决的流程：先分析，达成一致，确定措施，再执行。★★★★★

（2）有问题先更新问题日志，确保问题得到解决。★★★

（3）问题日志内容和作用：澄清和了解问题。★

考法讲解

（1）问题解决的流程：先分析，达成一致，确定措施，再执行。

【例题 5.7】一家公司正在通过建设新的生产设施实施增长战略，该设施将很快进入运营阶段。尽管已经有了治理政策，但公司必须遵守最近实施的新金融法规。遵守法规将导致项目范围发生重大变化。项目经理应如何应对这一要求？

A. 遵循现有的公司治理政策　　　　B. 进行分析以评估对项目的影响
C. 直接遵守金融法规　　　　　　　D. 将问题上报给高层管理层，让他们决定

【思路解析】题干中设施将很快进入运营阶段，虽然已经有确定的治理政策，但目前公司必须遵守最近实施的新金融法规，且该法规会导致项目范围发生重大变化。面对该变化应该怎么做？

A 选项，题干已经说了必须遵守新的金融法规，直接遵循现有的治理政策没有考虑到新法规，不合适。

B 选项，遵守新法规对于项目来说是一项变更，面对变更需要分析它对项目的影响，以确定最佳的行动方案，可选。

C 选项，题干已经说了，新法规将会导致项目范围发生重大变化，这个影响是不可忽视的，需要先分析后行动，贸然直接遵守可能导致项目发生不可逆转的损失。

D 选项，直接上报是比较消极的做法，题干中并未提及超出项目经理的权限且未表明项目经理无法解决。相对而言，B 选项的做法会更积极，也更符合题干背景。

综上所述，本题的最佳答案是 B 选项。

【正确答案】B

【例题 5.8】项目经理正在管理一个项目中的两个集成项目。关键集成点错位，导致延迟。团队的一位集成主管是该集成领域的主题专家（SME）。另一个团队的集成主管不是 SME，但级别更高，在项目中工作的时间更长。两个团队主管都在互相指责。项目经理首先应该做

什么来解决这种情况？

　　A.将此问题的解决方案分配给作为 SME 的集成主管

　　B.将问题上报给制定集成计划的项目架构师

　　C.将问题的解决方案分配给参与项目时间更长的高级集成主管

　　D.与两位集成领导会面，了解根本原因并确定解决方案

【思路解析】两个团队的集成出现问题，导致项目出现延迟，现在两个团队的主管在互相指责。要解决这个情况，可以找两个团队的主管见面，大家坐下来一起进行沟通，了解出现集成问题的根本原因，并一起讨论解决策略，这样也可以帮助解决他们互相指责的问题。因此，本题的最佳答案是 D 选项。

　　A、C 选项，直接将解决方案分配给两个团队主管中的某一位都不合适，而且解决方案由大家一起讨论得出，考虑到大家的意见会比项目经理自己直接制定更合适，不合适。

　　B 选项，项目经理需要积极主动地解决问题，在有能力和权限解决问题的情况下，直接把问题抛给第三方是不合适的。

【正确答案】D

【考法解读】本考法的核心在于"先分析，后行动"。"先分析，后行动"这个做法可以算是 PMP 解题思路的核心调性，这类题目往往会给出一个背景，背景信息可能是项目发生了什么样的情况、出现了什么样的问题、发现了新的方案，根据题干信息，我们通常可以优先考虑进行分析的选项，在问题的具体原因没有明确的情况下，往往不会选择直接采取针对性措施的选项。而这个分析的选项，可能不是纯粹的根本原因分析、因果图等方式，也有可能是与团队成员就问题进行讨论、与干系人沟通达成共识、与干系人开会来审查相应的文件等措施，这都是属于"先分析，后行动"的做法。

（2）有问题先更新问题日志，确保问题得到解决。

【例题 5.9】一个分布在全球的项目团队由于缺乏团队承诺和士气低落而导致进度落后。为了使进度回到正轨，项目经理应该先做什么？

　　A.寻求发起人的批准，延长项目进度

　　B.安排一次会议，进行根本原因分析

　　C.更新问题日志并与团队沟通

　　D.将团队长期安置在同一地点，以提高绩效

【思路解析】目前，项目已经出现进度落后的问题，并且题干问的是"先做什么"，根据问题处理的一般流程：先记录，再分析，再行动的原则。因此，本题的最佳答案是 C 选项。

A 选项，第一，涉及基准的变更的审批应交由 CCB 审批，而并非交由发起人审批；第二，出现问题，应该先考虑积极的办法解决问题，而不是去修改既定计划、目标。

B 选项，单看选项本身并无太大的问题，但是题干已经说明了导致进度落后的原因——"缺乏团队承诺和士气低落"，所以接下来是要针对该问题进行解决，也就是 C 选项。

D 选项，题干并无直接证据表明，缺乏团队承诺和士气低落是由团队分散在全球引起的，因此本选项不合适。

【正确答案】C

【考法解读】问题日志是一种记录和跟进所有问题的项目文件。发生问题时，如果题干问的是首先/接下来/下一步怎么做，且题干中存在"更新问题日志"的相关选项，通常可以优选。

需要注意的是，在选项中没有"更新问题日志"的相关选项时，在选项本身描述正确的情况下，我们通常需要选择行动步骤最靠前的那个选项（问题处理步骤：记录，分析，评估并达成一致，实施问题解决方案）。

（3）问题日志内容和作用：澄清和了解问题。

【例题 5.10】新项目经理在项目执行阶段接手项目。在项目状态会议期间，团队成员报告干系人共享的问题。新的项目经理应该做什么？

A.更新风险管理计划　　　　　　　　B.建议项目团队立即解决该问题
C.审查干系人参与计划　　　　　　　D.查看问题日志

【思路解析】成员报告干系人共享的问题，这句话的意思是团队成员在会议期间，报告了干系人所分享、反馈出来的问题，也就是干系人所遇到的问题。

A 选项，题干是问题，不是风险，而且风险管理计划是指南型文件。

B 选项，过于宽泛，团队成员报告干系人共享的问题，项目经理可以和团队、干系人进行相应的沟通了解和讨论等。总之，处理问题需要有根据，直接建议团队立刻解决问题不太合适。

C 选项，题干没有涉及干系人参与计划问题。

D 选项，问题日志是一种记录和跟进所有问题的项目文件，查看问题日志可以进一步澄清和了解问题，可选。

综上所述，本题的最佳答案是 D 选项。

【正确答案】D

【考法解读】这个考法的核心在于了解问题日志的作用，问题日志可以用于澄清和了解问题相关信息。如果题目是想要了解项目中已发生的问题的相关信息，通常可以匹配到问题日志这一文件。

5.4 管理项目知识

5.4.1 管理项目知识概要

管理项目知识是使用现有知识并生成新知识，以实现项目目标，并且帮助组织学习的过程。

关于本考点的常见考法如下：

（1）隐性知识是相当个人化且富弹性的东西，很难用公式或文字加以说明，通常经由人际交流和互动来分享。

（2）项目知识和经验教训应该在整个项目周期中持续向干系人收集。

考法讲解

（1）隐性知识是相当个人化且富弹性的东西，很难用公式或文字加以说明，通常经由人际交流和互动来分享。

【例题 5.11】在一个创新产品的项目执行过程中，一个项目团队一直努力工作以满足最后期限。然而，其中一名团队成员将在两周后离开，并由一名新的团队成员代替。团队应该如何共享隐性知识？

A. 要求新团队成员记录所有需求，以便更好地理解项目目标

B. 为新团队成员提供访问知识数据库的权限，以便所有项目文档可用

C. 定期召开团队会议，分享他们的经验、挑战和经验教训

D. 向新团队成员提供项目文档存储库，并允许新团队成员回顾以前的经验教训

【思路解析】隐性知识（个体知识以及难以明确表达的知识，如信念、洞察力、经验和"诀窍"）难以以文字的方式记录到组织过程资产中，因此，一般主要以面对面沟通的方式进行交流和共享。因此，本题的最佳答案是 C 选项。

A、B、D 选项，隐性知识难以用文本、数字或图片的形式记录下来。

【正确答案】C

【考法解读】隐性知识通常难以用的文档、图片、报告的方式表达，会优先选择以面对面沟通的方式通过知识转移、知识分享会议保留下来。所以，遇到隐性知识共享、转移的问题，可以关注与面对面沟通相关的选项。

（2）项目知识和经验教训应该在整个项目周期中持续向干系人收集。

【例题 5.12】一个复杂的项目即将结束，许多项目团队成员报告了负面经验，来自组织不同领域的项目干系人可能永远不会再次合作，作为项目要求的一部分，项目经理必须提供经验教训。项目经理应如何确保满足该要求？

A. 使用问题日志和上报记录来记录正面与负面经验

B. 与每个项目干系人联系，以获取他们对项目每个阶段的经验的反馈

C. 仅记录负面经验，以便为未来项目开发替代方法

D. 促进与项目团队的会议，只审查积极的经验

【思路解析】复杂的项目即将结束，项目经理必须提供经验教训。团队成员已经报告了负面经验，接下来可以跟每个项目干系人联系，收集他们对项目的意见、建议和反馈以作为项目经验教训登记册的一部分。因此，本题的最佳答案为 B 选项。

A 选项，问题日志是记录项目发生的问题的，而不是记录正面或负面经验的。

C、D 选项，只记录积极或负面的经验都是片面的、不客观的。

【正确答案】B

【考法解读】无论是隐性还是显性、正面还是负面的知识，都需要及时去收集，而且是在整个项目周期向包括项目团队成员在内的干系人收集，并以项目团队为主。

5.4.2 知识管理与信息管理工具

知识管理是指确保项目团队和其他干系人的技能、经验和专业知识在项目开始之前、开

展期间和结束之后得到运用。知识管理工具和技术将员工联系起来，使他们能够合作生成新知识、分享隐性知识。信息管理工具和技术用于创建人们与知识之间的联系，可以有效促进简单、明确的显性知识的分享。

关于本考点的常见考法如下：

（1）确保项目知识、经验教训等存储在存储库（或 PMIS）中，并且保证是最新的，防止人员流动致使知识流失。★★

（2）通过面对面沟通进行知识传递。★

考法讲解

（1）确保项目知识、经验教训等存储在存储库（或 PMIS）中，并且保证是最新的，防止人员流动致使知识流失。

【例题 5.13】一个项目处于知识转移阶段，一些主题专家（SME）到客户现场进行知识转移，SME 捕获了各种流程偏差而没有与项目团队共享。项目经理如何确保跨团队的知识转移？

A. 要求项目组与客户召开偏差日志审查会议，强调项目可能无法如期上线
B. 要求项目管理办公室（PMO）为团队成员提供偏差的实时可见性，并帮助团队成员解决问题
C. 要求主题专家通过将文档放入项目管理信息系统（PMIS）中与所有其他成员共享知识转移文档
D. 要求项目团队在项目收尾阶段举办一次经验教训总结会议，以纳入这个问题

【思路解析】主题专家获得了一些流程偏差的相关信息，却没有与团队分享，可能是因为团队缺乏信息共享的渠道和规则，针对这个问题，制定一项规则要求干系人共享信息即可。因此，本题的最佳答案是 C 选项。

PMIS 是由收集、整合和传播项目管理过程成果的工具和技术所组成的信息系统。

A 选项，题干中并未提及项目延期的问题。

B 选项，不是最优解，项目经理应该尽可能主动解决问题，PMO 主要还是提供组织过程资产和培训等。

D 选项，收尾过程中收集信息的偏差就太滞后了。

【正确答案】C

【例题5.14】在一个项目中，一名核心团队成员负责完成所有工作并确保完成所有任务。该核心团队成员即将离开项目，这可能会使项目变得脆弱。项目经理应该做什么？

A. 确保该团队成员的活动分布在整个项目团队中

B. 评估团队成员之间的知识转移机制

C. 要求人力资源部（HR）建议团队成员平衡工作量

D. 通过提供奖励来激励团队成员留下来

【思路解析】根据题干背景，核心团队成员的离开会对项目造成严重影响，项目经理应该怎么做以尽量减少这个影响？

A选项，团队成员的活动分布在整个项目团队中，一旦他离开，势必会影响相关联的工作，并没有对减轻影响带来帮助，不合适。

B选项，评估团队成员之间的知识转移机制，可以了解到核心团队成员的知识技能是不是能够被其他成员掌握，能够依此制定相关的应对措施，可以一定程度减少该团队成员的离开对项目带来的影响，因此本选项合适。

C选项，现在并不是因为团队成员工作超负荷的问题，即使平衡工作量，也不能解决他离开给项目带来的影响，不合适。

D选项，提供奖励也许是一个可行的措施，但可能只是暂时解决问题，如果后面还有同样的情况发生，不能一再地用这种方式解决问题，相对来说B选项会更合适一些。

综上所述，本题的最佳答案是B选项。

【正确答案】B

【考法解读】项目知识和经验教训要保存在一个大家看与得到的地方（如存储库和PMIS），并且要监督项目团队在这个地方及时保存和更新项目知识与经验教训。如果不能保存或者及时更新，收集项目知识和经验教训的行为就会是无用的。当遇到知识转移、团队成员离开项目的关键字词时，可以注意一下试题考查的是否为知识的保存和更新。

（2）通过面对面沟通进行知识传递。

【例题5.15】一个项目团队正在使用一种可视化管理工具来识别依赖关系，确定了一个团队的领域知识需要与另一个团队共享，以确保可交付物的连续性。项目经理应该怎么做？

A. 将两个团队合并成一个团队，这样知识就可以普遍获得

B. 消除依赖，以消除对知识共享的需要

C. 重新分配团队成员，使两个团队都能获得知识

D. 请各工作团队规划知识分享会议

【思路解析】现需要在两个团队之间进行知识共享，分别分析四个选项。

A 选项，首先，题干并没有表明两个团队是为同一个项目服务，如果不是为同一个项目服务，也不能直接合并；其次，将两个团队融合为一个团队，一个团队人数过多，管理成本和管理难度可能上升，需要慎重考虑，待定选项。

B 选项，项目经理应该积极主动地处理问题，而不是回避问题，本选项不符合"圣人"原则，不可选。

C 选项，不能因为有依赖关系就重新分配团队成员，这样可能会对两个团队都造成不良影响，不合适。

D 选项，通过知识共享会议，能够使难度、成本更低地达成目标，相对更好，可选。

综上所述，本题的最佳答案是 D 选项。

【正确答案】D

【考法解读】面对面沟通是沟通效率最高的一种方式，所以在进行知识共享和传递时，往往都是通过面对面沟通进行，这种形式最常见的就是会议。当题干中出现知识共享或知识传递时，可以重点关注与面对面沟通或与会议有关的选项。

5.4.3 经验教训登记册及更新

任何有助于提高当前或未来项目绩效的经验教训都应得到及时记录。

经验教训登记册可以包含情况的类别和描述，以及与情况相关的影响、建议和行动方案，可以记录遇到的挑战、问题，意识到的风险、机会，或其他适用的内容。经验教训登记册会在整个项目执行期间不断更新。

关于本考点的常见考法如下：

参考以往经验教训解决问题，或记录经验教训避免未来发生类似问题。★★

考法讲解

参考以往经验教训解决问题，或记录经验教训避免未来发生类似问题。

【例题 5.16】一位项目经理正在领导一个处于早期阶段的公司内部项目，这个项目与一

年前结束的另一个项目类似。项目经理应该如何分析参与的干系人？

A. 参考前一个项目的干系人登记册，因为它与当前的项目相似

B. 降低干系人参与的优先级，因为干系人已经了解这类项目

C. 用前一个项目的经验教训来指导当前项目的干系人登记册

D. 在风险登记册中记录当前项目的干系人可能与以前的项目不同

【思路解析】题干着重提到了目前进行的项目与之前结束的一个项目类似，且是公司内部项目，说明项目规划、执行过程中有类似经验可以参考。现在问要如何分析干系人。

A选项，即使是类似项目，关于文件的内容和信息也可能有所不同，且相同的干系人在不同的项目所处的位置也可能不一致，需要结合更多的信息去判断，这里考虑得可能没有那么全面。因此，A选项暂定。

B选项，干系人参与的优先级要根据项目特点，结合干系人个人信息以及需求进行判断，不能直接降低优先级。

C选项，题干已经表明有类似项目，那么之前的经验教训是可以作为输入以供参考，以帮助确定本项目的干系人登记册。因此，C选项可选。

D选项，在风险登记册中记录该类风险没有直接体现要如何去分析干系人，没有C选项合适。

综上所述，本题的最佳答案是C选项。

【正确答案】C

【考法解读】与经验教训登记册相关的试题往往会出现"如何避免在未来发生相同的问题"等关键词。遇到这些关键词可以关注与经验教训有关的选项。

5.5 监控项目工作

5.5.1 监控项目工作概要

监控项目工作是跟踪、审查和调整项目进展，以实现项目管理计划中确定的绩效目标的过程。

监督是贯穿于整个项目周期的项目管理活动之一，持续的监督使项目管理团队能洞察项

目的健康状况，并识别需特别关注的任何方面。控制包括制定纠正或预防措施，或进行重新规划，并跟踪行动计划的实施过程，以确保它们能有效解决问题。只有把监督和控制这两个方面都做好，才能保证项目的平稳运行。

关于本考点的常见考法如下：

（1）定期评估项目绩效，决定是否需要采取纠正或预防措施，或推荐必要的措施。

（2）及时更新相关工件准确信息以反映项目情况。

考法讲解

（1）定期评估项目绩效，决定是否需要采取纠正或预防措施，或推荐必要的措施。

【例题 5.17】团队需要在产品中实施强制性的合规性法规，这是其发布所必需的。在产品接近发布并验证其完整性时，发现合规部分没有在项目中实现。项目经理下一步应该做什么？

A. 要求干系人了解合规性　　　　　B. 获得管理层的批准并放行

C. 要求团队执行合规性　　　　　　D. 获得法律团队的例外批准

【思路解析】产品必须实施强制性的合规性法规，而产品即将发布时却发现合规部分并没有在项目中实现，那么项目经理必须确保项目团队执行合规性，否则产品将面临无法发布的风险。因此，本题的最佳答案是 C 选项。

A 选项，干系人本该了解合规性，但是题干中提及是项目团队没有实现合规部分，此处与干系人无关。

B、D 选项，产品合规是法规的强制性要求。产品不合规，即使获得管理层或者法律团队的批准也不可发布。

【正确答案】C

【考法解读】本考法在试题中考查的往往是解决问题的实际针对性方案，哪里有问题就在哪里解决。应根据项目实际情况选择选项中最合适的纠正或预防措施。

（2）及时更新相关工件准确信息以反映项目情况。

【例题 5.18】一位新的项目经理在项目实施过程中途接手了这个项目。在首次风险审查会议中，项目经理注意到项目团队成员使用的风险登记册版本与项目经理使用的版本不同。项目经理应该如何避免这个问题？

A. 参考沟通管理计划　　　　　　B. 验证问题日志
C. 验证项目工件　　　　　　　　D. 执行专家判断

【思路解析】项目工件是项目模板、文件、输出或项目可交付物，如日志和登记册、问题日志、风险登记册、经验教训登记册等。风险登记册属于项目工件，因此，本题的最佳答案是C选项。项目经理应当验证这些工件以确保所有团队成员使用的是最新和统一的版本，以此避免因版本不统一而产生的混乱和误解。

A选项，沟通管理计划描述将如何规划、结构化、执行与监督项目沟通，以提高沟通的有效性。虽然在项目沟通过程中，可能会用到风险登记册，但风险登记册本身不是用来沟通的，而是记录风险的，项目工件更贴合。

B选项，问题日志是一种记录和跟进所有问题的项目文件，事先并没有记录这个问题，所以验证它并不能避免版本不统一的问题。

D选项，专家判断是指基于某应用领域、知识领域、学科和行业等的专业知识而做出的关于当前活动的合理判断，一般适用于没有经验或开拓新业务的情况，与题干不符。

【正确答案】C

【考法解读】项目工件是监控项目工作的重要途径，项目工件的及时更新和信息统一，关乎项目的正常运转。

5.5.2　监控项目工作的方法

监控项目工作的方法包括趋势分析、偏差分析、成本效益分析、备选方案分析、确认分析等。

关于本考点的常见考法如下：

（1）使用成本效益分析确保项目收益。

（2）使用成本效益分析进行决策。★

（3）趋势分析的作用。

考法讲解

（1）使用成本效益分析确保项目收益。

【例题5.19】新项目经理被要求负责一个具有失败风险的项目。项目干系人不仅不清楚项目的状态，而且不知道项目将会为他们带来什么利益。项目经理应该如何将这些利益传达给干系人？

  A. 重新确定项目进度基准以显示项目的当前状态

  B. 根据商量同意的项目要求来更新可交付成果地图

  C. 为干系人进行项目成本效益分析

  D. 创建与组织战略目标相适应的效益管理计划

【思路解析】干系人不清楚项目将会带来什么效益，就应该使用成本效益的分析方法，成本效益分析是用来比较项目成本与其带来的收益的财务分析工具。使用该工具可以将效益和成本的分析过程以及分析内容直接展现给干系人。因此，本题的最佳答案是 C 选项。

A 选项，虽然干系人不清楚项目的状态，但是题干问的是如何传达利益，而且进度基准不能直接更新，需要走变更流程。

B 选项，项目经理要做的是展现项目效益，而不是更新可交付成果。

D 选项，效益管理计划可以保证商业论证的内容得以实现，可以包含目标效益的内容（预计通过项目实施可以创造的有形价值和无形价值），但是还包含其他内容，不如成本效益分析来得直观。

【正确答案】C

【考法解读】项目的效益包括有形价值和无形价值，把效益和成本的分析过程以及分析的内容直接展示给干系人，让干系人直观地感受到项目的价值及其在项目中所能获得的收益。

（2）使用成本效益分析进行决策。

【例题 5.20】一个设施扩建项目正处于执行阶段。另一个项目是将所有新设备的电源连接到现有设施 A 点，这需要使用大量的电缆。施工队发现，可以将电源连接到 B 点，这样既节省了电缆，也可以省钱。接下来项目经理该怎么做？

  A. 进行成本效益分析，对使用 B 点进行评估

  B. 将问题添加到变更日志中，并通过变更控制委员会（CCB）请求额外的预算

  C. 在解释项目预算和进度约束后，寻求施工队作出决定

  D. 使用 B 点选项，因为它将节省项目成本和时间

【思路解析】题干中，团队发现一项与原计划不同的处理方式可以省钱。面对这个方式，项目经理接下来应该怎么做？

A 选项，虽然团队发现该方法可以省钱，但是不确定是否会对项目其他方面有影响，可以先评估一下，确认后再提交变更进行实施。

B 选项，目前还不确认影响，且团队说的是该方法是省钱而非增加成本，直接提交变更给 CCB 请求额外的预算。此做法不妥。

C 选项，不应该由团队去做决定，而是要遵循变更流程提交给审批的人去确认该变更是否可行。此做法不妥。

D 选项，应该遵循变更流程，经过审批后确认可行，再选择执行该方案，不能直接执行该方案。此做法不妥。

综上所述，本题的最佳答案是 A 选项。

【正确答案】A

【考法解读】成本效益分析包括净现值分析、投资回收期、投资回收率等多种方法。通过将成本与可能获得的效益（包括有形的和无形的）进行比较和权衡，即可评估新的决策是否能够产生足够的收益。

（3）趋势分析的作用。

【例题 5.21】一名项目经理正在领导一个软件开发项目，该项目将协助电厂维护管理。项目经理正在分析项目绩效数据，并试图预测项目未来是否会出现任何延误。项目经理应该做什么？

A. 进行质量控制分析
B. 进行进度分析
C. 进行趋势分析
D. 执行根本原因分析（root cause analysis，RCA）

【思路解析】项目经理通过分析项目绩效数据来预测未来项目是否会有延误，此时是在进行趋势分析，因此，本题的最佳答案是 C 选项。

A 选项，控制质量是把可交付成果与质量标准去比对，变成核实的可交付成果，是在检查结果，此处与题干不符。

B 选项，进度分析是指利用当前的进度对比计划，可知目前项目的进度是否符合预期，但是无法预测未来，与题干不符。

C选项，趋势分析是基于当前绩效信息来确定未来项目阶段所需的资源。趋势分析检查项目绩效随时间的变化情况，可用于确定当前项目的进度绩效是在改善还是在恶化，并且预测项目未来是否会发生延误，可选。

D选项，RCA是关注识别问题的主要原因，它可用于识别出现偏差的原因，与题干不符。

【正确答案】C

【考法解读】趋势分析是根据历史数据并利用数学模型，预测未来结果的一种分析技术。分辨趋势分析与其他方法的关键词就在于预测未来。

5.6 实施整体变更控制

5.6.1 实施整体变更控制流程

实施整体变更控制是审查所有变更请求、批准变更，管理对可交付成果、项目文件和项目管理计划的变更，并对变更处理结果进行沟通的过程。

关于本考点的常见考法如下：

（1）有变更，走流程。★★★★★

（2）制定合适的变更管理计划以指导变更流程。

（3）干系人提交的变更，可以和干系人讨论了解更多信息。★

考法讲解

（1）有变更，走流程。

【例题5.22】供应商通知项目经理，关键资源将长期休假。项目团队审查了待交付的供应商交付成果，并确定了替代解决方案，但该解决方案将产生额外成本。项目目前正按计划进行，且略低于预算。项目经理下一步该怎么办？

A. 实施风险应对　　　　　　　　B. 执行综合变更控制

C. 请求替换资源　　　　　　　　D. 进行成本效益分析

【思路解析】目前得知关键资源将长期休假，据此商定了新的解决方案，新方案会产生额外的成本。有变更，走流程，应该据此实施整体变更控制流程，B选项切合，可选。

A 选项，未表明是提前识别到的风险。

C 选项，是 B 选项之后可能会做的动作，但是现在新方案将产生额外成本，应该走变更流程。

D 选项，是变更分析中可能的一部分，不如 B 选项更综合、更合适。

【正确答案】B

【例题 5.23】一个新的相关项目干系人建议在项目执行过程中对一些项目参数进行变更。项目经理下一步应该做什么？

A.接受变更，并使用紧急情况在最小的进度影响下实施该变更

B.拒绝变更，因为它违反在项目较早阶段商定的内容

C.将变更转交指导委员会，让他们评价和决定今后的适当步骤

D.用整体变更控制评估提议的变更，并与项目发起人讨论变更

【思路解析】干系人建议在执行过程中对一些项目参数进行变更。

A、B 选项，直接接受或拒绝变更都是不对的，需要遵循"有变更，走流程"正确的变更流程。

C 选项，在变更流程中，审批的是变更控制委员会（CCB），而不是指导委员会。

D 选项，按照变更流程来走，对变更进行分析，也可以与发起人讨论，是可选项。

【正确答案】D

【考法解读】有变更就要走流程，不管变更是大是小，是否涉及范围、进度、成本基准，任何变更都要走正式的变更流程才能确认或实施，口头批准是不行的。实施整体变更控制过程贯穿项目始终，所有变更请求都必须以书面形式记录，并纳入变更管理和（或）配置管理系统中。

本类题关注变更相关的选项即可，同时注意与变更关键词的选项之间的区别，是否遵守了变更控制流程（图 5.1）或者涉及基准等。同时也要注意，很多题目在不考查变更流程时，会把变更行动词省略掉，所以要注意题目考查的是否就是变更流程。

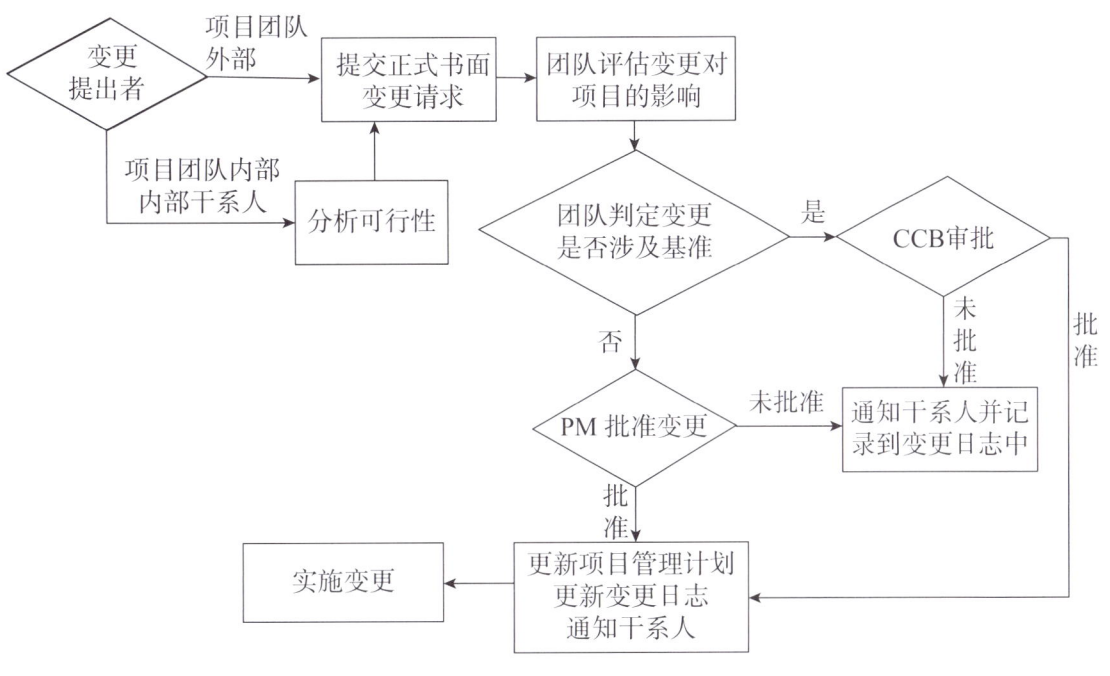

图 5.1 变更控制流程

（2）制定合适的变更管理计划以指导变更流程。

【例题 5.24】公司聘请了一名项目经理来帮助协调正在进行的项目。公司首席执行官报告的最大问题是变更请求流程是由那些对项目进度和预算信息不熟悉的经理来处理的。此信息不一致，由财务、风险和职能主题专家（SME）处理。项目经理应该如何控制这种情况？

A.审查项目章程中定义的范围　　　B.制定综合变更管理计划
C.重新定义沟通管理计划　　　　　D.在项目风险登记册中记录风险

【思路解析】变更请求流程本应该由对项目预算和进度熟悉的人员来负责处理，而当前的情况正好相反。当前的情况说明，在本项目中，指导变更流程的文件存在一定的问题，而变更管理计划就是用来指导团队进行变更的。因此，项目经理需要制定更加合适的变更管理计划。

A 选项，当前的问题和项目范围无关。

C 选项，问题在于指导变更流程的文件存在缺陷，并不是信息传递的问题，因此无须重新定义沟通管理计划。

D 选项，仅在风险登记册中记录风险并不能很好地控制当前的情况。

综上所述，本题的最佳答案是 B 选项。

【正确答案】B

【考法解读】变更管理计划用于建立变更控制委员会，记录其具体权限，并说明如何实施变更控制系统。它是整体变更控制流程的指导文件，因此需要有变更管理计划来指导如何进行变更流程。

（3）干系人提交的变更，可以和干系人讨论了解更多信息。

【例题 5.25】由于组织变化，在项目执行过程中几名关键的干系人被新干系人所取代。结果，大量的新需求被提出。项目经理应该做些什么以确保项目的成功？

A. 与干系人一起审查和确定新需求的优先次序，以确定需要哪些变更请求
B. 将问题升级至项目发起人，并寻求支持以保持最初的要求
C. 寻求立即批准修改项目时间表和预算，以交付所有新的需求
D. 向新的干系人强调，在项目的这个阶段不允许有新的要求

【思路解析】在项目执行过程中，几名关键干系人发生了变化，并提出大量新需求，项目经理应该做什么确保项目的成功？

A 选项，新干系人提出大量新需求，项目经理可以与干系人一起审查这些需求，就需求的优先顺序达成一致，并遵循相应的变更程序，可选。

B 选项，项目经理首先在自己的权限范围内解决问题，无须立即上报发起人。

C 选项，并不是所有新需求都需要被完成，应该先进行分析，而不是直接修改时间表和预算去完成所有新需求，不合适。

D 选项，在项目中，需求发生变化是正常的，不允许干系人提新需求的做法是不合适的。

综上所述，本题的最佳答案是 A 选项。

【正确答案】A

【考法解读】只有了解到干系人的真实想法才能更好地为干系人服务，找到干系人的痛点和真正需求，另外也能节省大量不必要的工作时间。干系人提出的变更都可以与干系人讨论后了解更多信息，包括变更带来的影响、变更如何进行等。

5.6.2 变更控制流程的作用

变更控制流程需要对影响变更的因素进行分析、引导和控制,使其朝着有利于项目的方向发展。

关于本考点的常见考法如下:

确保干系人了解正确的变更流程。★

考法讲解

确保干系人了解正确的变更流程。

【例题 5.26】项目经理正在回顾从一个历史项目中吸取的经验教训。审查表明,客户的工程师坚持要审查所有变更,即使是合同中未指明的变更。项目经理在规划项目时应该如何处理?

A. 更新项目风险登记册以识别此风险并描述如何缓解该问题

B. 确保变更管理计划突出这一要求,以防止未来出现问题

C. 使用有关变更管理的信息更新项目章程

D. 与客户交谈以确保他们了解变更管理程序

【思路解析】在项目管理过程中,如果发生变更,理应通知干系人,但并不是所有变更都需要客户的工程师知道。客户的工程师坚持要审查所有变更,这可能是因为他们不了解变更管理流程。因此,首先应当与干系人沟通以确保对方熟知变更管理流程。因此,本题的最佳答案是 D 选项。

A 选项,更新风险登记册并应对风险规划的做法过于消极,无法避免事情的发生,不是最优解。

B 选项,这是 D 选项之后可能的做法。我们首先应该确认干系人是否了解变更管理流程。

C 选项,项目章程记录了一些高层级的需求,一般不会细致到变更管理的流程信息。

【正确答案】D

【考法解读】有效地控制和管理项目变更对于项目的成功非常关键。因此,必须确保干系人也能准确了解并认识到正确的变更流程的重要性。

此类题一般是干系人违反了规定的变更流程,项目经理需要事先确保或事后强调正确的变更流程。

5.6.3 变更请求的分类

变更请求是关于修改任何文件、可交付成果或基准的正式提议，包括以下几类。

（1）缺陷补救：为了修正不一致产品或产品组件的有目的的活动（通常与质量有关）。

（2）纠正措施：使项目工作绩效重新与项目管理计划一致而进行的有目的的活动。

（3）预防措施：为确保项目工作的未来绩效符合项目管理计划而进行的有目的的活动。

（4）更新：对正式受控的项目文件或计划等进行的变更，以反映修改或增加的意见或内容。

关于本考点的常见考法如下：

判断变更请求属于哪种类别。

考法讲解

判断变更请求属于哪种类别。

【例题 5.27】项目经理在负责一个培训课程项目时，认为成为项目管理协会的成员将会有利于项目的开展。因为该项目目标的一部分内容是必须符合项目管理协会的"最佳实践"内容。当了解到项目管理协会要求志愿者参与制定的范围声明中有类似的标准时，项目经理及时补充了工作分解结构的实践标准，目前标准已经发布。该示例属于什么内容？

A. 提升自我能力　　　　　　　　B. 纠正措施

C. 预防措施　　　　　　　　　　D. 立即更新项目管理计划的需求

【思路解析】项目目标的内容中必须要包含"最佳实践"的标准，而实际上该内容并没有体现在项目文件中。因此，在项目规划阶段，项目经理及时参考组织过程资产，补充了工作分解结构的内容，以及时纠正误差。因此，本题的最佳答案是 B 选项。

A 选项，本题与提升自我能力无关。

C 选项，误差已经发生，只不过没有引发具体的问题，不属于预防措施。

D 选项，题干体现的并不是更新项目管理计划的需求，而是在更新项目管理计划，因为范围基准属于项目管理计划的组件。

【正确答案】B

【考法解读】分清楚几种变更请求的类别，考试中经常考查的主要是纠正措施和预防措施。预防措施的关键是提前预防，而纠正措施的重点是后续纠正。注意题干的要求是"事先"还是"接下来"。

5.6.4 补充变更流程

未经整体变更控制流程进行的变更,应该在后续进行补充处理。

关于本考点的常见考法如下:

在未提交变更请求的情况下执行了变更,需要分析影响,并补充变更流程。

考法讲解

在未提交变更请求的情况下执行了变更,需要分析影响,并补充变更流程。

【例题 5.28】由于某些活动的延误,项目团队的一名成员在未经任何批准的情况下扩大了范围。项目经理接下来应该做什么?

A. 删除更改以匹配原始要求

B. 评估对项目所做更改的影响

C. 使用新范围更新项目文档

D. 将团队成员添加到项目中,以避免更多的进度延误

【思路解析】团队成员在未经批准的情况下擅自更改了范围,这种行为可能会直接影响项目的可交付成果,因此项目经理接下来应该补充变更流程并评估这一变更的影响。因此,本题的最佳答案是 B 选项。

A 选项,直接删除该更改并不合适,因为当前也不能确定该变更带来的影响是正面还是负面。

C 选项,直接使用新范围的做法不合适。

D 选项,团队成员本身就在项目中,无须再次添加。

【正确答案】B

【考法解读】需要补充变更流程的情况通常发生在项目团队自行变更,或者干系人未经过项目经理直接找项目团队提出变更。遇到这种情况,通常的处理顺序是先分析这些未走流程的变更会带来的影响,再根据分析结果进行处理,一般来说是补交变更流程,变更内容可能是保留这些变更,也可能是删除。

5.7 结束项目或阶段

5.7.1 结束项目或阶段概要

结束项目或阶段是终结项目、阶段或合同的所有活动的过程。

关于本考点的常见考法如下：

（1）项目最终报告需要记录绩效指标或收益实现等干系人需要的内容。

（2）发现项目无法实现业务价值，需要上报发起人，重新评估商业价值或者批准提前终止。

考法讲解

（1）项目最终报告需要记录绩效指标或收益实现等干系人需要的内容。

【例题 5.29】当一个项目结束时，一个业务干系人向项目经理请求有关整体项目绩效的信息，以确定该计划的成功。项目经理应该做些什么来向干系人提供相关信息？

A. 更新项目状态报告，包括当前的绩效信息

B. 在最终项目报告中记录关键绩效指标（KPIs）

C. 在经验教训登记册中记录项目绩效和影响因素

D. 通知干系人，绩效将在项目结束后三个月进行评估

【思路解析】在项目结束时，一个业务干系人请求有关整体项目绩效的信息，以确定该计划的成功。项目经理应该怎么做？

A 选项，关于绩效信息可以更新到状态报告中，但状态报告通常只包含当前的绩效信息，缺乏整体项目绩效的呈现，与题干要求不相符。

B 选项，此时项目已经结束，更新最终报告是更有效的做法，并且关键绩效指标(KPIs)是用于评估项目成功的关键度量标准，更适合呈现给干系人观看以确定该计划的成功，可选。

C 选项，经验教训登记册主要用于捕获项目过程中的经验教训和改进建议，而不是提供给外部干系人的项目绩效信息，与题干不相关。

D 选项，在项目结束后三个月进行绩效评估，会导致干系人在项目完结时无法得到及时的反馈和评估结果。相比起来，B 选项是更好的做法。

综上所述，本题的最佳答案是 B 选项。

【正确答案】B

【考法解读】项目最终报告会总结项目绩效，其中包含范围、质量、成本、进度结果以及关于最终产品、服务或成果如何满足商业计划所述业务需求的概述。题干中出现"项目结束/即将结束"时，要了解项目整体绩效或收益，即可关注与最终报告相关的选项。

（2）发现项目无法实现业务价值，需要上报发起人，重新评估商业价值或者批准提前终止。

【例题 5.30】项目经理在领导一个项目时，突然发生了一个重大危机导致经济衰退，这可能威胁到项目的结果。项目经理应该怎么做？

A. 根据当前的实际情况更新项目章程和效益管理计划

B. 创建一个提议，建议项目发起人终止项目

C. 将一些项目资源重新分配到组织中的其他任务

D. 在项目效益管理计划和风险管理计划中记录新的风险

【思路解析】当发生重大危机导致经济衰退时，可能会影响到项目的结果。

A 选项，项目经理没有权限直接更新项目章程或效益管理计划，不合适。

B 选项，如果经济衰退对项目的经济效益产生重大负面影响，项目经理可以评估项目的可行性，并在必要时可以建议终止项目。这里，项目经理只是提出了一个提议，最终的决策权在于项目发起人或其他高级管理层，这是可行的。

C 选项，在没有充分了解经济衰退对项目的实际影响之前，直接简单地重新分配资源不太合适。

D 选项，风险应记录在风险登记册中，而不是记录在项目效益管理计划和风险管理计划中，D 选项描述错误。

综上所述，本题的最佳答案是 B 选项。

【正确答案】B

【考法解读】当项目无法按照原本的计划实现商业价值时，项目经理有责任上报发起人，并对项目重新进行评估。

5.7.2 组织过程资产更新

在项目结束阶段，需要了解项目执行过程中出现的值得吸取的经验并进行总结及归档保存。

关于本考点的常见考法如下：

（1）收尾阶段要确保经验教训得到收集、总结和归档。

（2）即使项目提前终止，也应完成项目工件归档工作。

考法讲解

（1）收尾阶段要确保经验教训得到收集、总结和归档。

【例题 5.31】一个研发团队正在完成一项为期两年的计划。项目经理专注于项目的收尾活动，应优先考虑哪项活动？

A. 召开指导委员会会议，向指导委员会通报项目完成情况

B. 标记产品列表完成状态并更新沟通管理计划

C. 确保知识转移活动按计划执行

D. 释放资源并计划项目完成庆祝活动

【思路解析】当团队完成项目可交付成果且通过验收后，将进入收尾阶段，此时应该重点关注组织过程资产的更新，按计划完成知识归档和转移工作。因此，本题的最佳答案是 C 选项。

A 选项，汇报项目状态是每个阶段都需要做的事情，并不是收尾阶段中最重要的活动。

B 选项，在收尾阶段，沟通管理计划基本不会再更新，因此这不是收尾中最重要的事情，应该要确保按计划完成收尾工作。

D 选项，释放资源在收尾活动的最后一项，不是优先考虑的事项。

【正确答案】C

【考法解读】经验教训的收集、总结、归档是收尾阶段的关键任务之一。在这类考法的试题中，一般是采取排除法来选择正确答案，其他选项通常不属于收尾阶段应该做的或不是优先要做的事情。

（2）即使项目提前终止，也应完成项目工件归档工作。

【例题 5.32】在取消的项目结束时，项目经理向所有干系人发送了调查。调查还包括供干系人概述情况、解决方案、结果和建议的模板。项目经理应如何使用收集的信息？

A. 将调查结果与项目工件存档，以供将来的项目使用

B. 根据工作分解结构（WBS）组件绘制经验教训

C. 使用信息重新启动项目

D. 评估收集到的关于改进领域的信息

【思路解析】项目取消并临近结束，说明项目进入了收尾阶段。项目经理向所有干系人发送的调查应该与其他项目文件和成果一起存档，作为组织过程资产，以便未来能够使用。因此，本题的最佳答案是 A 选项。

B 选项，干系人的调查结果不应根据 WBS 组件来绘制经验教训，可以直接作为经验教训的一种形式存在。

C 选项，项目经理无权决定项目重新启动。

D 选项，不是所有调查反馈都提供了改进项目的方法，而且在项目收尾阶段，评估收集到的关于改进领域的信息的必要性和实用性是有限的。干系人可以自由地提供自己的意见和看法，但这些意见和看法并不需要经过正式的评估或处理。

【正确答案】A

【考法解读】在项目结束阶段，项目工件的归档应重点关注经验教训登记册。即使是在取消的项目中，经验总结也同样重要，失败的经验通常更有价值。此类考法的试题有时是以关键干系人要求不要在取消的项目上浪费时间作为背景，可以根据这一点快速识别正确答案。

第 6 章 项目需求和范围管理

6.1 项目需求管理

6.1.1 收集需求

收集需求是为实现目标而确定、记录并管理干系人的需要和需求的过程。这一过程的主要作用是为定义产品范围和项目范围奠定基础。

关于本考点的常见考法如下：

（1）正确地收集需求是满足干系人期望的前提。★★

（2）利用各种方法挖掘真实需求，并引导干系人达成共识。★

考法讲解

（1）正确地收集需求是满足干系人期望的前提。

【例题 6.1】在项目生命周期结束时交付了最先进的产品。然而，客户声称产品未按规范设计。项目经理应该做些什么来避免这个问题？

A. 冲刺回顾会议应包括必要的干系人

B. 为了满足客户的标准，应获取客户的需求

C. 应捕捉并修改客户的要求，以满足供应商的标准

D. 应相应地计划迭代评审会议

【思路解析】项目交付了最先进的产品，但是客户表示产品未按规范设计，说明交付的产品与客户理解的规范存在差距，应该做什么来避免该问题？

A 选项，回顾会议主要是团队总结经验教训的会议，核心是改进，虽然让干系人参与其中是有益的，但对于题干问题的避免关系不大。

B 选项，获取并了解客户的需求才能更好地满足客户的标准，以避免做出来的产品与客户所期望的存在差距，可选。

C 选项，应该及时捕捉了解客户的要求，根据客户的需求进一步分析以便调整产品与需求一致，而不是说直接修改客户的需求以满足标准，同时题干并未提及供应商的标准，不太合适。

D 选项，评审会议主要是演示完成的内容以获取反馈，就"事先"的角度来看，先收集需求会更加合适。

综上所述，本题的最佳答案是 B 选项。

【正确答案】B

【考法解读】收集需求是项目管理中非常重要的一步，它是确保项目能够满足干系人期望的关键。涉及此类考法的情景通常描述为"干系人表示可交付成果没有满足期望"，问"事先/本应该怎么做去避免"；或者"要满足干系人的需求"，问"首先应该怎么做"类似表述。这时就要从源头出发，只有先收集到他们的需求，才能在此基础上确定项目的范围以及开展后续的工作。验收标准的制定也要以需求为参考。

这里还要注意一点，在项目过程中邀请干系人对成果进行评审，获取干系人反馈后进行改进，也能在一定程度上确保可交付成果满足期望，但是从事先的角度来说，一开始就挖掘并收集好干系人的真正需求是更为重要的，所以从源头出发，优先收集需求。

（2）利用各种方法挖掘真实需求，并引导干系人达成共识。

【例题 6.2】项目经理负责一个客户关系管理实施项目。项目章程被批准，项目已经进入规划阶段。为了收集干系人的初始需求，项目经理已经和干系人多次会面。然而，每次见面时，干系人都会提出与之前需求不同的附加信息，这导致干系人开始沮丧，而发起人也未作出回应。项目经理应该做什么来避免这种情况？

A. 引导干系人需求，让干系人始终参与需求过程
B. 启动需求管理计划，分析、记录和管理干系人需求
C. 走变更流程，提交变更请求以实现干系人的需求
D. 通过渐进明细式的方法增加附加细节以完善范围管理计划

【思路解析】根据题干可知，项目已经进入规划阶段，项目经理为了收集需求与干系人进行了多次会面，但是需求的内容反复变更，这可能导致范围基准的变化。为了避免这个问题，在需求收集阶段，项目经理应该尽最大可能性引导干系人的需求，确保需求被最大化收集。并且，还要让干系人始终参与需求过程，因此，本题的最佳答案是 A 选项。

B 选项，需求管理计划可以指导需求收集工作。题干中的问题可能是需求管理计划存在不足，而不仅仅是没有启动需求管理计划。

C 选项，题干问的是如何避免问题，而该选项属于事后弥补。

D 选项，题干针对的是需求收集问题，而不是范围管理问题。

【正确答案】A

【考法解读】在项目或决策过程中，收集和理解干系人的真实需求非常重要，也能帮助我们减少不必要的变更。这可以通过访谈、问卷调查、标杆对照等方法来实现。然后，通过引导对话和协商等策略，帮助不同的干系人达成共识和一致意见，以促进项目的成功和合作关系的顺利发展。

6.1.2 需求跟踪矩阵

需求跟踪矩阵是一种将产品需求从其来源连接到能满足需求的可交付成果的表格。通过需求跟踪矩阵，将每个需求与业务目标或项目目标联系起来，有助于确保每个需求都具有商业价值。需求跟踪矩阵中记录的典型属性包括唯一标识、需求的文字描述、收录该需求的理由、所有者、来源、优先级别、版本、当前状态（如进行中、已取消、已推迟、新增加、已批准、被分配和已完成）以及状态日期。为确保干系人满意,可能需要增加一些补充属性,如稳定性、复杂性和验收标准等。

关于本考点的常见考法如下：

需求跟踪矩阵是连接需求和可交付成果的桥梁。★

考法讲解

需求跟踪矩阵是连接需求和可交付成果的桥梁。

【例题 6.3】目前正在审查项目可交付成果的清单，一名干系人担心其中一项要求得不到满足。项目经理应该怎么做？

A. 检查已批准的需求文件，查看是否有任何遗漏项

B. 与干系人一起审查需求跟踪矩阵

C. 与干系人讨论应添加哪些附加要求

D. 与干系人合作，改进需求的验收标准

【思路解析】干系人担心一项需求得不到满足，可以审查需求跟踪矩阵，因为需求跟踪矩阵是一种将产品需求从其来源连接到能满足需求的可交付成果的表格。使用需求跟踪矩阵，有助于确定每个需求的相关属性，包括当前状态（如进行中、已推迟、已完成等）和状态日期。因此，本题的最佳答案是 B 选项。

A 选项，仅检查需求文件只能确定该需求是否被记录，并不能保证它得到实现，不太合适。

C 选项，这里与添加其他附加的要求无关，重点是解决该需求有没有实现的问题。

D 选项，现在的问题不是该需求能不能被验收，而是需求是否得到满足，改进验收标准与该需求能否满足无直接联系。

【正确答案】B

【考法解读】需求跟踪矩阵是建立需求和最终可交付成果之间联系的工具或方法。通过需求跟踪矩阵，可以追踪每个需求的实现情况，帮助项目团队了解每个需求的状态和进展情况，以便及时调整和管理项目。如果干系人"担忧需求是否能够满足"，可以通过审查需求跟踪矩阵了解需求和可交付成果的连接及进展情况。抑或是如果干系人认为"可交付成果不满足需求"，也可以通过审查需求跟踪矩阵，了解具体情况，确定后续行动。

6.2 项目范围管理

6.2.1 定义范围

定义范围是制定项目和产品详细描述的过程，其中一个重要输出是范围说明书。项目范围说明书是对项目范围、主要可交付成果、假设条件和制约因素的描述。它记录了整个范围，包括项目和产品范围，详细描述了项目的可交付成果，还代表项目干系人之间就项目范围所达成的共识。为便于管理干系人的期望，项目范围说明书可明确指出哪些工作不属于本项目范围。

关于本考点的常见考法如下：

项目范围说明书的内容。★

考法讲解

项目范围说明书的内容。

【例题6.4】项目的第一个可交付成果已经准备就绪,项目经理邀请干系人进行审批,其中一名干系人表示一些需求并未实施,拒绝验收。然而,项目经理认为干系人的需求超出了项目范围。项目经理首先应该怎么做?

A. 与利益干系人一起审查质量管理计划

B. 接受利益干系人的立场并实施要求

C. 对来自利益干系人的新要求应用变更控制流程

D. 与干系人一起审查项目范围说明书的项目排除部分

【思路解析】干系人认为可交付成果并未包含某些需求,但是项目经理认为其需求超过了项目范围,首先要查看规划项目范围管理时是否包含了这些需求。因此,本题的最佳答案是D选项。

A选项,题干中的问题在于需求是否超出项目范围,而质量管理计划是用于管理项目质量的文件,与题干无关。

B、C选项,首先要确定干系人的需求是否包含在项目范围说明书中。如果干系人的需求并未被包含在项目范围说明书内,并且想要添加这些需求,那么需要提交变更请求来增加;如果本身是包含在项目范围说明书内的,那么需要完成这些需求才能进行验收。这些都属于之后的做法。

【正确答案】D

【考法解读】详细的项目范围说明书包括以下具体内容。

(1)产品范围描述。逐步细化在项目章程和需求文件中所述的产品、服务或成果的特征。

(2)可交付成果。既包括组成项目产品或服务的各种结果,也包括各种辅助成果,如项目管理报告和文件。对可交付成果的描述可详可简。

(3)验收标准。可交付成果在通过验收前必须满足的一系列条件。

(4)项目的除外责任。通常需要识别出什么是被排除在项目之外的。明确说明哪些内容不属于项目范围,有助于管理干系人的期望及减少范围蔓延。

对于上述内容,主要考查的是对于不确定是否在范围内的需求,应该首先查看项目范围说明书，以明确该需求是否属于项目范围。此外，需要了解项目的验收标准，也可以通过审查项目范围说明书来获得。

6.2.2 创建WBS

1. WBS

创建WBS是将项目可交付成果和项目工作分解成较小、更易于管理的组成部分的过程。WBS是以可交付成果为导向的工作层级分解，其分解的对象是项目团队为实现项目目标、提交所需可交付成果而实施的工作。WBS最底层的组成部分称为工作包，可对其成本和持续时间进行估算与管理。

关于本考点的常见考法如下：

WBS的定义——以可交付成果为导向进行分解。

考法讲解

WBS的定义——以可交付成果为导向进行分解。

【例题6.5】项目经理正在进行项目范围管理的工作，目前在和项目团队成员一起创建WBS。项目经理应如何规划WBS？

A. 以客户为导向
B. 以团队为导向
C. 以成本为导向
D. 以可交付成果为导向

【思路解析】创建WBS是将项目可交付成果和项目工作分解成较小、更易于管理的组成部分的过程。WBS是以可交付成果为导向的工作层级分解，其分解的对象是项目团队为实现项目目标、提交所需可交付成果而实施的工作。因此，本题中符合此定义的是D选项，A、B、C选项都不是规划WBS时要遵循的原则。

【正确答案】D

【考法解读】WBS通过以可交付成果为导向进行分解，确保每个项目工作包与最终交付的成果相关联。这种导向性有助于项目团队成员更好地理解他们的任务和责任，并在创建WBS时使每个工作包都与项目目标一致。因此，在规划WBS时，项目经理应该关注如何将项目范围划分为可交付的成果，从而确保项目的有效管理和交付。

2. WBS 词典

在创建 WBS 的过程中，需要生成一些配套的文件，这些文件需要和 WBS 配套使用，称为 WBS 词典。WBS 词典是针对 WBS 中的每个组件，详细描述可交付成果、活动和进度信息的文件。WBS 词典中的内容可能包括但不限于账户编码标识、工作描述、假设条件和制约因素、负责的组织、进度里程碑、相关的进度活动、所需资源、成本估算、质量要求、验收标准、技术参考文献和协议信息等。

关于本考点的常见考法如下：

WBS 词典是对 WBS 中的每个组件的详细描述。

考法讲解

WBS 词典是对 WBS 中的每个组件的详细描述。

【例题 6.6】新项目经理了解到分配给团队的工作已经分解到最低级别，项目经理审查工作并觉得缺少一些额外的有用信息，项目经理应该审查什么？

A. WBS 词典　　　　　　　　　B. 业务需求文档（BRD）
C. 需求跟踪矩阵　　　　　　　D. 项目章程和范围说明书

【思路解析】工作当前已经被分解至最低级别，而项目经理还想要一些额外的信息，那么项目经理可以去审查一下 WBS 词典，因为 WBS 词典就是对 WBS 中的每个组件的详细描述。因此，本题的最佳答案是 A 选项。

B 选项，业务需求文档（business requirement document，BRD）是整个项目需求的方向性文档，是大颗粒度的文件，与题意不符。

C 选项，当前的分配工作属于项目的范围，而需求跟踪矩阵记录的是干系人的各种需求。

D 选项，题干中说的是已分解到最低级别，也就是工作包，而工作包是 WBS 中最低层级的组件。项目范围说明书的颗粒度相对较大，项目章程是颗粒度更大的文件。

【正确答案】A

【考法解读】WBS 词典是 WBS 的配套文件，会对 WBS 中的每个组件进行详细说明。考试中考查得比较少，了解它是一个补充说明文档即可。

6.2.3　确认范围

确认范围是正式验收项目已完成的可交付成果的过程，其主要作用是使验收过程具有客观性；同时，通过验收每个可交付成果，提高最终产品、服务或成果获得验收的可能性。确认范围包括与客户或发起人一起审查可交付成果，确保可交付成果已圆满完成，并获得客户或发起人的正式验收。

关于本考点的常见考法如下：

（1）确认范围是对可交付成果进行正式验收，验收通过才算项目成功。★

（2）可参考范围说明书中的验收标准或者合同作为验收的依据。★

考法讲解

（1）确认范围是对可交付成果进行正式验收，验收通过才算项目成功。

【例题6.7】一家公司聘请了供应商来完成一定范围的工作，并指派了一名项目经理监督该项目。供应商告知他们已成功完成范围并正在请求批准。项目经理应该如何响应这个请求？

A. 更新项目管理计划并将里程碑标记为已完成

B. 获得项目发起人的批准

C. 与干系人召开会议，以验证和确认可交付成果的接受

D. 要求供应商验证协议是否存在任何偏差

【思路解析】目前供应商已经完成所有范围，也就是完成了可交付成果，正在请求批准，那么项目经理应该安排干系人会议进行确认范围，进行验收。因此，本题的最佳答案是C选项。

A选项，应该要在确保可交付成果已经通过验收后，再进行此项动作。

B选项，应该获得干系人的验收，而不仅仅是发起人的批准。

D选项，现在要响应供应商请求验收的要求，需要进行确认范围的过程。验证协议是否存在偏差应该是在发现可交付成果与协议规定不一致的情况下和在完成可交付成果之前完成的。

【正确答案】C

【考法解读】对于已经完成的可交付成果，项目经理需要邀请相关干系人进行正式验收。只有在获得正式验收并获得相关干系人的签字后，可交付成果才能被证明已经完成。并且，通过正式验收并签字，可以为后续可能出现的干系人争议提供明确的依据和证据。

此外，还需要关注可交付成果的流程顺序，如内部检查已经完成之后接下来做什么，或者要移交前需要做什么的类似描述。对于可交付成果，通常会先进行内部质量控制以确保其符合质量标准和要求。一旦可交付成果通过了内部质量控制，就可以进行确认范围阶段，即

与相关干系人共同进行正式验收和确认，以确保可交付成果满足干系人的需求和期望。正式验收通过后，就可以进行移交，并进入项目的收尾阶段。这个顺序的一般做法是先进行质量控制，然后进行确认范围，但有时二者也可以同时进行，以提高效率和减少延迟。

（2）可参考范围说明书中的验收标准或者合同作为验收的依据。

【例题 6.8】项目经理与供应商签订了构建新系统的合同。在验收测试阶段，项目经理注意到系统质量不是很让人满意，项目经理应该如何支持他们向供应商提出的索赔？

A. 在风险登记册中记录系统中的问题已被识别

B. 表明供应商未经批准更改了验收标准

C. 分享以前类似范围的项目的不成功结果

D. 提供测试失败的结果以及商定的验收标准

【思路解析】供应商提供的交付成果让人不满意，涉及索赔，那么项目经理应该提供让人不满意的证据以及之前双方已经确认好的验收标准，这样有理有据才可以向对方提出索赔。因此，本题的最佳答案是 D 选项。

A 选项，描述有误，这个是问题，不是风险，并且只记录这个问题也不能为索赔提供支持，不合适。

B 选项，供应商只是没达标，并没有更改验收标准，不合适。

C 选项，可以参考类似项目的经验，但是别的项目的不成功结果不能作为本项目不成功的依据，不合适。

【正确答案】D

【考法解读】在进行可交付成果的验收过程中，可以参考项目范围说明书中提供的验收标准或合同中约定的条件作为验收的依据。项目范围说明书通常会详细描述可交付成果的要求、规格和可接受的标准，而合同则规定了双方的权责和交付要求。通过参考这些文件，项目经理可以明确验收的标准和依据，从而确保验收过程的客观性和一致性。

6.2.4 控制范围

在整个项目生命周期期间，需要保持对范围基准的维护。未经控制的产品或项目范围的扩大（未对时间、成本和资源做相应调整）称为范围蔓延。

关于本考点的常见考法如下：

拒绝范围蔓延，做且只做范围内的工作。

考法讲解

拒绝范围蔓延，做且只做范围内的工作。

【例题6.9】项目经理审查评估了项目的绩效，挣值（earned value，EV）数据显示目前所花的成本比交付的价值更高，项目经理经过调查发现，团队添加了一些范围外的附加小功能，项目经理应该怎么做？

A. 建议产品负责人（product owner，PO）将这些附加的功能添加到需求列表中

B. 要求增加额外的预算，以适应附加功能的成本

C. 对团队的行为作出鼓励，因为附加的功能能够提高客户满意度

D. 要求团队关注并只交付客户要求的功能

【思路解析】团队做了范围外的功能导致成本比交付的价值更高，要解决这个问题，应该提醒团队成员做且只做范围内的工作。因此，本题的最佳答案是D选项。

A选项，附加的功能并不在客户的需求范围内，不一定就是客户需要的，因此这种做法不合适。

B选项，如果要变更成本基准，应该走变更流程，况且这种行为是不提倡的，应该和团队成员沟通，只关注客户所需功能，这样才能避免之后发生这种情况。

C选项，不应该鼓励这种镀金的行为，附加的功能也不一定会提高客户的满意度。

【正确答案】D

【考法解读】常见的范围蔓延有两种：一种是干系人提出新需求，项目团队没有走变更流程直接实施，这是普通的范围蔓延；另一种是团队自发添加功能，没有走变更流程，这是镀金，其实也属于范围蔓延的一种。不管是普通的范围蔓延还是镀金，都是不支持的，因为项目的范围管理强调的是做且只做范围内的事情。如果有范围之外的需求，都属于新的变更，而面对新的变更，要谨遵"有变更，走流程"。

对于已经发生的范围蔓延，首先需要停止正在做的额外范围工作，接下来通过走变更流程去处理，因为无论是保留还是删除，都需要花费资源处理。如果没有走变更流程的选项，则退而求其次看是否有分析影响的选项，如果没有，最后再选择删除额外范围的工作。

第 7 章 项目进度和成本管理

7.1 项目进度管理

7.1.1 排列活动顺序

排列活动顺序是识别和记录项目活动之间关系的过程。其主要作用是定义工作之间的逻辑顺序，以便在既定的项目制约因素下获得最高的效率。在项目进度管理中，通常使用四种依赖关系来排列活动顺序，分别是强制性依赖关系、选择性依赖关系、外部依赖关系和内部依赖关系。这四种依赖关系可以组合成强制性外部依赖关系、强制性内部依赖关系、选择性外部依赖关系和选择性内部依赖关系。

强制性依赖关系也称为硬逻辑关系或硬依赖关系，是法律或协议要求的，或工作的内在性质决定的依赖关系。这种关系是活动之间本身存在的，项目团队通常无法改变这种逻辑关系。

选择性依赖关系也称为软逻辑关系、首选逻辑关系、优先逻辑关系、可自由处理的依赖关系。这种关系是基于某应用领域或项目方面对活动顺序的最佳实践而建立的逻辑关系，是人为确定的一种先后关系。

外部依赖关系涉及项目与非项目活动之间的关系，往往取决于项目外部的任何第三方的逻辑关系。

内部依赖关系是项目活动之间的紧前关系，通常在项目团队的控制之中。

关于本考点的常见考法如下：

确定和整合依赖关系。★

考法讲解

确定和整合依赖关系。

【例题 7.1】项目经理负责与多个外部供应商合作的客户项目。为了完成项目,该项目的最终结果由印刷供应商印刷信件。在集成测试期间,项目经理意识到印刷供应商尚未准备好印刷,这会影响验收。在规划期间需要明确定义什么?

A. 信函模板任务需要在规划期间确定

B. 项目和交付计划需要与印刷供应商共享

C. 计划期间需要确定履行印刷供应商

D. 该阶段编制的进度计划应包括外部依赖项

【思路解析】在项目执行过程中,印刷供应商必须参与印刷信件的过程,但是在集成测试期间,项目经理意识到供应商尚未准备好印刷。执行阶段工作完成不到位,很可能是规划阶段规划不够好导致的。

A 选项,题干并未描述供应商不清楚信函模板,而是尚未准备印刷,不太合适。

B 选项,先要制定完善的项目管理计划,再与供应商共享,如果项目管理计划本身制定得不够好,那么即使共享之后,也并不能保证执行效果。

C 选项,目前并不是没有确定好供应商的人选,而是没有做好准备。

D 选项,在编制进度计划时,考虑到外部依赖关系,供应商就可以知道什么时间节点应该做什么工作。相比 B 选项来说,只有保证项目管理计划的准确性,才能保证分享无误,因此要优选。

综上所述,本题的最佳答案是 D 选项。

【正确答案】D

【考法解读】该类考法主要有两种考查形式,一是判断活动之间存在哪种逻辑关系,考得比较多的是关于强制性依赖关系和选择性依赖关系的判断;二是在规划进度时要考虑活动之间的依赖关系。这种依赖关系可以帮助确定活动的顺序和时间安排,确保整个项目能够按照预期进展。

7.1.2 制定进度计划

1. 关键路径法

关键路径法是一种进度网格分析技术，用于在进度模型中估算项目最短工期，并确定逻辑网络路径的进度灵活性大小。这种技术在不考虑任何资源限制的情况下，沿进度网络路径使用顺推与逆推法计算出所有活动的最早开始、最早结束、最晚开始和最晚结束日期。

关于本考点的常见考法如下：

关键路径决定项目的最短工期。

考法讲解

关键路径决定项目的最短工期。

【例题 7.2】新合规项目的干系人向项目经理请求项目的交付日期，项目有许多内部和外部依赖项以及必须在特定时间范围内满足的里程碑。项目经理应该做什么来确定交货日期？

A. 建立工作分解结构（WBS） B. 定义关键路径
C. 项目基线 D. 评估资源可用性

【思路解析】确定交货日期，关键路径法的核心思想是将活动按逻辑关系加以整合，统筹计算出整个项目的工期和关键路径。关键路径决定了完成项目的最短时间，因此，本题的最佳答案是 B 选项。

A 选项，WBS 是以可交付成果为导向的工作层级分解，其分解的对象是项目团队为实现项目目标、提交所需可交付成果而实施的工作，并不能确定交付日期。

C 选项，项目基线是特指项目的规范、应用标准、进度指标、费用指标以及人员和其他资源使用指标等，与题干无关。

D 选项，仅评估资源的可用性是无法确定交付日期的。

【正确答案】B

【考法解读】关键路径是决定项目完成所需最短时间的路径。通过识别关键路径，项目管理人员可以确定项目中最关键的活动和任务，它们必须按计划完成，以确保项目能够按时完成。如果关键路径上的任何一个活动延误，将直接影响整个项目的工期。因此，需要重点关注和管理关键路径上的活动，以确保项目按时交付，也就是需要优先关注关键路径上的活动。

2. 进度压缩

所谓进度压缩，是指在不改变项目范围的条件下缩短项目进度的途径。常用的进度压缩技术有赶工、快速跟进等。

赶工是一种通过分配更多的资源（如加班、增加额外资源、支付加急费用等），达到以成本的最低增加进行最大限度的进度压缩的目的，赶工不改变活动之间的顺序。

快速跟进也称为快速追踪，是指将关键路径上按原来先后顺序进行的工作调整为部分并行进行。

关于本考点的常见考法如下：

赶工和快速跟进的适用场景。★

考法讲解

赶工和快速跟进的适用场景。

【例题 7.3】完成项目进度表后，项目经理得知发起人想要更早地完成项目，而不想产生额外成本。项目经理可以使用什么技术来满足这些要求？

A. 蒙特卡洛模拟　　　B. 资源平衡　　　C. 快速跟进　　　D. 赶工

【思路解析】发起人想要提前完成项目，但是又不想产生额外的成本。

A 选项，蒙特卡洛模拟主要用于风险定量分析，与本题无关。

B 选项，资源平衡会延长关键路径，不符合题意。

C 选项，快速跟进也称为快速追踪，是指将关键路径上按原来先后顺序进行的工作调整为部分并行进行，属于进度压缩的工具，不会增加直接成本，可选。

D 选项，赶工会产生额外的成本，不符合题意。

综上所述，本题的最佳答案是 C 选项。

【正确答案】C

【例题 7.4】项目延期了，项目经理给某些活动增加了额外的资源，并且批准了一些团队成员的加班。项目经理正在应用什么技术？

A. 快速跟进　　　B. 资源平衡　　　C. 关键链法　　　D. 进度压缩

【思路解析】项目延期，项目经理增加了额外的资源并批准加班，这属于哪种技术？

A 选项，快速跟进是指将正常情况下按顺序进行的活动或阶段改为至少是部分并行开展，与题干不符。

B 选项，资源平衡是为了在资源需求与资源供给之间取得平衡，根据资源制约对开始日期和结束日期进行调整的一种技术，与题干不符。

C 选项，关键链法允许项目团队在任何项目进度路径上设置缓冲，来应对资源限制和项目不确定性，与题干不符。

D 选项，进度压缩技术是指在不缩减项目范围的前提下，缩短或加快进度工期，以满足进度制约因素、强制日期或其他进度目标，包括赶工和快速跟进。题干中增加额外资源和加班属于进度压缩中的赶工技术。

综上所述，本题的最佳答案是 C 选项。

【正确答案】D

【考法解读】进度压缩技术通常可以分为两类——赶工和快速跟进。面对进度延误的情况，在允许成本增加的情况下优先选择赶工，但若赶工无效，或不允许增加成本，则选择快速跟进。赶工和快速跟进的介绍见表7.1。

还要注意几点，一是如果涉及压缩进度的方式是让团队成员加班，需要先进行协商，不能直接或强制让团队成员加班，在 PMI 的理念中加班是不提倡的；二是关键路径决定项目最短工期，优先对关键路径进行进度压缩；三是在项目规划阶段需要压缩进度，应和干系人进行协商，确定是否能进行调整。如果不行，则可考虑在执行阶段进行赶工或者快速跟进。

表7.1 赶工和快速跟进的介绍

技术	描述	缺点	适用场合
赶工	通过增加资源，以最小的成本代价来压缩进度工期的一种技术，如批准加班、增加额外资源等	可能导致风险和/或直接成本的增加	在有预算或资源的情况下，适用于能够通过增加资源来缩短工期的情况
快速跟进	把正常情况下按顺序执行的活动或阶段并行执行，改变逻辑关系	可能造成返工和风险增加	在没有额外预算或资源的情况下，适用于能够通过并行活动（活动之间有选择性依赖关系）来缩短工期的情况

7.1.3 控制进度

控制进度是监督项目状态，以更新项目进度和管理进度基准变更的过程。这一过程的主要作用是在整个项目生命周期期间保持对进度基准的维护，且需要在整个项目生命周期期间开展。

关于本考点的常见考法如下：

面对可能影响进度的问题，先分析，后行动。★★

考法讲解

面对可能影响进度的问题，先分析，后行动。

【例题7.5】某供应商制造了一种复杂的产品，在一次工厂验收测试中，发现了几个缺陷。产品交付处于关键路径上，任何延迟都会影响项目的完成。项目经理应该怎么做？

A. 启动与供应商的定期电话会议，以更新状态，保持项目的重点

B. 在供应商工厂完成返工之前暂不发货，以减少现场额外工作

C. 评估进度影响，并评估最可行的解决方案，以保证项目按计划进行

D. 按原样发货，现场完成结转工作，并向供应商收取返工费用

【思路解析】位于关键路径上的产品出现缺陷，需要返工，在这种情况下怎么做才能不影响项目的进度？

A 选项，与供应商加强沟通，只能了解供应商解决缺陷的进度，并没有主动解决供应商修复缺陷带来的进度影响。

B 选项，等供应商完成返工只能解决产品缺陷的问题，无法解决对进度的影响，因此不是最佳选项。

C 选项，项目经理先分析问题，评估影响再找到合适的解决措施，能够确保项目的进度按照计划进行，可选。

D 选项，交付有缺陷的产品不符合项目经理的"圣人"原则。

综上所述，本题的最佳答案是 C 选项。

【正确答案】C

【考法解读】"先分析，后行动"是 PMP 考试中一个大的行动方针。它强调在采取行动之前进行充分的分析和思考，强调了理性决策和谨慎行动的重要性，以确保作出明智和有效的决策。在面对可能影响进度的问题时，应与相关干系人进行分析讨论，综合考虑各方面的影响，并在此基础上制定合适的行动方案。

要注意，并不是看到"分析"两个字就秒选，还要看分析的方向是否正确、是否全面，如果有偏差也不会选它。如果分析后面还带了某项具体的方案，那也要注意方案的正确性和合规性。

7.2 项目成本管理

7.2.1 估算成本

估算成本是指对完成项目活动所需资金进行近似估算的过程，是在某特定时点，根据已知信息所作出的成本预测。其主要作用是确定完成项目工作所需要的成本数额。

关于本考点的常见考法如下：

四种估算方法及其适用场景。★

考法讲解

四种估算方法及其适用场景。

【例题 7.6】一家公司的预算周期为两年。项目经理被指派负责一个被高度关注的项目，以交付一个全新的、创新的能力。虽然定义了新功能的需求，但解决方案设计才刚刚开始。项目经理的老板担心最终的解决方案会超出项目的预算。项目经理接下来应该做什么来预测解决方案的预算影响？

A.应用挣值技术，将计划的价值与项目关键点上交付的实际价值进行比较

B.制定工作分解结构（WBS）并执行基于活动的成本估算

C.对每个解决方案设计执行情景规划，并将评估纳入下一个预算周期

D.咨询其他公司的同事，并使用历史信息来预测最终成本

【思路解析】解决方案设计刚刚开始，但老板担心最终解决方案会超出预算，项目经理接下来应该做什么来预测解决方案的预算影响？

A 选项，挣值技术可以用来分析偏差，但无法预测解决方案对项目预算的影响。并且解决方案设计才刚刚开始，没有足够的实际交付数据来应用挣值技术？

B 选项，通过将项目的工作分解为具体的活动，然后对每个活动进行成本估算，可以更好地了解每个活动的成本，并预测整体解决方案的预算需求，可选。

C 选项，解决方案设计刚刚开始，情景规划的估算可能会不准确。并且，预算周期为两年，等待下一个预算周期可能会耗费过多时间。

D 选项，项目具有独特性，其他公司的数据和历史信息可能并不适用于本项目。

综上所述，本题的最佳答案是 B 选项。

【正确答案】B

【考法解读】了解四种估算方法，根据题干所给信息进行判断采用哪种估算方法更合适，见表 7.2。这四种估算方法也适用于进度估算。

表 7.2 四种估算方法

估算方法	内　　容	特　　点
类比估算（自上而下估算）	使用以往类似项目的参数值或属性来估算	快速，粗略，有类似
参数估算	利用历史数据之间的统计关系和其他变量来估算	依赖历史数据和参数模型
自下而上估算	首先对单个工作包或活动的成本进行最具体、细致的估算，然后把这些细节性成本向上汇总或"滚动"到更高层次，用于后续报告和跟踪	基于已明确的范围，准确性高
三点估算	三角分布：(最好+最可能+最坏)/3 贝塔分布：(最好+最可能×4+最坏)/6（计算默认用贝塔）	考虑不确定性与风险，可预测变化，可提高准确性

7.2.2 制定预算

在制定预算过程中，储备分析是一种用来明确项目管理计划各组成部分的基本特征及其相互关系，从而为项目的工期、预算、成本估算或资金需求设定储备的分析技术。

储备分析用于监督应急储备和管理储备的使用情况，以确定是否需要增加或减少这些储备。根据项目进展，储备可能已被使用支付风险或其他应急情况的成本。如果抓住机会节约了成本，节省的资金可以增加到应急储备中或作为盈利从项目中剥离。未使用的应急储备也可能会从项目预算中扣除，可用于其他项目或运营。同时，通过风险分析，可能需要额外的储备，需要向项目预算申请额外的储备。

关于本考点的常见考法如下：

确定项目的预留储备，以判断是否能够应对意外情况。

考法讲解

确定项目的预留储备，以判断是否能够应对意外情况。

【例题 7.7】在某项目的一次迭代回顾会议上，有团队成员意识到过时的设备会影响到项目的下一次迭代，经过讨论，团队建议购买新设备，并认为这对最终可交付成果的成功至关重要。项目经理下一步应该做什么？

A. 告诉团队成员项目范围不包含更多设备

B. 提交变更请求以增加预算购买新设备

C. 审查成本管理计划以确定如何解决此问题

D. 检查项目预算以验证是否有足够的应急储备

【思路解析】过时的设备会影响项目的下一次迭代，说明这是一个风险，解决方案是购买新设备，购买新设备需要花费资金，所以首先应该检查是否有足够的应急储备来购买新设备。因此，本题的最佳答案是 D 选项。

A 选项，不能以设备不包含在项目范围中为理由就不管不顾，没有针对题干中的问题提出解决方案。

B 选项，可以先查看应急储备够不够，如果不够再提交变更请求申请增加预算。

C 选项，审查成本管理计划不是优先级最高的选项。

【正确答案】D

【考法解读】面对项目的意外情况，如资金暂时短缺、需要购买新设备，可以优先考虑是否有足够的预留储备能够应对，如果不行，则可以再考虑通过走变更流程去获取额外的预算。

7.2.3 控制成本

控制成本是监督项目状态，以更新项目成本和管理成本基准变更的过程。这一过程的主要作用是在整个项目期间保持对成本基准的维护。

关于本考点的常见考法如下：

面对涉及成本的问题，先分析，后行动。★★

考法讲解

面对涉及成本的问题，先分析，后行动。

【例题7.8】一个关键项目处于执行阶段。预算很严格，将项目管理为三重约束非常重要。一名团队成员通知项目经理可能会出现重大的成本超支。项目经理下一步应该做什么？

A. 确定成本超支的原因

B. 确保有足够的储备来弥补成本超支

C. 在问题日志中记录这一点，并监控成本超支直到项目结束

D. 审查风险临界值以确定它是否是允许的成本超支百分比

【思路解析】在一个预算严格的项目中，团队成员通知项目经理成本可能会出现重大的超支。虽然成本可能会超支属于风险（暂时还没有发生，不是问题），但是这个风险是比较明显的，概率很大，所以可当成问题来处理，可以先对当前成本可能超支的原因进行分析，再采取进一步行动。

A选项，确定成本超支的原因，才能对症下药，并制定出合适的应对方案，这是合适的举措。

B选项，需要先进行根本原因分析，再采取下一步行动会比较合适。而且，如果不先分析原因，只去审查储备够不够，那么可能导致超支的情况还存在，之后可能会超支更严重，A选项相对更加合适。

C选项，只记录，没有进行分析和规划应对措施，没有A选项积极主动。

D选项，题干提到项目预算严格，说明风险临界值的范围很小。而项目可能有重大成本超支，说明很大可能已经超出了临界值，再审查临界值意义不大。

综上所述，本题的最佳答案是A选项。

【正确答案】A

【考法解读】"先分析，后行动"是PMP考试中一个大的行动方针。它强调在采取行动之前进行充分的分析和思考，强调了理性决策和谨慎行动的重要性，以确保作出明智和有效的决策。在面对可能影响成本的问题时，应与相关干系人进行分析讨论，综合考虑各方面的影响，并在此基础上制订合适的行动方案。要注意，并不是看到"分析"两个字就秒选，还要

看分析的方向是否正确、是否全面，如果有偏差也不会选择它。如果分析后面还带了某项具体的方案，那也要注意方案的正确性和合规性。

在控制成本管理中，挣值分析（earned value analyse，EVA）是一种将实际进度和成本绩效与绩效测量基准进行比较的项目管理技术。EVA 的原理适用于任何行业的任何项目，它针对每个工作包和控制账户，计算并监测三个关键指标，分别是计划价值、挣值和实际成本。

计划价值（planned value，PV）是为某活动（或 WBS 组成部分）的预定工作进度而分配且经批准的预算。

挣值（earned value，EV）是项目活动（或 WBS 组成部分）的已完成工作的价值，使用分配给该工作的预算来表示。

实际成本（actual cost，AC）是为完成活动（或 WBS 组成部分）的工作，而实际发生并记录在案的总成本。

进度与成本偏差及进度与成本绩效指数的介绍见表 7.3。

表 7.3 进度与成本偏差及进度与成本绩效指数的介绍

名词	内容	公式	比较	项目状态
进度偏差（SV）	项目进度绩效的一种指标，用来表明项目是否落后于基准进度	SV=EV–PV	SV>0	进度超前
			SV<0	进度延误
			SV=0	实际进度与计划进度一致
成本偏差（CV）	项目成本绩效的一种指标，用来表明项目成本是否超出预算成本	CV=EV–AC	CV<0	成本超支
			CV>0	成本结余
			CV=0	实际消耗成本等于预算成本
进度绩效指数（SPI）	比较项目已完成进度与计划进度的一种指标	SPI = EV/PV	SPI>1	进度超前
			SPI<1	进度延误
			SPI=1	实际进度与计划进度一致
成本绩效指数（CPI）	比较已完成工作的价值与实际成本的一种指标	CPI = EV/AC	CPI<1	成本超支
			CPI>1	成本结余
			CPI=1	实际消耗成本等于预算成本

关于本考点的常见考法如下：

计算绩效指标，判断项目状态，提出改进措施。★★★★

考法讲解

计算绩效指标，判断项目状态，提出改进措施。

【例题 7.9】项目经理正在为一个横贯全国的管道项目执行挣值管理（earned value management，EVM）。项目经理已经确定了项目的挣值（EV）与实际成本（AC）之间的比率，计算结果为 0.9024。这个数值对于项目意味着什么？

A. 项目已开始超过计划成本　　B. 项目挣值低于计划

C. 项目挣值高于计划　　　　　D. 项目接近超过计划成本

【思路解析】题干中表明 EV 与 AC 的比率为 0.9024，也就是代表 CPI=EV/AC=0.9024。挣值管理中：当 CPI<1 时，说明已完成工作的成本超支；当 CPI>1 时，说明到目前为止成本有结余；当 CPI=1 时，说明到目前为止所花费的成本等于预算成本。

根据题干得到的数据，CPI<1，表示项目成本超支，因此 A 选项是正确的。

B、C 选项，都是与计划进行比较，但是目前不知道 PV，所以不好比较，通过该比率也无法直接看出来。

D 选项，其描述是错误的，是已经超过，而非接近超过。

【正确答案】A

【例题 7.10】项目经理被分配到一个关键的软件开发项目。该团队使用混合方法，将开发分为四个冲刺阶段。在第三个冲刺阶段结束时，项目经理发现挣值（EV）为 300000 美元，计划值（PV）为 350000 美元。项目经理应该做什么？

A. 引入浮动时间　　　　　　　B. 调整项目进度时间

C. 调整预算　　　　　　　　　D. 快速跟进项目

【思路解析】进度偏差 SV=EV-PV，第三个冲刺阶段结束时，SV=300000-350000=-50000<0，说明此时的进度是落后计划的，因此要保证整个项目按计划完成，可以实施进度压缩技术。进度压缩技术主要有赶工和快速跟进两种方式。因此，本题的最佳答案是 D 选项。

A 选项，项目进度本来就是落后计划的，如果再引入浮动时间，会延长项目完工时长，不合适。

B 选项，调整项目进度时间一般要走变更流程，不能直接调整修改，不合适。

C 选项，根据题干信息不能判断成本是否落后，所以与预算的调整没有直接联系，而且调整预算可能涉及成本基准的变更，需要走变更流程，不合适。

【正确答案】D

【考法解读】此考法的考查形式，要么给出数值计算绩效指标，要么给出绩效指标判断项目状态，再者就是两者相结合，计算并判断，并根据项目的成本和进度状态，提出相应的纠正措施或者改进计划，以帮助项目重回正轨。了解并熟悉 CV、SV、CPI、SPI 的计算公式，以及学会判断项目状态，此类题目就能迎刃而解。

第8章 项目质量与采购管理

8.1 项目质量管理

8.1.1 质量管理的流程

1. 质量管理计划

质量管理计划是项目管理计划的组成部分。它描述了项目管理团队为实现一系列项目质量目标所实施的适用政策、程序、指南以及所需的活动和资源。

质量管理计划包括（但不限于）以下组成部分：

（1）项目采用的质量标准。
（2）项目的质量目标。
（3）质量角色与职责。
（4）需要质量审查的项目可交付成果和过程。
（5）项目规划的质量控制和质量管理活动。
（6）项目使用的质量工具。
（7）与项目有关的主要程序，如处理不符合的情况、纠正措施程序，以及持续改进程序。

关于本考点的常见考法如下：

（1）团队必须制定完整的质量管理计划，确保项目按计划运行。★
（2）出现质量问题或对质量存在担忧，可审查质量管理计划进行应对。★

考法讲解

（1）团队必须制定完整的质量管理计划，确保项目按计划运行。

【例题 8.1】项目经理正在管理一个软件开发项目。一位团队成员抱怨说，这个项目任务很简单，没有必要进行质量控制。项目经理明白如果从项目中删除质量管理计划可以节约成本，但成本对客户而言也很重要。项目经理应该怎么做？

A. 将没有质量管理计划就启动项目登记为风险，并将节省的预算分配到管理储备

B. 要求客户在接受项目可交付成果后进行外部质量审核，降低项目预算

C. 制定质量管理计划，因为质量与成本和进度管理同等重要

D. 从管理层获得确认，团队成员有足够的经验来构建不进行质量控制的软件

【思路解析】质量管理计划是项目管理计划的重要组成部分，描述如何实施适用的政策、程序和指南以实现质量目标，质量与项目的进度、成本同样重要，不能为了降低成本而舍弃质量管理部分。因此，本题的最佳答案是 C 选项。

A 选项，将没有质量管理计划登记为风险，这样可能会导致后期动用大量的资料来弥补质量的缺陷，得不偿失，不合适。

B 选项，要求客户接受可交付成果之后再进行外部质量审核，不可取，不能要求客户这么做，更何况客户也不会为此买单。

D 选项，让管理层确认团队有这个能力不可取，管理层也保证不了不进行质量控制的成果是符合标准的。

【正确答案】C

【考法解读】质量管理计划是一个包含各项质量管理活动的详细计划，旨在确保产品或服务达到预期的质量标准，是项目中不可缺少的一个文件。因此，项目团队必须要规划好质量管理计划，并且严格执行此计划。在执行过程中，团队需要时刻关注质量管理计划的内容，以确保项目按正确的计划进行，如果执行过程中出现质量标准需要更新，或者发现遗漏了一些质量活动，团队应及时更新该文件，以确保项目交付的质量，并满足干系人的期望。

（2）出现质量问题或对质量存在担忧，可审查质量管理计划进行应对。

【例题 8.2】一名高级项目经理出席了其中一次项目审查会议，并表示担心该项目将达不到质量标准。项目经理应该做什么？

A. 与高级项目经理一起审查质量管理计划

B. 估算待办事项以预测质量

C. 请高级项目经理批准用户验收测试（UAT）计划

D. 通知高级项目经理有批准的质量标准

【思路解析】面对高级项目经理对项目质量的担忧，项目经理的最佳做法是与他一起审查质量测量指标中是否包含他的质量要求，同时制订好项目的质量管理计划，严格按质量管理计划管理项目执行过程，控制项目质量，以保证项目质量符合要求。因此，本题的最佳答案是 A 选项。

B 选项，估算待办事项不能预测产品的质量，也不代表实际的产品质量是合格的，并不能实际解决高级项目经理的担心。

C 选项，用户验收测试只是质量管理中的一个环节，要保证产品质量达标，还要满足其他的质量要求，而质量管理计划描述了项目管理团队为实现一系列项目质量目标所需的活动和资源，因此不如 A 选项合适。

D 选项，仅通知高级项目经理质量标准已获批准，没有与他一起审查和确定质量管理计划是否包含他想要的内容，因此不如 A 选项合适。

【正确答案】A

【考法解读】质量管理计划是执行质量管理活动的依据。当团队在项目执行过程中遇到质量问题或干系人对质量产生担忧时，可以通过审查质量管理计划来采取相应的应对措施。审查质量管理计划是为了评估和确认计划中的质量管理措施以及质量流程是否适当和有效。通过审查质量管理计划，团队可以确定潜在的质量问题和风险，并采取必要的纠正措施来确保项目的质量标准得到满足或改进。同时，也可以向干系人展示项目采用的质量标准，增强干系人对质量管理活动的信心。

2. 管理质量

管理质量是指把组织的质量政策应用于项目，并将质量管理计划转化为可执行的质量活动的过程。这一过程的主要作用是提高实现质量目标的可能性，以及识别无效过程和导致质量低劣的原因。

关于本考点的常见考法如下：

关注质量活动的有效性，确保可交付成果符合质量标准。

考法讲解

关注质量活动的有效性，确保可交付成果符合质量标准。

【例题 8.3】一位客户发现了最新可交付成果的质量问题，项目组立即解决了这些问题。

既然项目重回正轨，那么项目经理接下来应该怎么做呢？

A. 监控质量指标以确保项目按计划继续进行

B. 重新评估风险登记册以确保它是最新的

C. 安排团队会议来审查问题

D. 吸取教训，确保问题不再发生

【思路解析】项目组解决了客户发现的最新可交付成果的质量问题，使项目重新回到正轨。此后，项目经理应该保证项目持续保持在正轨上，适当进行监控以保证项目状态，A 选项符合。

B 选项，重新评估风险登记册可能是监控的一部分，没有 A 选项符合。

C 选项，现在问题已经得到了解决，更多的是需要关注此后的项目状态，而不是召开会议来审查已解决的问题。

D 选项，吸取教训有助于避免此类事件再次发生，但是并没有具体措施来保证接下来的质量不出现其他的问题，所以相对来说没有 A 选项合适。

【正确答案】A

【考法解读】管理质量的重点在于发现质量问题，寻找偏差原因，确保质量活动按照质量管理计划执行。在管理质量时，需要关注质量活动的有效性，确保这些活动能够正确地执行并产生可靠的结果。在这个过程中，可以遵循适当的过程和方法来评估和验证成果。通过持续监测和评估质量活动的有效性，团队可以及时发现并解决潜在的质量问题，确保项目交付的成果符合预期的质量标准。若有需要，可以适当调整质量管理计划的内容。

3. 控制质量

控制质量是为了评估绩效，确保项目输出完整、正确且满足客户期望，并监督和记录质量管理活动执行结果的过程。这一过程的主要作用是核实项目可交付成果和工作已经达到主要干系人的质量要求，使其可供最终验收。

关于本考点的常见考法如下：

为避免交付的产品质量与预期不符，应采取合适的质量控制措施。

> **考法讲解**

为避免交付的产品质量与预期不符，应采取合适的质量控制措施。

【例题 8.4】一位项目经理为新的适应性服装系列制定了范围管理计划。在交付原型时，设计和材料得到了批准，但它们的耐用性不如预期。项目经理应该做些什么来避免这种情况？

A. 进行风险分析　　　　　　　　B. 明确定义需求跟踪矩阵
C. 完整记录产品要求　　　　　　D. 使用质量控制措施

【思路解析】在交付原型时，产品的设计和材料都得到了批准，说明团队对于该产品的范围和需求理解基本正确，但该产品的耐用性不如预期，表明团队在制定产品时，对于产品质量把控不够严格。为了避免在项目中出现质量不达标的情况，项目经理应该在生产的过程中严格按照质量标准进行操作，并通过一些质量控制措施来控制产品的质量问题，从而避免在交付产品时出现质量不符合预期的情况。因此，本题的最佳答案是 D 选项。

A 选项，风险分析就是将质量不符合预期的问题当作一个风险，等到发生时再进行处理，这种做法过于消极，应该在一开始就想办法采取措施来避免这种情况。

B、C 选项，题干中并未提及需求或者产品要求没有被完整记录和明确定义，关于产品的要求都是清晰的，但最后质量的那一部分没有做好，因此应该要想办法控制质量，避免发生这种情况，相对来说，D 选项更有针对性。

【正确答案】D

【考法解读】这里强调了在项目交付过程中确保产品质量与预期一致的重要性，如果出现与预期不相符的质量问题，应该采取适当的质量控制措施来预防和解决潜在的质量问题，以确保项目的成功交付。同时，这里要重点注意，有关的质量活动不可以被删减，如质量检查、测试等活动，这些都是检测可交付成果是否符合预期的重要措施。

8.1.2 质量管理的方法

根本原因分析

根本原因分析是一种确定引起偏差、缺陷或风险的根本原因的分析技术。一项根本原因可能引起多项偏差、缺陷或风险。根本原因分析还可以作为一项技术，用于识别问题的根本原因并解决问题。消除所有根本原因可以杜绝问题的再次发生。

关于本考点的常见考法如下：

发现质量问题且原因不明，优先进行根本原因分析。★

考法讲解

发现质量问题且原因不明，优先进行根本原因分析。

【例题 8.5】一家医疗保健公司要求所有新员工参加强制性的计算机培训课程，因为一些员工需要处理高度敏感的患者数据，此次培训涵盖了数据安全的各个方面。尽管进行了这种培训，但其中一个项目团队仍发生了数据泄露事件。项目经理应该做什么？

A. 重新设计培训课件，使其变得有趣　　B. 对数据泄露进行根本原因分析
C. 确保所有团队成员完成培训　　　　　D. 重新培训违规的团队成员

【思路解析】员工参加了培训，但仍有数据泄露事件发生，针对这种情况，要找到问题的根本原因，以便采取有效的解决措施。因此，本题的最佳答案是 B 选项。

A 选项，数据泄露的原因可能多种多样，不一定是因为培训课件不够有趣，导致员工培训时不认真，因此应先进行根本原因的调查分析。

C 选项，需要确保所有团队成员按质按量完成培训，但它并不能找出数据泄露的真正原因，无法更好地进行改进，不如 B 选项。

D 选项，若经过根本原因分析之后，发现是因为部分成员对于培训的内容掌握不牢，那么可以采取针对性地重新培训，但首先需要确定问题的根本原因，再采取进一步的决策。

【正确答案】B

【考法解读】当在项目运行中发现问题但具体原因不明时，应该优先进行根本原因分析。也就是说，需要努力找到问题的根本原因，而不仅仅是解决表面症状。通过分析根本原因，可以找到更有效的解决方法，以避免问题再次发生。此外，根本原因分析可以使用因果图来辅助。因果图（也称为"石川图"或"鱼骨图"）能够直观地显示各项因素如何与各种潜在问题或结果联系起来。还有一个常见的质量管理方法，即帕累托图（又称为"二八法则"），它是一种展示问题主要根源的图表，基于帕累托原则，即 80% 的问题往往由 20% 的原因引起。帕累托图可以帮助团队集中精力解决最重要的问题，从而更有效地分配资源。它不常考，大概了解即可。

8.2 项目采购管理

8.2.1 规划采购管理

采购工作说明书

采购工作说明书（statement of work，SOW）会详细描述拟采购的产品、服务或成果，以便潜在卖方确定是否有能力提供此类产品、服务或成果。采购工作说明书的详细程度会根据采购品的性质、买方的需求，或拟采用的合同形式而有较大差异。采购工作说明书的内容通常包括规格、所需数量、质量水平、绩效数据、履约期间、工作地点和其他要求。

关于本考点的常见考法如下：

定义外包的可交付成果的标准和范围，据此进行采购活动。★

考法讲解

定义外包的可交付成果的标准和范围，据此进行采购活动。

【例题 8.6】一个团队收到外包的可交付成果并确定它们不符合商定的验收标准，项目经理应该参考什么来与供应商核实这一点？

A. 征求建议书（RFP）　　　　　　B. 检查
C. 采购工作说明书（SOW）　　　　D. 采购管理计划

【思路解析】发现外包的可交付成果不符合商定的验收标准，项目经理可以查阅采购工作说明书来进行核实。工作说明书是对项目要交付的产品、服务或者成果所做的详细叙述性说明。因此，本题的最佳答案是 C 选项。

A 选项，征求建议书是向投标人提供诸如技术要求、建议书提交方法等方面的指南性文件，与题意不符。

B 选项，相对于检查这个动作，查阅采购工作说明书更有说服力。

D 选项，采购管理计划是指导如何进行采购的指南性文件，与题意不符。

【正确答案】C

【考法解读】采购工作说明书（SOW）定义了外包的可交付成果的标准和范围，团队依据定义的内容寻找最合适的供应商开展采购活动。它是开展采购活动的依据，有关采购标准都会记录。

需要注意的是，这份文件严格意义上是项目团队内部的文件，如果出现外购的成果不符合项目验收标准，或者材料不能满足相应的技术要求等情况，一般首选跟客户审查合同确定可交付成果的情况。但是如果没有合同，那么也可以选择审查采购工作说明书的内容进行判断。此外，在没有采购工作说明书（SOW）的情况下，针对采购相关事宜如有疑问，也可以审查采购管理计划帮助解决问题。

8.2.2 实施采购

协议或合同

合同是具有法律约束力的协议，它规定了买卖双方的权利和义务。合同强制卖方提供规定的产品、服务或成果，并强制买方向卖方支付相应的报酬。合同建立了受法律保护的买卖双方的关系。协议文本的主要内容会有所不同，可包括（但不限于）以下内容：

（1）采购工作说明书或主要的可交付成果。

（2）进度计划、里程碑，或进度计划中规定的日期。

（3）绩效报告。

（4）定价和支付条款。

（5）检查、质量和验收标准。

（6）担保和后续产品支持。

（7）激励和惩罚。

（8）保险和履约保函。

（9）下属分包商批准。

（10）一般条款和条件。

（11）变更请求处理。

（12）终止条款和替代争议解决方法。

关于本考点的常见考法如下：

采购活动存在问题，审查协议或合同确定后续解决方案。★★

考法讲解

采购活动存在问题，审查协议或合同确定后续解决方案。

【例题 8.7】计划在设备安装阶段迭代交付一个新的生产线项目。在其中一次迭代期间，供应商与项目经理沟通，他们将无法在约定的日期交付某些设备。项目经理下一步应该做什么？

A. 审查采购协议以解决这种情况
B. 寻找可以满足交货日期的其他供应商
C. 更新产品待办事项列表以解决延迟问题
D. 根据新的安装日期重新计划剩余的迭代

【思路解析】供应商无法在约定的日期交付设备，这会对该项目造成影响。合同中包括了采购进度要求、风险责任的说明、解决争议的方法、变更的约定等内容，所以项目经理应该先审查合同，以便确认下一步应该采取什么行动。因此，本题的最佳答案是 A 选项。

B 选项，更换供应商是之后可能采取的一种方式，首先应先审查合同，确定下一步应该怎么做，再采取具体的行动。

C 选项，产品待办事项列表记录的是需求和用户故事，供应商有问题并不是一个需求和用户故事，首先应该确定解决方案，然后可以将解决方案视为一个用户故事更新到产品待办事项列表中。

D 选项，直接接受供应商的情况并不是首选，应该先审查合同，以便确定下一步的具体行动。

【正确答案】A

【考法解读】当采购活动中出现问题，如供应商未能履行合同义务或没有提供满足要求的产品或服务时，审查协议或合同可以帮助确定如何解决这些问题。通过仔细审查协议或合同中的条款和条件，可以确定问题的责任归属，进行合理的索赔或寻求其他解决方案，以确保采购活动最终能达到预期的目标。

8.2.3 控制采购

采购变更

在合同收尾前，若双方达成共识，可以根据协议中的变更控制条款随时对协议进行修改。通常，对协议的修改需要以书面形式记录。

关于本考点的常见考法如下：

采购范围发生变化，可进行变更。

考法讲解

采购范围发生变化，可进行变更。

【例题 8.8】一位项目经理正在使用分包商进行移动应用程序开发。项目团队在测试应用程序时，意识到它不符合新的公司用户界面标准。尽管这些新标准未包含在采购工作说明书（SOW）中，但只要立即支付额外工作的费用，分包商就同意额外范围。项目经理应该做什么？

A. 根据分包商反映新工作的修订估算，协商新的定价

B. 提出变更请求，并在回应前查阅合同以评估付款选项

C. 拒绝分包商的付款请求，因为产品不符合项目需求，并关闭项目

D. 根据分包商的请求，引入一个即时付款的里程碑来修改合同

【思路解析】分包商在开发一个应用程序，现在项目团队要求应用程序符合新的用户界面标准，这属于一个未包含在工作说明书中的变更需求，应该走合同变更流程。因此，本题的最佳答案是 B 选项。

A 选项，有变更应该走流程，如何协商新的定价也应该先参考合同的内容，直接跳过这两个过程协商新的定价不太合适。

C 选项，有变更应该走流程，不能因为供应商要求支付额外费用就直接考虑关闭项目，这种做法不合适。

D 选项，直接修改合同内容而不走变更流程是不恰当的。

【正确答案】B

【考法解读】在采购过程中，项目需求或要求发生变化，可能需要对原先的采购范围进行调整。这意味着可能需要增加、减少或修改原始的采购范围。通过变更流程，可以确保采购活动与新的需求保持一致，并确保供应商能够满足变更后的要求。通过与供应商协商并签署变更协议来完成变更，以确保双方共同理解和接受采购范围的调整。

第 9 章 项目风险管理

9.1 规划风险管理

风险管理计划

在规划风险管理过程中，风险管理计划描述了如何安排与实施项目风险管理，它是项目管理计划的一个子计划。风险管理计划可以包含：风险管理战略、方法论、角色与职责、资金、时间安排、风险类别、干系人风险偏好、风险概率和影响定义、概率和影响矩阵、报告格式和跟踪。

关于本考点的常见考法如下：

指导团队如何进行风险管理。

考法讲解

指导团队如何进行风险管理。

【例题 9.1】项目团队成员识别了采购风险，并向项目发起人发送了一封强调风险的电子邮件。发起人将邮件转发给项目经理，询问进一步的细节。在与发起人交谈后，项目经理决定采取预防措施。项目经理应该和他的团队一起审阅哪一份文件？

A. 风险管理计划　　　　　　　　B. 质量管理计划
C. 沟通管理计划　　　　　　　　D. 采购管理计划

【思路解析】团队识别了风险，项目经理决定采取预防措施。风险管理计划是一份指导文件，它规定了项目如何识别、评估、规划、监控和控制风险，确定了团队在项目中使用的风险管理方法、工具和技术，以及分配给特定角色的责任和权限。因此，在确定了采取风险预防措施后，项目经理和团队应该审查风险管理计划，处理接下来与风险有关的事项。因此，本题的最佳答案是 A 选项。

B 选项，质量管理计划描述了如何实施适用的政策、程序和指南以实现质量目标，与题干内容不符。

C 选项，沟通管理计划描述了将如何对项目沟通进行规划、管理和监控，与题干内容不符。

D 选项，采购管理计划包含了采购过程中要开展的各种活动，题干主要是项目风险问题，A 选项更对应题干的风险，因此 A 选项比 D 选项更合适。

【正确答案】A

【考法解读】风险管理计划是一份指南性文件，提供了识别、分析和监督风险的方法，具体的风险记录在风险登记册中。当项目团队识别到风险时，可以参考风险管理计划来制定相应的风险应对策略。

9.2 识别风险

9.2.1 识别风险概述

识别风险是识别单个项目风险以及整体项目风险的来源，并记录风险特征的过程。本过程的主要作用是记录现有的单个项目风险，以及整体项目风险的来源；同时，汇集相关信息，以便项目团队能够恰当应对已识别的风险。这一过程需要在整个项目生命周期中开展。

关于本考点的常见考法如下：

（1）识别风险的方法——SWOT 分析。

（2）对于识别到的风险，先分析，后行动。★★

考法讲解

（1）识别风险的方法——SWOT 分析。

【例题 9.2】一个创建组织业务计划的项目正在进行，项目经理与高级管理层一起对项目的优势、劣势、机会和威胁（SWOT）开展分析研讨会。项目经理正在实施什么过程？

A. 规划风险管理　　　　　　　　B. 识别风险
C. 实施定性风险分析　　　　　　D. 规划风险应对

【思路解析】SWOT分析是对项目的优势、劣势、机会和威胁逐个进行检查的方法，属于识别风险过程的工具和技术。因此，本题的最佳答案是B选项。

A、C、D选项，描述的过程中大概率不会使用SWOT分析。

【正确答案】B

【考法解读】SWOT分析是一种常用的风险识别工具，它是指对项目或组织进行全面的评估和分析，以识别其内部优势、劣势、机会和威胁。SWOT代表了这四个方面，通过对它们进行分析，可以更好地了解项目或组织的当前状况，并识别潜在的风险和机会。在项目管理中，SWOT分析是一个识别风险过程的独特工具。

（2）对于识别到的风险，先分析，后行动。

【例题9.3】项目经理被供应商告知，由于监管变更，即将出现原材料短缺。项目经理应该怎么做？

A. 告诉供应商他们有义务提供原材料

B. 寻找能够按时交付相同材料的新供应商

C. 征求法律部的意见并执行处罚

D. 评估原材料短缺对项目的可能影响

【思路解析】供应商告知即将出现原材料短缺的问题，项目经理首先应该分析这个情况对项目可能造成的影响，并制定后续的解决方案。

A选项，告诉供应商必须提供原材料并不能很好地解决当前的问题，应先分析对项目的影响，再考虑后续处理方法。

B选项，寻找新供应商是后续可能考虑的解决方案之一，但不应该在没有分析影响的情况下直接行动。

C选项，先要分析评估当前情况的影响，并与供应商协商解决方案，而不是直接执行处罚。

D选项，先分析，再行动，先评估原材料短缺对项目的可能影响，可以方便制定后续的行动方案，可选。

【正确答案】D

【考法解读】"先分析，后行动"是PMP考试中一个大的行动方针。它强调在采取行动之前进行充分的分析和思考，强调了客观分析和理性决策的重要性，以确保作出明智和有效的决策。

在识别到风险后，应综合考虑各方面的影响，并在必要时与相关干系人进行讨论，在此基础上制定合适的行动方案。要注意，并不是看到"分析"两个字就秒选，还要考虑分析的方向是否正确、是否全面，如果分析有偏差则不应选择。如果分析后面还带了某项具体的方案，也要注意方案的正确性和合规性。

9.2.2 风险登记册及其更新

风险登记册是用于记录已识别的单个项目风险的详细信息的工具。它是风险管理过程中的一个重要文档，用于跟踪和管理项目中的各种风险。

风险登记册通常包含以下信息：

（1）风险标识：每个风险都有一个独特的标识符，以便进行识别和跟踪。

（2）风险描述：对风险的详细描述，包括其起因、可能性、影响以及相关的背景信息。

（3）风险类别：将风险归类到不同的类别，如技术风险、市场风险、人员风险等。

（4）风险评估：使用定性风险分析和定量风险分析的结果，对风险的可能性和影响进行评估。

（5）风险优先级：根据评估结果，确定风险的优先级，以确定哪些风险需要更紧急地进行应对。

（6）风险应对计划：记录为每个风险开发的应对措施和计划，包括减轻风险的方法和应对策略。

（7）风险责任人：指定负责监督和管理风险的责任人，以确保风险应对计划的执行和跟踪。

（8）风险状态：跟踪风险的状态和进展，包括已识别、分析中、应对中、关闭等状态。

风险登记册是一个动态的文档，它在风险管理过程中会不断更新和完善。通过将定性和定量风险分析的结果、风险应对计划的执行情况以及风险的监督和控制信息记录在风险登记册中，项目团队可以及时了解和管理项目中的风险，以减轻风险对项目目标的影响。

关于本考点的常见考法如下：

（1）更新风险登记册的常见场景。★★★

（2）区分风险和问题，更新对应的文件，以便后续进行管理并解决。★

考法讲解

（1）更新风险登记册的常见场景。

【例题9.4】一个新项目已经通过项目章程的审批，正式宣告启动，通过对以往相关项目的浏览借鉴，发现之前团队在成本方面出现了超支问题。项目经理首先应该怎么做才能保证项目本次不超支呢？

A. 更新风险登记册　　　　　　　　B. 更新问题日志
C. 上报发起人　　　　　　　　　　D. 要求高层分配更多资源

【思路解析】在回顾以往项目时，发现其存在成本超支问题，这对本项目来说是一个潜在的风险。识别到风险后，应该更新风险登记册。因此，本题的最佳答案是 A 选项。

B 选项，对于本项目来说，尚未发生且产生影响，不属于问题。

C 选项，属于权限之内的事情，不随意上报发起人。

D 选项，目前是识别风险，该选项可能是风险应对措施，不如 A 选项符合。

【正确答案】A

【考法解读】风险管理流程中的每个步骤都会涉及更新风险登记册。风险管理流程的顺序：识别风险；进行风险定性分析；进行风险定量分析（不是所有风险都需要进行定量分析）；规划风险应对；实施风险应对。监控风险过程的风险再评估以及定期风险审计的结果也要更新。

最常见的是识别到新风险，下一步是需要更新风险登记册，然后进行风险分析。题干问题一般会问首先/接下来/下一步应该怎么做。发现这些关键词，更应格外注意，需按照风险管理流程顺序进行答题。

（2）区分风险和问题，更新对应的文件，以便后续进行管理并解决。

【例题9.5】高风险项目的项目经理担心进度的延迟可能会迫使项目"推迟上线日期"，项目经理下一步应该做什么？

A. 向变更控制委员会（CCB）提出变更请求，要求提供资金以启动新资源以加快项目进程

B. 确保项目符合承诺的进度，因为这是项目的核心目标和目的

C. 要求发起人启动一个新项目以支持现有项目并帮助其满足原进度计划

D. 在风险登记册中登记风险并对其进行监控，通过采取适当的应对措施来防止它成为问题

【思路解析】项目面临很高的风险，而且已经识别到因进度延迟可能导致项目推迟上线日期的风险。那么下一步应该更新风险登记册。因此，本题的最佳答案是 D 选项。

A 选项，识别到风险后要优先考虑更新风险登记册，而不是直接提出变更请求。

B 选项，已经识别到风险，仅仅承诺会满足计划的上线日期，没有办法解决问题。

C 选项，要求发起人新启动项目支持本项目不太合理。

【正确答案】D

【考法解读】我们需要从题干的描述中判断是风险还是问题。问题是已经发生的，而风险是还未发生的，一般涉及"可能""将""潜在""不确定"等字眼。此时，应更新的是风险登记册。更新风险登记册有助于确保团队对项目面临的风险有清晰的了解，并能够采取相应的风险应对策略，更好地管理风险并最大限度地减轻风险对项目目标的影响。

还要注意，如果是某个问题引发的风险，首先要做的是解决问题，从源头避免风险发生。

9.3 实施定性风险分析

实施定性风险分析是通过评估单个项目风险发生的概率和影响以及其他特征，对风险进行优先级排序，从而为后续分析或行动提供基础的过程。这一过程的主要作用是重点关注高优先级的风险。

关于本考点的常见考法如下：

对风险进行优先级排序。

考法讲解

对风险进行优先级排序。

【例题 9.6】项目目前处于规划阶段，项目经理从干系人处接收到一些识别出来的风险，并准备为他们制定风险应对策略，项目经理首先应该怎么做？

A. 为这些风险分配准备预算　　　　B. 将风险责任分配给每位团队成员

C. 进行储备分析　　　　　　　　　D. 就风险优先级的标准达成一致意见

【思路解析】在项目风险管理的流程中，先要识别风险，然后进行定性风险分析和定量风险分析，再规划风险应对。题干中已经识别了风险，应该先进行定性风险分析。这个过程会对风险进行优先级排序，从而为后续分析或行动提供基础。因此，本题的最佳答案是 D 选项。

A 选项，分配预算是规划风险应对过程中进行的，不是接下来首先要做的。

B 选项，实施定性风险分析之后会为风险安排一个责任人，但并不需要分配给每位团队成员，不合适。

C 选项，进行储备分析也是规划风险应对过程中做的，不是首先要做的。

【正确答案】D

【考法解读】实施定性风险分析是识别风险的下一步。在题干给出识别到了某些风险的情况下，问题的描述是首先/下一步/接下来应该怎么办。如果没有更新风险登记册的选项，优先选择实施定性风险分析，为风险进行优先级排序。通过重点关注高优先级的风险，项目团队可以更好地分配资源和制定风险应对策略，以便有效地降低风险对项目成功的影响。这有助于确保项目能够及时应对潜在的问题，保持按计划推进，并最大限度地实现项目目标。

9.4 实施定量风险分析

实施定量风险分析是就已识别的单个项目风险和不确定性的其他来源对整体项目目标的影响进行定量分析的过程。常见分析方法包括模拟、敏感性分析、决策树分析和影响图等。

模拟通常采用蒙特卡洛分析，它是一种基于概率分布和概率分支进行许多次迭代的计算机模型分析技术，每次迭代都随机抽取输入数据，最终输出的是可能的项目结果的概率分布区间。典型的输出结果表示模拟得到特定结果次数的直方图，或表示获得等于或小于特定数值的结果的累积概率分布曲线（S曲线）。

敏感性分析的常见表现形式是龙卷风图，用于比较很不确定的变量与相对稳定的变量之间的相对重要性和相对影响，有助于确定哪些风险对项目具有最大的潜在影响。

决策树分析是一种图形和计算技术，用来评估与一个决策相关的多个可选方案在不确定情形下的可能后果。用决策树在若干备选行动方案中选择一个最佳方案。

影响图是对变量与结果之间的因果关系、事件时间顺序及其他关系的图形表示，是不确定条件下制定决策的图形辅助工具。

关于本考点的常见考法如下：

实施定量风险分析所使用方法的基本概念和区分。

考法讲解

实施定量风险分析所使用方法的基本概念和区分。

【例题 9.7】在一次风险管理会议上，大多数项目团队成员使用计算机对定量风险分析模型进行了多次迭代。将会有一个累积概率分布曲线（S曲线）代表达成任何特定结果的概率。项目经理应该使用哪种方法评估和管理项目风险？

A. 影响图　　　　B. 敏感性分析　　　　C. 决策树分析　　　　D. 蒙特卡洛分析

【思路解析】蒙特卡洛分析是一种使用计算机模型的多次迭代来识别风险和不确定性的潜在影响的方法，以发现可能因某一决定或做法导致的一系列成果的概率分布情况。典型的输出包括：表示模拟得到特定结果的次数的直方图或表示获得等于或小于特定数值的结果的累积概率分布曲线（S曲线）。因此，本题的最佳答案是 D 选项。

A 选项，影响图是对变量与成果之间的因果关系、事件时间顺序及其他关系的图形表示。

B 选项，敏感性分析将项目结果的变化与定量风险分析模型中输入的变化建立关联，从而确定对项目结果产生最大潜在影响的单个项目风险或其他不确定性来源。它不会产生累积概率分布。

C 选项，决策树分析是一种图形和计算方法，用来评估与一个决策相关的多个选项在不确定情形下的可能后果，它不涉及使用计算机迭代来生成 S 曲线。

【正确答案】D

【考法解读】一般在定量风险分析这个模块中常考的工具是蒙特卡洛分析和决策树分析。蒙特卡洛分析的关键词是使用计算机模型，多次模拟输出概率分布情况。决策树分析的关键词是备选行动方案中决定的最佳方案。敏感性分析和影响图考查得比较少，了解一下概念即可。

9.5 规划风险应对

9.5.1 威胁的应对策略

负面风险是指可能导致损失和不利影响的风险，也称为消极风险或威胁。

（1）上报（escalate）：如果项目团队或项目发起人认为某威胁不在项目范围内，或提议的应对措施超出了项目经理的权限，就应该采取上报策略。

（2）规避（avoid）：采取措施避免威胁事件的发生，调整项目计划、修改范围或采取其他策略来避免潜在的风险。例如，在项目计划阶段，发现某个关键供应商存在交货延迟的风险，项目团队决定更换供应商以避免潜在的交付延误。

（3）转移（transfer）：将威胁的责任、影响转移给其他方，通常通过购买保险、签订合同或外包等方式来实现。例如，项目团队决定将一部分风险转移到合同中的第三方供应商，通过签订具有适当风险分担的合同来减轻项目团队的责任。

（4）减轻（mitigate）：采取措施降低威胁事件的概率或影响，通过实施预防措施、应急计划或改进项目管理方法来减少风险。例如，项目团队识别到一个关键的人员技能短缺风险，为了减轻风险影响，团队提前进行培训，提升团队成员的技能水平。

（5）接受（accept）：承认威胁的存在，并决定接受潜在的负面影响，通常适用于风险概率较低或影响较小的情况。例如，在项目初期，团队识别到一个风险，即可能受到市场竞争对手的影响，但风险概率较低且影响较小，团队决定接受这个风险并继续推进项目。

关于本考点的常见考法如下：

根据题干情景判断使用哪种应对策略。★

考法讲解

根据题干情景判断使用哪种应对策略。

【例题9.8】Alberto 是一个软件实施项目的项目经理，他的公司现在决定将全组织的信息迁移至应用新的会计和人力资源软件包的系统。Alberto 了解到，之前一些应用相同软件包的项目在尝试将其导入新系统时导致人员数据丢失。Alberto 决定先备份数据，以便发生此类问题时可以恢复数据，同时还购买了保险，以支付在实施不起作用时需要手动输入数据的成本。Alberto 使用了哪种应对策略？

A. 减轻和接受
B. 减轻和共享
C. 减轻和转移
D. 减轻和规避

【思路解析】减轻：设法降低风险发生的概率或（和）后果。转移：用一定的代价，把应对风险的责任与风险的后果转移给第三方。规避：通过消灭原因来消除风险，或者把项目与某个风险隔离开来。接受：不主动管理风险。对于可承受的风险或无法用其他策略的风险，可以使用接受策略。Alberto 通过备份数据来降低实施过程中数据丢失而造成的影响，购买保险将可能导致的数据手动输入费用转移给保险公司，所以选 C 选项。没有接受和规避，所以排除 A、D 选项；应对策略中没有共享，所以排除 B 选项。

【正确答案】C

【考法解读】需要了解五种应对策略的定义和特点，当风险涉及其他项目，或者超出了项目经理的权限时，可以采取上报措施。规避是彻底消除威胁，规避的可能措施是消除威胁的原因或者缩小范围。转移是把威胁的责任和影响转移给第三方，通常是签合同或者买保险、外包等方式。减轻是考查得比较多的，就是降低风险发生的概率或影响。接受就是不主动采取应对措施，任由它发生，最常见的主动接受策略是建立应急储备。

9.5.2 机会的应对策略

正面风险是指潜在的机会和利益，可以带来收益和盈利的可能性，也称为积极风险或机会。

（1）上报（escalate）：将机会情况上报给适当的层级或干系人，以获取额外的支持、资源或决策。例如，项目团队发现一个新的市场机会，将这个机会上报给高层管理层，以获得额外资源和支持来追求这个机会。

（2）开拓（eploit）：采取措施最大限度地利用机会，追求更大的收益或增加项目成功的概率。例如，在项目实施过程中，团队发现一个技术突破，可以提升产品的性能，团队决定利用这个机会来开发更先进的产品。

（3）分享（share）：与其他干系人分享机会，以提高整体的项目绩效和利益，通过合作、合作伙伴关系或知识共享等方式来实现。例如，项目团队与一个干系人合作，共享某个市场机会的利益，通过合作伙伴关系共同开发和推广产品。

（4）提高（enhance）：采取措施增大机会发生的概率或提升其影响，通过改进项目计划、增加资源投入或采取其他策略来增强机会的实现。例如，团队发现一个潜在的市场需求，通过加大市场营销力度、提升产品品质和功能来增加机会的实现概率与影响。

（5）接受（accept）：承认机会的存在，并决定接受潜在的积极影响，通常适用于风险概率较低或影响较小的情况。例如，项目团队发现一个潜在的机会，但风险概率较低或影响较小，团队决定接受这个机会并在项目中加以利用。

关于本考点的常见考法如下：

根据题干情景判断使用哪种应对策略。

考法讲解

根据题干情景判断使用哪种应对策略。

【例题9.9】一个客户想在市场上推出一个新产品，并成立了一个敏捷团队，在这个项目上工作了11个月。两个月后，该客户觉得最好比计划日期提前一个月发布产品。现在，该任务已分配给组织中最有才华的资源，以尽早完成该项目。在这种情况下采用了哪种机会应对策略？

A. 开拓　　　　　B. 提高　　　　　C. 分享　　　　　D. 接受

【思路解析】本题的关键词是该任务已分配给组织中最有才华的资源（资源指人力资源，更确切是指团队成员），以尽早完成该项目。开拓旨在消除与某个特定积极风险相关的不确定性，确保机会肯定出现。例如，将组织中最有能力的资源分配给项目来缩短完成时间，或采用全新技术、技术升级来节约项目成本并缩短项目持续时间。因此，本题的最佳答案是A选项。

B选项，易混淆项，开拓是确保、百分之百地让机会发生；提高是提高机会的发生概率或积极影响。在做题的过程中根据关键词来区分，开拓是增加最高级的资源；提高是增加资源。题干中是分配给"最有才华的资源"，是开拓而不是提高。

C选项，分享积极风险是指将应对机会的部分或全部责任分配给最能为项目利益抓住该机会的第三方，与题干不符。

D选项，接受机会是指当机会发生时乐于加以利用，但不主动追求，与题干不符。

【正确答案】A

【考法解读】机会应对策略相对于威胁应对策略考查得较少，这里要注意区分开拓和提高。开拓旨在消除与某个特定积极风险相关的不确定性，是确保、百分之百地让机会发生；提高是提高机会的发生概率或积极影响。开拓包括把组织中最有能力的资源分派给项目，来缩短完成时间或节约成本；提高包括为尽早完成活动而增加资源。

9.6 实施风险应对

实施风险应对是执行商定的风险应对计划的过程。

关于本考点的常见考法如下：

已识别的风险发生，参考风险登记册中规划的应对计划实施风险应对。★★★

考法讲解

已识别的风险发生，参考风险登记册中规划的应对计划实施风险应对。

【例题 9.10】项目经理正在进行关键路径活动，并注意到由于预期事件导致产品交付延迟。项目经理应首先做什么？

  A. 更新风险登记册 B. 遵循风险应对计划 C. 准备变更请求 D. 使用应急储备

【思路解析】预期事件是事先已经预料到会如期发生的事件，说明项目经理已经识别了会导致产品交付延迟的风险。已经识别的风险变成了问题，此情况下应优先考虑实施风险的应对去解决问题，不强调更新风险登记册。因此，本题的最佳答案是 B 选项。

A 选项，已经识别的风险发生变成了问题，在这种情况下，更注重采取应对措施解决问题，而不是更新文档。应先做紧急的事情，后面再更新风险登记册。

C、D 选项，变更请求、使用应急储备可能是风险应对措施的一部分，包含在遵循风险应对计划中。

【正确答案】B

【考法解读】这类题目需要通过题干描述的情景判断风险是否是已识别的，如果是已识别的风险发生，那么按照之前规划的应对计划进行实施，不需要再次进行分析或者选择选项中描述的某一项具体应对措施，直接按照计划商定的方案执行即可。注意，团队成员离职这种常见风险可以默认为是已识别的，可以先审查风险登记册寻找潜在应对措施。

当已识别的风险发生时，需要更新风险登记册，但是更要注重解决问题。首先要做的是参考风险登记册的应对措施实施风险应对，而不是更新文件。

9.7 监督风险

9.7.1 监督风险的定义

监督风险是指在整个项目运行期间,监督商定的风险应对计划的实施、跟踪已识别风险、识别和分析新风险,以及评估风险管理有效性的过程。

关于本考点的常见考法如下:

通过持续监督确保风险管理过程有效。

考法讲解

通过持续监督确保风险管理过程有效。

【例题9.11】在完成一个复杂的项目时,项目经理注意到在执行阶段有多个风险变成了问题。但是,由于这些风险的概率和影响都很低,项目经理没有为处理它们做好准备。项目经理应该做什么来避免这种情况?

A. 安排每日与关键干系人的会议来评估项目风险

B. 雇佣一个风险分析师来不断地监控项目风险

C. 将所有风险都归类为高概率和高影响

D. 在项目生命周期中持续评估风险并对其进行优先级排序

【思路解析】本题中,项目的执行阶段有多个风险都变成了问题,由于这些风险的概率和影响都很低,项目经理没有为处理它们做好准备。这意味着项目经理在风险识别、评估和管理上可能存在一些疏忽。为了避免这种情况,项目经理应该采取更加全面和细致的风险管理策略。

A选项,对风险进行持续的监控是项目经理和团队的本职工作,这并不是关键干系人的责任和义务,每天都和关键干系人开会评估项目风险并不是合适的做法。

B选项,仅仅是监控项目风险,没有持续评估风险的概率和影响,不能很好地感知风险的概率和严重程度等相关信息的变化,没有D选项合适。

C选项,风险需要经过分析评估后才能分类,直接将所有风险都归类为高概率和高影响并不合适。

D 选项，随着项目的进展，风险的概率和影响都可能会发生变化，而且新的风险可能出现。因此，项目经理应该在整个项目生命周期中持续评估、监控并对其进行优先级排序，以确保项目的成功执行，可选。

综上所述，本题的最佳答案是 D 选项。

【正确答案】D

【考法解读】在整个项目执行期间，要对项目工作进行持续监督，通过这个过程确定目前已实施的风险应对措施是否有效、是否出现新的风险、已识别的风险的状态是否有改变以及应急储备是否需要调整等。这种持续的监督也意味着要不断更新和调整风险登记册，根据项目的实际情况对风险进行重新评估，并制定相应的风险应对措施。另外，持续监督还包括与项目团队成员和相关干系人进行沟通与协作，以共同应对可能出现的风险，并确保整个团队对风险管理的重要性和措施有清晰的认识。

9.7.2 风险审计

审计是用于确定项目活动是否遵循了组织和项目的政策、过程与程序的一种结构化且独立的过程。风险审计是一种审计类型，它是一种评估和审查项目风险管理过程的活动，旨在确定项目团队是否按照既定的风险管理计划和策略进行操作，并评估其有效性和适用性。风险审计的目的是发现潜在的风险管理问题、缺陷或不足，并提供改进和增强项目风险管理能力的建议。

关于本考点的常见考法如下：

用于评估风险管理过程的有效性。

考法讲解

用于评估风险管理过程的有效性。

【例题 9.12】软件开发公司的项目经理在他们的项目中面临许多财务风险。项目经理需要经常检查风险管理过程的强度和效率。项目经理应该采用什么来完成这一点？

A. 干系人登记册　　　B. 头脑风暴会议　　　C. 审计会议　　　D. 假设日志

【思路解析】项目面临许多财务风险，项目经理需要经常检查风险管理过程的强度和效率。审计会议是用于对项目的执行过程、计划和成果进行审查与评估的一种方式，通过审计会议可以评估项目管理过程的有效性和强度。其中，风险审计会议用于评估风险管理过程的有效性，以帮助项目经理识别潜在的财务风险，并提供改进建议。因此，本题的最佳答案是 C 选项。

A 选项，干系人登记册是记录项目干系人识别、评估和分类结果的项目文件，与风险管理关联不大。

B 选项，头脑风暴是用来产生和收集创意与方案的一种技术，对于检查风险管理过程没有太大的帮助。

D 选项，假设日志用于记录整个项目生命周期中的所有假设条件和制约因素，则与检查风险管理过程关联不大。

【正确答案】C

【考法解读】在风险审计中，审计人员会检查项目风险管理计划的执行情况，包括风险识别、风险评估、风险应对和风险监督等过程。他们会评估这些过程的有效性、合规性和适应性，以确定项目团队是否采取了适当的措施来应对和管理项目风险。

通过风险审计，审计人员可以及时发现和解决潜在的风险管理问题，提高项目风险管理的效能和可靠性，从而确保项目能够在不确定的环境中成功交付。审计结果还可以为项目团队提供有关风险管理实践的反馈和建议，帮助他们进一步改进和优化项目的风险管理过程。

第 10 章 项目生命周期和组织变革

10.1 项目生命周期

10.1.1 预测型

预测型方法又称为瀑布型，按照线性顺序依次完成项目的每个阶段，每个阶段完成后才能进入下一个阶段，具有明确的阶段划分和文档化要求，适用于需求相对稳定且风险可控的项目，不适合需求变化频繁的项目。例如，常见的传统项目修路、修桥，都属于预测型方法。

关于本考点的常见考法如下：

当项目需求明确时，可以选择预测型的生命周期。

考法讲解

当项目需求明确时，可以选择预测型的生命周期。

【例题 10.1】项目经理收到了新产品的项目章程。该项目预计将有两个主要交付：已经定义了详细规格的硬件部分，包括一台样机，以及只有基本规格和用户体验设计方法要求的用户界面软件。项目经理应该使用哪种项目管理方法？

A. 软件开发具有高度的不确定性，因此建议项目采用敏捷型方法

B. 范围明确，因此预测方法很简单，硬件和软件可以在审查节点上同步

C. 混合方法将起作用，将敏捷型方法用于软件开发并使用预测型方法进行硬件交付

D. 可交付成果显著不同，因此应将项目拆分为由项目集驱动的两个项目

【思路解析】由于本项目由两部分组成，硬件部分已经定义了详细规格，因此可以采用预测型方法进行管理；软件部分只有基本规格和用户体验设计方法要求，具有较强的确定性，不需要采用敏捷型方法进行管理。故对整体而言，应该选择预测型方法进行管理。因此，本题的最佳答案是 B 选项。

A 选项，首先，只提及软件部分，没有提及硬件部分，不够全面；其次，不一定所有软件都是高度不确定性的，要根据题干描述判断，选项不合适。

C 选项，并没有涉及内容复杂、需求多变，因此不需要采用敏捷型方法对软件部分进行管理。

D 选项，并不是架构很复杂的项目，不需要将项目拆分为由项目集驱动的两个项目。

【正确答案】B

【考法解读】在需要选择生命周期类型时，如果题干提到项目的范围明确，不确定性较低，即其目标、需求和环境相对稳定与可预测，通常可以选择预测型。如果题干提到范围明确且强调需要进行多次交付，也可以考虑增量型，但考试中很少考查增量型。

10.1.2 敏捷型

敏捷型方法也称为适应型方法，强调个体和交互、工作的软件和客户合作、响应变化和持续迭代；采用迭代、自组织和跨职能的团队，通过频繁的交付、持续集成和用户反馈，以快速适应需求和变化；适用于需求不稳定、风险较高或要求快速响应和交付的项目，能够提高团队的灵活性和创造力。

关于本考点的常见考法如下：

项目具有高不确定性、灵活性，需要逐步尽早交付，选择敏捷型方法。★★★

考法讲解

项目具有高不确定性、灵活性，需要逐步尽早交付，选择敏捷型方法。

【例题 10.2】在项目开始时，主办方声明，展示产品带来的好处将非常重要。项目发起人与项目经理和项目领导团队召开会议，讨论最佳方法，因为项目具有高度的不确定性，预计会发生许多变化。项目经理应该提出什么建议？

A. 推荐一种敏捷型方法，以便可以迭代地交付项目
B. 强调采用预测型方法来最大限度地减少歧义
C. 为了更快的产品发布进行开发需求和设计
D. 将产品开发外包给更有经验的第三方

【思路解析】本题的关键词是项目具有高度的不确定性，预计会发生许多变化。根据题干

的描述，本题项目有高度的不确定性，预计会发生许多变化，而敏捷型的最大特点就是可以解决需求的变化，因此本项目最好用敏捷型方法开展。因此，本题的最佳答案是 A 选项。

B 选项，预测型方法适用于需求范围明确的情况下使用，在这里不适用。

C 选项，项目具有高度不确定性，具体需要开发哪些需求还不确定，所以这种做法并不贴合该项目。

D 选项，题干中并没有体现项目团队无法完成工作，所以不是最佳的做法。

【正确答案】A

【例题 10.3】公司必须执行一项新的法规。政府已经规定了该法规的执行日期，但只提供了有关该法规要求的高层信息。因此，由于不确定性，预计定义会发生变化。项目经理应该在这个项目中使用哪个生命周期？

A. 预测　　　　　B. 混合　　　　　C. 迭代　　　　　D. 敏捷

【思路解析】因为政府规定的必须执行新法规只提供了高层信息，对项目的后续影响不能确定，这种情况下，项目随时可能发生重大变动，使用拥抱变化的敏捷型生命周期来适应这种变动是最合适的。因此，本题的最佳答案是 D 选项。

A、B 选项，预测型生命周期适合高度确定的项目，因为题干已经明确了不确定性，定义会发生变化，所以这种情况不适合使用预测型方法，也不适合使用包含预测型方法的混合型生命周期。

C 选项，迭代型生命周期也是一个可选项，但相比之下，敏捷型生命周期更加注重团队的灵活性和适应性，能够更好地应对不确定性。同时，敏捷型方法也更具有实践性，能够在项目实施过程中不断地进行迭代和改进，没有 D 选项合适。

【正确答案】D

【考法解读】在选择生命周期类型时，如果题干提到的项目具有较高的不确定性、项目的需求会发生频繁变化、项目的范围灵活性高、项目需要逐步尽早交付、项目需要尽早实现价值以抢占市场份额等关键词时，通常会选择敏捷型生命周期。

10.1.3 混合型

混合型即结合了多种生命周期类型的一种开发方法（在 PMP 中，混合型通常是预测型与敏捷型的混合）；适用于复杂的项目，可以根据项目的特点和需求来选择和组合不同的开发方法，以获得更好的开发效果。

关于本考点的常见考法如下：

（1）当项目同时具备预测型和敏捷型的特点时，可以选择混合型生命周期。★★

（2）在混合型的项目背景下解决题干的问题。★★★★

考法讲解

（1）当项目同时具备预测型和敏捷型的特点时，可以选择混合型生命周期。

【例题10.4】一个组织即将启动一个分阶段的项目。由于严格的法规，有些阶段必须事先完全计划好。然而，其他阶段允许在范围和时间表上有更多的灵活性与实验。发起人希望按计划实现项目目标，但也希望随着项目的进展适应新的信息和变更。项目经理应该为这个项目选择哪种项目管理方法？

A. 混合型
B. 增量型
C. 敏捷型
D. 分阶段

【思路解析】题干中表明项目需要有部分内容是明确规划好的，而有些部分内容需要保留更高的灵活性，且是分阶段，也就是可能需要多次交付。对于此类项目更适用混合型生命周期方法。

混合项目管理方法结合了传统项目管理方法和敏捷项目管理方法的元素，允许灵活和适应性的方法，同时考虑到严格的法规和适应项目进展变化的能力。这种方法允许在规划和灵活性之间取得平衡。因此，本题的最佳答案是A选项。

B选项，增量型生命周期是多次交付，但范围的确定性较高，灵活性不如混合型生命周期。

C选项，敏捷型生命周期是变更频率高，交付频次快，不适合事先完全计划好的部分。

D选项，分阶段不是一种生命周期方法，属于一种项目实施方法，将项目分为多个阶段实施工作，与题干不相符。

【正确答案】A

【考法解读】当项目同时具备预测型和敏捷型的特点时，如需要事先做好完备的项目管理计划，同时也需要在执行阶段保持高度的变更灵活性，可以选择使用混合型的方法。

（2）在混合型的项目背景下解决题干的问题。

【例题 10.5】 项目经理就职于一家专注于在董事会上使用预测型方法进行交付的公司，他使用混合型方法提出项目范围包含很多不明确的需求。项目经理应如何计划项目的交付？

A. 分解需求并在迭代工作包中划分需求的优先级

B. 必须等需求更明确之后才能采取下一步行动

C. 忽视不明确的要求，关注项目交付计划

D. 将需求不明确的部分上报管理层，并获得最终授权

【思路解析】 项目经理在一家专注于预测型公司中遇到不确定的需求，那么项目的交付过程中可以考虑使用混合型方法。针对需求管理问题，可以将需求分解之后，纳入迭代工作包进行优先级排序。该做法融合了敏捷和预测项目中收集需求的做法。因此，本题的最佳答案是 A 选项。

B 选项，如果等需求明确之后再采取下一步行动，可能为时已晚。因为项目经理采用的是混合型开发方法，因此可以在预测型方法中融合敏捷型的思想。

C 选项，直接忽视不明确的需求，做法也是不合适的。

D 选项，出现了不明确的需求直接上报管理层的做法不合适，因为需求管理问题并没有超出项目经理的管理权限。

【正确答案】 A

【例题 10.6】 项目发起人要求项目经理为新项目探索混合型方法，该项目的产品经理已经为该产品准备了详细的规格说明。项目经理应该如何进行项目管理计划？

A. 向项目发起人推荐由于产品需求稳定而适合项目的预测方法

B. 要求团队评估产品规范是否可以在用户故事中表达，以启用 Scrum 或看板方法

C. 与产品经理一起探索，以确定是否有可行的机会逐步交付价值并增加业务价值

D. 询问产品经理是否准备好担任项目的产品负责人，以参与迭代计划和评审

【思路解析】 题干中表明新项目需要使用混合型方法，而混合型项目中结合了预测型和敏捷型的特点，所以项目经理应该和产品经理一起确定适合本项目发展的方法。因此，本题的最佳答案是 C 选项。

A 选项，发起人已经要求使用混合型方法了，直接再推荐预测型方法不太妥当。

B 选项，该做法的焦点是评估产品规范是否可以转化为用户故事，目的是确定是否适合使用 Scrum 或看板方法进行项目管理，但是目前题干并未确定好适合本项目的开发方式。相对来说，C 选项的做法会更稳妥一点，且使用何种开发方式不是团队能够决定的。

D 选项，要完成管理计划不应该是询问产品经理是否做好准备，而是应该通过具体措施确定接下来的计划。

【正确答案】C

【例题 10.7】某公司专注于在董事会上坚持使用预测型开发方法交付项目，新项目经理是一位使用混合型开发方法的专家。项目范围包含了很多不明确的需求，项目经理决定使用混合型开发方法进行交付。但是开发团队的规模非常有限，而且没有很充足的资源可以利用。项目经理正在制定项目进度计划，项目经理应该如何解决开发人员可用性问题？

A. 咨询资源经理供应商开始工作的时间，以更新项目进度时间表
B. 与开发团队一起组织计划会议，并根据他们的估计完成进度时间表
C. 利用专家判断评估所有任务，并在给定的时间内完成计划
D. 要求发起人提供项目的预期完工时间，并完善进度时间表

【思路解析】项目经理使用混合型开发方法完成项目，在团队规模和资源非常有限的情况下，正在制定进度计划，为了应对资源问题应该怎么做？

A 选项，资源受限的问题，应该优先从内部寻求解决方法，而不仅仅是从外部聘用资源，只根据外部供应商的信息更新进度时间表，不合适。

B、C 选项相比，因为团队成员更加了解自身的工作情况，所以项目经理可以和开发团队一起组织计划会议，并且完成进度时间表，而不是仅靠专家判断来完成。因此，C 选项不如 B 选项合适。

D 选项，要求发起人解决问题，不合适。

综上所述，本题的最佳答案是 B 选项。

【正确答案】B

【考法解读】当题干中的项目为混合型时，如果题干已经明确指明偏向预测型或敏捷型，就可以优选选项中的对应生命周期方法来解决题干的问题。当题干尚未指明偏向预测型或敏捷型时，选项中的混合型方法、预测型方法、敏捷型方法都可以作为备选项，需要结合选项本身的正确性以及和题干信息的贴合度进行选择。

10.2 组织变革

PMP 中，组织变革通常是指一个习惯使用某种生命周期类型开发方法的组织，转型为使用另一种开发方法（通常是由预测型方法转型为敏捷型方法或混合型方法）。

关于本考点的常见考法如下：

（1）当前的开发方法和项目本身不适配时，需要进行转型。★

（2）干系人不了解/不支持新开发方法，可对干系人进行新方法的指导，或向干系人展示其益处。★★

（3）为获得干系人对新开发方法的支持，可进行试点。

（4）选择或采用新开发方法前，应先了解或评估项目或组织背景情况。★

（5）组织鼓励/要求转型，应与干系人同步信息，讨论并采用合适的方式。★★

（6）团队成员不熟悉新开发方法，应分析、提供指导。

（7）多次尝试转型未成功，可以先采用混合的模式，再使用循序渐进的方式进行转型。

考法讲解

（1）当前的开发方法和项目本身不适配时，需要进行转型。

【例题 10.8】使用预测型方法并在高度监管的市场中运营的公司正在失去盈利能力，因为其产品生命周期比竞争对手的生命周期更长。现已聘请新的项目经理来改变这种情况。该项目经理应该提出什么方法？

A. 更改为敏捷模型，主要关注增量生命周期，将迭代方法留作下一步

B. 保持预测型方法，但更加关注更好的规划和跟踪，以预测问题并避免延误

C. 迁移到敏捷型，主要关注迭代方法，将增量生命周期留作下一步

D. 提出一种混合方法，利用敏捷型方法的好处，同时尊重公司行业的某些方面

【思路解析】公司使用预测型方法的产品生命周期太长，可以考虑其他产品生命周期短的方法，如增量型、敏捷型、混合型方法。

A、C 选项，敏捷型方法是增量型和迭代型的结合，适合变更程度高、交付频次高的项目，不是将增量型和迭代型分开分步进行的，不合适。

B 选项，题干已经提到预测型方法不适用，因此更好地规划和跟踪项目情况不能从根本上避免该方法带来的弊端，不能解决问题。

D 选项，混合型方法中包括预测型和敏捷型的内容，这样保留部分原本的预测型方法的同时，敏捷型部分也能缩短整体的产品生命周期。

【正确答案】D

【考法解读】当前的开发方法和项目不适配时（如目前的方法不足以给组织带来更好的盈利能力、目前的方法导致项目竞争力降低、项目需要使用一些工具和方法的场景不符合组织当前的管理流程等），需要转型到合适的方法。

（2）干系人不了解/不支持新开发方法，可对干系人进行新方法的指导，或向干系人展示其益处。

【例题 10.9】营销团队正在将他们的项目从预测型方法转为混合型方法。营销总监不熟悉混合型方法，表示不支持新的方向。项目经理应该怎么做？

A. 建议营销总监接受正式培训　　B. 要求营销团队成员指导他们的主管
C. 为营销总监提供关于该方法的指导　　D. 培训营销团队，并让其主管了解情况

【思路解析】项目从预测型方法转向混合型方法，干系人因为对混合型方法不熟悉，表示不支持。要解决这个问题，应该为该干系人介绍混合型方法，并提供指导，让其了解混合型方法的好处，从而改变其态度。因此，本题的最佳答案是 C 选项。

A 选项，营销总监可以参加混合型方法的相关培训，但项目经理直接给他提供指导，更积极主动，相比而言，C 选项更合适。

B 选项，营销团队也不一定了解当前项目的方法，让营销团队指导主管没有 C 选项合适。

D 选项，现在是营销总监不熟悉混合型方法，与营销团队没有关系，不合适。

【正确答案】C

【例题 10.10】项目管理办公室（PMO）一直在尝试为项目管理框架实施一种适应型方法。项目经理被要求在下一个项目中使用自适应工具，但公司对自适应工具的认识非常低，许多利益干系人对转向混合型方法表示担心。项目经理应该做什么？

A. 在定期状态报告和沟通管理计划中包括工具的使用及其带来的益处

B. 引入第三方公司为这个特定项目开发和实施混合框架

C. 向 PMO 建议现在不是开始为项目实施新工具的合适时机

D. 准备变更请求并寻求指导委员会对新项目框架的批准

【思路解析】因为公司对于自适应工具的认识非常低，所以导致干系人对于项目转向于混合型的方式产生了担心，那么可以向干系人展示近期在项目中对于自适应工具的使用情况及其带来的益处，让干系人更加了解项目状态，进而打消干系人的顾虑。因此，本题的最佳答案是 A 选项。

B 选项，题干中只表达了干系人对混合型方法的担心，项目经理应该先尝试解决，如果自适应工具尝试失败，可以考虑 B 选项的做法，当前不是第一选择。

C 选项，不仅要支持公司的决定，而且要敢于创新、敢于尝试，因此本选项不是最佳选择。

D 选项，不能因为干系人担心就改变项目的框架，重点要解决干系人的担忧，因此本选项不合适。

【正确答案】A

【考法解读】在组织变革的过程中，如果干系人对此相关知识不了解或持有不支持的态度，通常可以选择选项中关于指导干系人（敏捷教练的职责之一是教育、指导干系人）、向干系人展示其好处的选项，通过展示新方法的好处，从而让他们认识新方法，增进理解和信任，进而打消他们的顾虑，最终让干系人接受新方法。

（3）为获得干系人对新开发方法的支持，可进行试点。

【例题 10.11】项目发起人支持利用敏捷型方法，项目经理正在考虑如何推出敏捷型方法并获得项目团队成员和利益干系人的认可。项目经理首先应该做什么？

A. 从一个复杂程度适合的试点项目开始，并为相关人员提供敏捷型知识培训

B. 确定如何使用敏捷技术改造组织，包括组织培训和沟通

C. 选择当前的预测项目定义方法，并提供敏捷培训以执行项目的其余部分

D. 确定需要哪些敏捷软件工具来支持组织内的敏捷交付

【思路解析】为了推出敏捷型方法，相应的敏捷培训肯定是很有必要的，为了获得各方的认可，就先选一个适当的项目作为试点，让大家了解敏捷型方法的好处，从而能得到大家的认可。因此，本题的最佳答案是 A 选项。

B选项，不能凭空确定如何使用敏捷技术，进行培训和沟通也是不够的，这样不一定能让人信服，没有A选项合适。

C选项，预测型项目不一定适用于敏捷型方法，并且只用敏捷型方法执行部分项目，可能会达不到全面让人认可的效果，不合适。

D选项，是确定了使用敏捷型项目之后需要考虑的因素，不是首先要做的，相对而言没有A选项合适。

【正确答案】A

【考法解读】在使用新方法时，如果想要获得干系人对新方法的支持，进行试点项目通常也是可选项，干系人可以通过试点项目看到实际的项目产出，进而看到新方法的实际好处。

（4）选择或采用新开发方法前，应先了解或评估项目或组织背景情况。

【例题10.12】项目经理正在使用预测项目管理方法处理多个建筑施工项目。组织内的高级领导层正在推动将敏捷型的实践纳入当前的项目方法中。项目发起人现在希望项目使用敏捷型方法。在项目中强制使用任何敏捷型方法之前，项目经理首先应该做什么？

A. 为项目团队中的成员提供敏捷培训

B. 在严格的时间表内将所有现有项目转换为敏捷型方法

C. 暂停当前的项目，使其与新的敏捷节奏保持一致

D. 评估组织文化和改革的准备程度

【思路解析】项目经理正在使用预测型方法管理项目，组织高层希望推广敏捷型的管理办法，如何取舍，本题适用排除法。

A、B选项，即使组织高层希望推广敏捷型开发方法，也要优先考虑组织内部文化是否接受变革，还要考虑组织是否适配敏捷型方法，先分析，再行动。

C选项，为了组织转型，直接暂停项目不合适。

D选项，项目经理首先要分析组织内部是否适合敏捷型管理方法，是否能够接受转型，而不能够强行推广，适得其反，可选。

综上所述，本题的最佳答案是D选项。

【正确答案】D

【考法解读】在使用新方法之前，通常需要先评估组织的背景以及内部的文化是否能接受和适配这样的改变，以及项目本身是否适配新办法。

（5）组织鼓励/要求转型，应与干系人同步信息，讨论并采用合适的方式。

【例题10.13】项目经理使用预测型方法和同一批利益干系人一起共事了4年，利益干系人已经熟悉这种方法并投资了许多项目。在项目经理准备与同一批利益干系人启动一个新项目的前半个月，组织强烈鼓励所有的项目经理采用敏捷型方法管理项目，项目经理应该怎么做？

    A. 继续在新项目中使用预测型方法，因为利益干系人已经熟悉这种方式

    B. 与利益干系人分享和讨论敏捷型方法的好坏，并为新项目选择他们喜欢的方式

    C. 在新项目中使用敏捷型方法，并为不熟悉敏捷型方法的干系人安排相关培训

    D. 只与团队分享新项目采用敏捷型方法的利弊，并让他们决定使用哪种方法

【思路解析】项目经理一直采用的是预测型方法，并且干系人已经熟悉了这种方法。现在组织鼓励项目经理使用敏捷型方法，因此在开始新项目之前，项目经理可以和干系人进行沟通，充分分析敏捷型方法的优点和缺点，并让他们作出最终的决策。因此，本题的最佳答案是B选项。

A选项，敏捷型方法也有它的好处，不能因为干系人已经熟悉预测型方法就直接决定新项目应该使用预测型方法，不合适。

C选项，是否应该使用敏捷型方法，应该先和大家沟通与讨论，再作最终的决策，而不是直接决定使用敏捷型方法。

D选项，仅仅与团队成员分享，并且让团队做决定是不合适的，还应该与其他干系人沟通讨论，没有B选项合适。

【正确答案】B

【考法解读】在组织转型时，需要及时将信息传达给干系人、项目团队，及时和他们进行讨论以获取相关的想法。综合考虑多方面的影响和意见，以选择最合适的方法管理项目。

（6）团队成员不熟悉新开发方法，应分析、提供指导。

【例题10.14】一个组织正在采用敏捷思维模式。在第一个敏捷项目中，项目经理面临一个问题，因为团队无法及时作出决策。项目经理应该做些什么来解决这个问题？

    A. 明确在新的组织政策下应该如何作出决策的指导方针，并在每个场合与团队强调这些指导方针

    B. 邀请高级领导参加团队建设研讨会，并重申责任和领导在新公司方向下的重要性

C. 评估情况，了解组织文化如何影响决策过程，并指导团队迈向新模式

D. 采用专制的领导风格，命令所有决定，以加快团队的速度

【思路解析】在敏捷型项目中，开发团队是自组织团队，他们自主决策，自主担责。而题干中的"团队无法及时作出决策"是与自组织原则相悖的，因此项目经理需要转变成"仆人"式领导，帮助团队扫清障碍，重回正轨。因此，本题的最佳答案是 C 选项。

A 选项，项目经理指导团队如何作出决策是可以的，但应该先分析了解具体的情况，再给出具体的指导方法。相比之下，C 选项能考虑到团队的实际情况，更合适。

B 选项，高级领导作为外部干系人，对团队的情况不如项目经理了解，项目经理应该积极解决问题，不能直接把问题抛给高级领导。

D 选项，专制的领导风格与敏捷型项目经理的角色不符合。

【正确答案】C

【考法解读】在组织转型过程中，由于是初次接触新的方法，团队成员可能会遇到一些困难，因此项目经理需要及时分析问题产生的原因，并为团队成员提供适当的指导。

（7）多次尝试转型未成功，可以先采用混合的模式，再使用循序渐进的方式进行转型。

【例题 10.15】某公司的项目管理办公室（PMO）一直在尝试在项目管理的框架中采用自适应的开发方法，并且要求项目经理能够在组织的下一个项目中使用自适应的工具。这不是 PMO 第一次提出该请求，而且以前的项目实施了自适应工具后都失败了。项目经理应该怎么做？

A. 与关键干系人进行单独联系以了解全部问题，然后制定沟通管理计划

B. 引入第三方公司为此特定项目开发和实施混合框架

C. 建议 PMO 目前并不是在项目中开始实施自适应工具的最佳时机

D. 准备提交变更请求就新项目框架得到指导委员会的批准

【思路解析】PMO 要求新的项目中使用自适应的工具和开发方法。虽然在以前的项目中面临了失败，但并不意味着本次项目也会失败，只能说明组织中没有可参考的成功经验。因此，可以选择引入第三方帮助项目开发和实施混合框架，借用第三方的经验。因此，本题的最佳答案是 B 选项。

A 选项，和关键干系人沟通并制定沟通管理计划与题干中开发方法的实施关联性不大。

C 选项，只是建议 PMO 当前不是最佳时机，没有解决方案，不如 B 选项具体的解决措施合适。

D 选项，PMO 希望项目经理在下一个项目中使用自适应的工具，说明这个项目还没开始，不需要提交变更请求去更改，而且就算是提交变更请求，也应该是得到 CCB 的批准，而不是指导委员会的批准。

【正确答案】B

【考法解读】组织尝试向敏捷型转型时，如果遭遇了屡次的失败，可以考虑用混合的方式进行过渡（混合框架就是既有预测型又有敏捷型的特性，按照熟悉的预测型方法完成项目活动的同时，又可以学习到新的敏捷型方法），在混合型项目成功后，再尝试使用敏捷型方法的项目，以此循序渐进地完成组织的转型工作。

第 11 章 敏捷的宣言和原则及三大支柱和三大角色

11.1 敏捷宣言的四大价值观

敏捷宣言的四大价值观分别是：个人以及互动优于流程和工具；可用的软件胜于完整的文档；客户合作胜于合同谈判；应对变更胜于遵循计划。

关于本考点的常见考法如下：

可用的软件胜于完整的文档，但不代表不需要文档。

考法讲解

可用的软件胜于完整的文档，但不代表不需要文档。

【例题 11.1】一个组织最近决定从预测型交付方法转变为敏捷开发模式型交付方法。一个正在执行的项目仍将由项目经理领导，该项目的敏捷团队尚未生成任何文档。对于正在执行的项目，项目经理应该怎么做？

A. 增加额外的团队成员编写所需的文档

B. 与敏捷团队确认项目经理对敏捷宣言的理解是否正确

C. 引入文档管理工具支持敏捷团队准备文档

D. 向 PO 提交新的用户故事，以便将文档工作加入产品待办事项

【思路解析】敏捷中虽然强调可用的软件胜于完整的文档，但是不代表不需要任何文档，而是坚持适用原则，文档够用即可。题干中敏捷团队没有编写文档，而文档又是必需的，那么需要引入文档管理工具进行文档的编写。因此，本题的最佳答案是 C 选项。

A 选项，敏捷是自组织的，文档的编写是团队的共同责任，不会指定某个人专门负责，而且敏捷不会随意增减团队成员。

B 选项，与题干无关，确认对敏捷宣言的理解正确与否，与解决当前的文档工作并无太大关联。

D 选项，把编写文档作为待办事项，关于文档的工作就太详细和具体，与敏捷所提倡的"文档够用就好"相违背。

【正确答案】C

【考法解读】在敏捷中，对于前面章节介绍的预测的各类工件的态度是：需因地制宜地使用（该有得有，够用即可），而不是不能有。更不能在做题时看到选项中出现预测工件就直接判定这个选项是错误的，如预测中有项目章程、团队章程、项目管理计划，敏捷中同样会有项目章程、团队章程、项目管理计划。二者的差异更多体现在内容和颗粒度上。

11.2 敏捷的十二原则

11.2.1 尽早和可持续交付有价值的软件

通过尽早和可持续交付有价值的软件满足客户是敏捷的最高目标。

关于本考点的常见考法如下：

（1）通过原型或增量等方法实现尽早和可持续交付。★★

（2）尽早和可持续为客户交付更高的价值以证明敏捷的好处。★

（3）优先交付更高的价值。★

（4）用价值作为衡量绩效的标准。

考法讲解

（1）通过原型或增量等方法实现尽早和可持续交付。

【例题 11.2】一位项目经理被分配到一个新的数字产品线，该公司希望这一调动可增加他们的收入。产品很复杂，需要根据客户反馈不断完善产品。该项目由一个跨职能的敏捷团队处理，项目经理应该怎么做才能确保快速交付价值？

A. 确定可以并行运行的任务以更快地交付项目

B. 要求项目发起人提供额外资源以快速跟进项目

C. 计划项目通过定期发布以增量方式交付价值

D. 要求增加预算以支付主题专家（SME）更多的加班费

【思路解析】在产品复杂的敏捷项目中，敏捷团队需要使用增量交付的方式交付产品。而增量交付就是尽早和可持续交付有价值的软件，也就是通过定期发布的增量方式交付价值。因此，本题的最佳答案是 C 选项。

A 选项，敏捷强调限制在制品，同时并行多个任务会损耗团队的精力，反而会降低工作效率。

B 选项，题干并没有说明当前的资源不足，直接请求发起人增加资源是不合适的。

D 选项，敏捷团队并不提倡加班。

【正确答案】C

【考法解读】本类考法的解题关键在于找准关键词：增量、尽早、可持续交付；采用增量交付的目的就是尽早和可持续交付产品价值。

（2）尽早和可持续为客户交付更高的价值以证明敏捷的好处。

【例题 11.3】一个组织谋求一个重大的转型，并启动了一个项目改进和记录业务流程。项目的目标之一是实现敏捷项目交付。采用敏捷的主要原因是什么？

A. 项目将更快完成，节省时间和金钱

B. 项目将根据优先次序尽早交付和使用价值

C. 项目将以极低的风险交付给本组织

D. 执行项目将节省大量费用

【思路解析】采用敏捷的主要原因是什么？

A、D 选项，在敏捷三角形中，成本与进度是固定的，采用敏捷的开发方式并不一定能够节省时间和金钱。

B 选项，敏捷强调尽早交付价值和可持续交付，可选。

C 选项，敏捷开发方法并不能规避所有风险，所以不能保证以极低的风险交付。

综上所述，本题的最佳答案是 B 选项。

【正确答案】B

【考法解读】敏捷相比于其他项目管理方法的优势就在于能够实现尽早和可持续交付。解题重点还是在于找准"增量""尽早""可持续交付"等关键词。

（3）优先交付更高的价值。

【例题 11.4】项目经理正在管理一次迭代项目，该项目以增量方式提供价值。随着时间的推移，干系人质疑团队现在提供的价值比项目开始时要少。在项目仍有按计划完成预期的情况下，项目经理应该如何回应干系人？

A. 向干系人解释，进展是通过跟踪项目要求完成情况来衡量的，并与项目进度表进行对比，并告知他们项目进度正常

B. 向干系人解释，价值交付是基于投入的资源和潜在的收益或损失减少来决定的，这些因素会随时间而变化

C. 告知干系人，项目首先优先考虑待办工作列表中的最高商业价值项，并解释随着时间的推移，项目交付的商业价值减少是正常的

D. 与项目团队审查价值交付计划，以了解为什么价值交付在减少，并实施解决方案稳定价值交付，沟通纠正措施

【思路解析】敏捷项目中，干系人质疑团队现在提供的价值比项目开始时要少，项目经理应当向干系人解释敏捷交付的特点，在敏捷项目中，团队通常优先处理并交付最高的业务价值项，随着这些高价值项的完成，剩下的事项相对来说业务价值会较低。因此，随着项目的推进，每个迭代交付的业务价值可能会逐渐减少。这是一个正常和预期的模式，因此，本题的最佳答案是 C 选项。

A 选项，向干系人解释项目的进展，并没有解释价值减少的情况和原因，无法消除干系人的质疑，不合适。

B 选项，敏捷项目的价值交付是根据业务本身的价值进行排序之后的结果，与投入的资源和潜在的收益关联比较小，不合适。

D 选项，在敏捷项目中，每次迭代的增量价值逐渐减少是正常规律，并不是问题，团队向干系人解释即可，无须进行内部审查并采取纠正措施，不选。

【正确答案】C

【考法解读】敏捷会根据需求的价值排列需求的优先级，并优先交付价值更高的产品。后续会在产品待办事项列表中讲到需求的优先级及其排序。此类题型应围绕"最高/更高的价值"或者重要的特性、功能等进行解题。

▷ **Tips**

产品待办事项列表是敏捷项目中所有工作的有序列表,它以故事的形式呈现给团队,价值越大的排在越上面,这会在后续章节重点讲解。

（4）用价值作为衡量绩效的标准。

【例题 11.5】一家公司正在进行数字化转型,并将公司内的项目逐渐转换为敏捷模式。因此,领导层正在寻求更新员工绩效衡量的方法。项目经理应该对此提出什么建议?

A. 保持绩效管理不变,关注范围、成本和进度指标的实现

B. 提出基于价值衡量的方法,如使用目标和关键结果（OKR）

C. 保持对进度指标的关注,但删除范围和成本,因为它们在敏捷项目中是灵活的

D. 保持对成本指标的关注,但删除范围和时间表,因为它们在敏捷项目中是灵活的

【思路解析】敏捷项目的最高目标是,通过尽早可持续交付有价值的软件满足客户的需求,以价值为导向。因此,本题的最佳答案是 B 选项。

A 选项,关注范围、成本、进度指标,是预测项目的绩效衡量方式,与题干要求的敏捷模式不符。

C、D 选项,敏捷中,范围是相对灵活的,但是进度、成本是相对固定的。

【正确答案】B

【考法解读】敏捷以价值为导向,对团队的绩效衡量可以参考交付的价值。

11.2.2 拥抱变化

敏捷过程通过拥抱变化,帮助客户创造竞争优势。

关于本考点的常见考法如下:

敏捷的项目范围会不断变化。

考法讲解

敏捷的项目范围会不断变化。

【例题 11.6】到目前为止,一名经验丰富的项目经理从未管理过敏捷项目。由于项目的不确定性,项目经理正在努力定义项目范围,并花费了很长时间试图定义它。关于定义,项

目经理应该做什么？

A. 提交变更请求以利用以前的经验，并使用预测型方法管理项目

B. 在开始执行之前，与团队安排一次日常项目定义会议，以定义项目范围

C. 开始执行项目，因为项目范围将在整个项目中被定义和更新定义

D. 在开始执行之前，获得产品负责人的部分批准，以确定项目范围计划的基线

【思路解析】敏捷项目拥抱变化，项目经理没有管理敏捷项目的经验，试图定义范围，此时应该让项目经理明白，敏捷项目的范围会在项目执行过程中不断定义，不必坚持在项目早期花费大量的时间定义范围。

A 选项，项目经理目前管理敏捷项目，不能因为无法适应敏捷拥抱变化就更改为预测项目，况且预测管理方式并不能很好地应对题干中所述的"项目的不确定性"。

B 选项，敏捷拥抱变化，范围更新频率高，可能需要在项目过程中不断更新范围，而不仅仅只是在执行之前开会。

C 选项，符合敏捷拥抱变化的原则，可选。

D 选项，敏捷当中一般不存在范围基准，不利于敏捷拥抱变化，不可选。

综上所述，本题的最佳答案是 C。

【正确答案】C

【考法解读】相对预测而言，敏捷的最大特点就是成本和进度相对固定，而范围是可以变化的，并且会不断变化。重点关注敏捷范围变化的概念。

11.2.3 面对面沟通

团队内部和各个团队之间，最有效的沟通方法是面对面地沟通。

关于本考点的常见考法如下：

（1）集中办公需要在一个共同的空间内一起工作。

（2）通过面对面沟通解决问题。★

考法讲解

（1）集中办公需要在一个共同的空间内一起工作。

【例题 11.7】一个预测型项目的发起人，请一位有敏捷经验的项目经理评估一个项目是

否可以使用敏捷型方法来执行，在确定项目是否适合敏捷型方法时，项目经理应该考虑什么因素？

A. 该项目是一个信息技术相关项目，对组织的影响最小

B. 项目范围明确，需求优先

C. 项目范围可以分解为更小的部分，第一部分代表最小可行产品（MVP）

D. 项目团队有一个可以共同的空间并且能够一起工作

【思路解析】A 选项，不能仅由它是一个信息技术相关项目，就判断其对组织的影响小。

B 选项，敏捷中的范围不是一定的，并且是价值优先。

C 选项，MVP 指的是用最快、最简明的方式建立一个可用并可以推向市场的产品或演示，一般不是指项目范围分解下来的一部分。

D 选项，敏捷中提倡团队进行集中办公，在共同的空间进行工作，切合题意。

综上所述，本题的最佳答案是 D 选项。

【正确答案】D

【考法解读】在整个 PMP 体系中，无论是敏捷型方法还是预测型方法都是倡导面对面沟通和集中办公的，集中办公的好处就在于方便沟通和提高工作效率。有时集中办公的概念也会以作战室这个名词的方式出现，同一地点的团队共同工作的空间称为作战室。

（2）通过面对面沟通解决问题。

【例题 11.8】一名新的团队成员已加入项目团队。在第一次冲刺中，新的团队成员找到项目经理，请求实现一种新的测试方式，但该团队一直抵制该成员提议的变更。项目经理应该做什么？

A. 要求新团队成员只关注开发，而不进行测试

B. 指导新团队成员按照本项目一贯的方式进行测试

C. 安排与新团队成员会面，了解新的测试方法

D. 要求新团队成员按照本项目一贯的方式进行测试

【思路解析】本题中，一名新团队成员请求项目经理实现新的测试方法，但是团队一直抵制变更。

A 选项，项目团队本身就是包含了测试人员，测试也是必要的工作，要求团队成员只关

注开发不进行测试不是合适的做法。

B、D 选项，新团队成员提出的测试方法可能改进当前的测试流程，对项目可能会有帮助。项目经理应该尝试了解新的测试方法，并评估它是否适用于当前的项目，直接让新团队成员按照以往一贯的方式进行测试不合适，不够积极。

C 选项，新的测试方法可能改进当前的测试流程，对项目可能会有帮助。与新团队成员会面时，项目经理可以了解新的测试方法，并评估其是否适用于当前的项目，是可选项。

综上所述，本题的最佳答案是 C 选项。

【正确答案】C

【考法解读】敏捷中倡导沟通透明化、公开化、可视化；遇到问题推荐采用面对面沟通进行澄清、了解，以便更好地解决问题。

11.2.4　给予环境和支持

项目经理（"仆人"式领导）要善于激励项目人员，给他们所需要的环境和支持，并相信他们能够完成任务。

关于本考点的常见考法如下：

授权团队，让团队有自由发挥的空间。

考法讲解

授权团队，让团队有自由发挥的空间。

【例题 11.9】项目经理接管了公司的一个负责现有软件项目的精益团队，该团队由关键干系人、主题专家（SME）和高级开发人员组成。在与团队一起审查项目状态时，项目经理发现团队似乎缺乏方向和热情。项目经理应该怎么做？

A. 与项目发起人会面并提出项目的纠正措施

B. 确保每个人都按计划执行分配的任务

C. 鼓励成员参与决策并赋予团队权力

D. 组织频繁的团队建设会议并更新风险登记册

【思路解析】精益开发是敏捷开发的一种形式，敏捷团队缺乏方向和热情，从敏捷原则的角度出发，这是团队缺乏良好的氛围和环境的体现。团队缺乏方向和热情，因此要给予团队环境和支持，本题的最佳答案是 C 选项。

A 选项，敏捷团队实行的是自组织原则，除非遇到超出权限的问题，否则不会寻求发起人的帮助。

B 选项，确保每个人都能按计划执行任务，解决不了团队缺乏方向和热情的问题。

D 选项，敏捷项目中一般不包含风险登记册，而且只登记为风险，并不能解决团队缺乏方向和热情的问题。

【正确答案】C

【考法解读】敏捷需要建立强有力的团队并尽量避免微观管理，敏捷中的项目经理是作为"仆人"式领导、支持者存在的。当团队处于缺乏热情、动力、方向的环境时，"仆人"式领导可以为敏捷自组织开发团队赋权，给予环境和支持，让他们自我管理。

11.2.5 定期反省

团队要定期回顾和反省如何能够做到工作更有效，并相应地调整团队的行为。

关于本考点的常见考法如下：

团队要定期回顾和反省以实现改进和优化。

考法讲解

团队要定期回顾和反省以实现改进和优化。

【例题 11.10】敏捷团队中的解决方案设计师，经常在没有任何文档的情况下将设计信息传递给团队成员，这导致团队内部成员之间的误解。敏捷的领导者应该怎么做？

A. 停止工作，直到设计文件完成　　B. 回顾导致这种情况的过程

C. 要求团队将设计文档化　　　　　D. 将解决方案设计师转移到另一个团队

【思路解析】设计师经常在没有任何文档的情况下将设计信息传递给成员，导致信息的误解，说明现在的沟通传递方法存在一定问题。

A 选项，因为现在的信息传递存在一定的问题，直接停止工作不合适。

B 选项，回顾该情况，梳理来龙去脉，以便具体改进，可选。

C 选项，补充设计文档应该由设计师完成，而不是团队，应该先审查来龙去脉，进一步分析。

D 选项，未经改进和优化直接将解决方案设计师转移到另一个团队，不合适。

综上所述，本题的最佳答案是 B 选项。

【正确答案】B

【考法解读】敏捷通过更频繁的回顾来完成定期反思，可以通过每日站会共享遇到的问题或障碍，通过迭代回顾会议来总结经验或教训，并评估下一次如何改进团队成员的做法。

11.3 敏捷的三大支柱

敏捷的三大支柱包括透明性、检查和适应。

（1）透明性（transparency）：过程中的关键环节对干系人应是显而易见的，同时须保证干系人对这些关键环节的理解是统一的。

（2）检查（inspection）：Scrum 使用者必须经常检视 Scrum 的工件和完成 Sprint 目标的进展，检视频率应适宜，确保能够及时发现过程中的重大偏差。

（3）适应（adaptation）：如果检视发现有一个或多个方面偏离到可接受范围以外，并且将会导致产品产生不可接受的发展时，就必须对过程或过程化的内容加以调整。调整工作必须尽快执行，如此才能减少进一步的偏离。

关于本考点的常见考法如下：

通过确保项目的透明性和沟通，与干系人建立信任。

考法讲解

通过确保项目的透明性和沟通，与干系人建立信任。

【例题 11.11】一个使用增量方法的项目将团队成员集中在一起，并使用看板可视化正在进行的工作（WIP）。一名关键的外部干系人要求暂停所有项目活动，直到发布状态报告。项目经理应该做些什么避免这种情况？

A.将项目文档存储在共享文件夹中　　B.组织每月与外部干系人的会议

C.邀请所有干系人参加每日站立会议　　D.向所有干系人发送每周状态更新报告

【思路解析】项目进行过程中，关键干系人要求暂停所有活动，直到发布状态报告，很有可能是因为干系人对项目当前的状态不了解。为了避免这种情况，项目经理应该确保干系人及时了解项目的状态。

C 选项，题干中一名关键干系人要求了解项目的状态信息，该选项是邀请所有外部干系人，然而并不是所有干系人都提出了需要获取项目状态信息的要求，应该先分析干系人的需求再作决定，且每日站会是属于团队内部会议，不适合所有干系人都参与，不是最优解。

A、B、D 选项，这三个选项都能够在一定程度上解决题干的问题，但是对比这三个选项，A、D 选项以书面报告的形式传递信息，无法确保干系人需要的信息被完整记录，也无法保证干系人正确理解，可能导致信息的误解；B 选项采用面对面沟通的形式，能够让干系人直观地提出自己的问题和需求，并获得及时反馈。

综上所述，本题的最佳答案是 B。

【正确答案】B

【考法解读】敏捷强调公开透明，通过对干系人演示迭代产品、与干系人沟通并遵守承诺获得干系人的信任，使干系人持续支持项目。

11.4　敏捷的三大角色

11.4.1　产品负责人

产品负责人负责指导产品的开发方向，根据商业价值对任务进行排序。产品负责人与团队开展日常合作，提供产品反馈，为将要开发／交付的下一个功能设定方向，并与干系人、客户及团队合作，定义产品开发方向。

敏捷开发中，产品负责人将为团队创建待办事项列表，或者与团队共同创建该列表。

关于本考点的常见考法如下：

（1）产品负责人需要对接客户（发起人），收集需求，处理客户（发起人）的需求问题。★

（2）产品负责人的职责是聚焦于产品，解释产品需求，定义产品价值。

（3）产品负责人需要创建（或与团队共同创建）／维护产品待办事项列表，并保证其透明性。★★★

（4）产品负责人需要监控需求，根据实际情况对需求进行审查、清理、变更及排序。★★★

（5）产品负责人需要参与项目，及时给出反馈，鉴定"已完成的用户故事"。

（6）需求的确认需要产品负责人和开发团队的参与，其中产品负责人具有最高的权限。

考法讲解

（1）产品负责人需要对接客户（发起人），收集需求，处理客户（发起人）的需求问题。

【例题 11.12】项目经理正在负责一个开发新的移动应用程序的项目。在一次非正式的交谈中，一位干系人要求项目经理在当前的冲刺中增加新的功能。项目经理应该怎么做？

A．要求干系人等待下一个冲刺计划　　B．在接下来的站立会议中讨论这个需求

C．接受变更请求并协商时间表　　　　D．让产品负责人与干系人讨论这个请求

【思路解析】一位干系人要求项目经理在当前冲刺中增加新功能。

A 选项，新的需求需要添加到产品待办事项列表并由产品负责人进行排序，然后讨论决定将该需求放在哪个冲刺中，因此直接告诉干系人等待下一个冲刺不合适。

B 选项，每日站会是共识信息，不在会议中具体讨论，因此不合适。

C 选项，产品功能或需求的变更应该首先与产品负责人讨论，项目经理直接接受变更不合适。

D 选项，产品负责人负责对接需求以及产品待办事项列表的排序。让产品负责人与干系人讨论评估需求，并确定其优先级，可选。

综上所述，本题的最佳答案是 D 选项。

【正确答案】D

【考法解读】敏捷中干系人的需求是由产品负责人对接的，一般干系人要改变优先级或增加、删除、修改需求都应该优先找产品负责人处理。

（2）产品负责人的职责是聚焦于产品，解释产品需求，定义产品价值。

【例题 11.13】一位项目经理正在为一个产品提供开发支持，注意到一些长期客户因为竞争对手产品提供了更好的价值而转向竞争对手。项目经理应该首先做什么？

A．询问产品负责人产品的价值交付是否发生了变化

B．加强产品的焦点，以重新吸引失去的客户

C．暂停正在进行的产品开发，并与团队讨论

D．根据新的市场见解请求对产品进行更改

【思路解析】因为竞争对手的产品能提供更好的价值，导致一些长期客户转向竞争对手。

A 选项，题干问的是首先做什么，先要了解基本情况才能有针对性地提出解决方案，通过与产品负责人的沟通确认产品的价值交付是否发生变化，能更好地为后续行动和解决客户流失的问题打下基础。可选。

B、D 选项都是可能解决问题的策略之一，但是想要更好地解决问题，需要了解相关信息，进行分析评估之后才能得出更合适的策略。项目经理可以先与产品负责人交流，讨论产品的价值交付的现状以及是否需要进行更改等，根据实际情况采取后续应对措施，而不是直接采用某种方法，所以 B、D 选项不是首先需要做的。

C 选项，暂停正在进行的产品开发可能会导致项目延迟和进一步的客户流失。

综上所述，本题的最佳答案是 A 选项。

【正确答案】A

【考法解读】敏捷项目中产品的价值通常由产品负责人定义和确认，产品负责人对项目需求具有最高的权限并负责向团队解释项目需求。

（3）产品负责人需要创建（或与团队共同创建）/维护产品待办事项列表，并保证其透明性。

【例题 11.14】一家公司正在将其项目从预测型方法过渡到迭代型方法。项目团队正在抱怨，因为他们不确定需要做什么，所以自项目开始以来，产品负责人要求对已经开发的功能进行了所有更改。项目经理应如何处理这种情况？

A. 要求产品负责人在风险管理计划中创建一个关于可能性和阻碍的新条目

B. 确保产品和迭代待办事项列表具有所需级别的文档，并且对团队都是可见的

C. 审查类似项目的待办事项列表工作并了解变更请求是如何实施的

D. 要求产品负责人遵循变更请求流程正式确定新的需求

【思路解析】因为产品负责人对已经开发的功能进行了更改，导致团队不确定需要做什么。迭代待办事项列表是当前迭代需要完成的且梳理过的产品待办事项，是项目开发团队的工作既定事项，可以查阅到工作中要完成的具体事项的相关信息。如果产品负责人要对已经开发的功能进行更改，应该在迭代待办事项列表中进行说明，并让团队进行调整。因此，本题的最佳答案是 B 选项。

A 选项，风险管理计划描述如何安排与实施项目风险管理，与题干中的内容无关。

C 选项，其他项目的方法可以作为参考，但不一定适合本项目，需要先进行刺探来验证。

D 选项，这里并不一定是有了新的需求，也有可能是项目团队开发的功能不符合产品实际的需要。

【正确答案】B

【考法解读】产品待办事项列表由产品负责人负责创建和维护，并且公开可见。同时要注意最佳选项原则，很多题目主语是项目经理，在不考虑角色职责的情况下，应优选能解决问题的选项。

（4）产品负责人需要监控需求，根据实际情况对需求进行审查、清理、变更及排序。

【例题 11.15】一条新的政府法规规定，所有团队成员在下一次迭代的整个过程中都需要远程工作。这意味着需要完成产品待办事项的优先级变更。项目经理应该怎么做？

A. 在下次回顾会议中将新的法规告知项目发起人

B. 尽快告知产品负责人所需的变更

C. 重新确定待办事项的优先级，并尽快与团队共享

D. 要求团队的协调者根据新的法规重新确定待办事项的优先级

【思路解析】本题中，因为新法规的颁布，团队在下个迭代过程中需要远程工作，所以需要重新排列产品待办事项的优先级。

A 选项，在下个回顾会议才采取行动应对新法规造成的变更，不太合适，可能会错过时机，应该要尽快解决。

B 选项，负责排列产品待办事项列表优先级的角色是 PO，尽快告知 PO 所需的变更是较为合适的做法，可选。

C 选项，针对产品待办事项列表的排序问题，若其他的合适选项中提及了 PO，优选 PO 负责排序，而不是项目经理本人进行排序。

D 选项，优先选择 PO 进行产品待办事项列表的优先级排序，而不是团队协调者。

综上所述，本题的最佳答案是 B 选项。

【正确答案】B

【例题 11.16】由于需求不明确，团队很难完成工作，他们在几个月内未能成功完成一次迭代。为了帮助团队，项目负责人应该怎么做？

A. 建议产品负责人审查待办事项列表优化流程

B. 建议对团队成员的个人表现进行审查

C. 建议团队与利益干系人一起审查迭代的长度

D. 建议限制在制品以提高团队的专注度

【思路解析】根据题干信息可得：需求不明确导致工作很难完成，并且团队在几个月都没有成功完成一次迭代。产品待办事项列表中的用户故事就是敏捷开发模式项目的需求。针对题干所述情况，应让被选入迭代中的事项有清晰、明确的说明。而PO的职责之一就是聚焦于产品，解释产品需求。因此，本题的最佳答案是A选项。

B选项，敏捷团队是被授权的自组织团队，项目经理应该充分信任及支持团队成员，对于团队的个人表现进行审查，会让团队成员觉得不被信任，不可取，本选项不合适。

C选项，迭代的长度并不是影响迭代工作不能完成的因素，更应该关注的是迭代的事项，本选项不太合适。

D选项，题目中没有信息显示是由于在制品的问题导致迭代不能完成，需求不明确导致的，本选项不合适。

【正确答案】A

【考法解读】敏捷中的需求由产品负责人负责管理，由各种原因引起的需求更新、变动、优先级排序都由产品负责人负责完成。但是，也要遵守最佳选项原则，有时会让项目经理完成这些事。

（5）产品负责人需要参与项目，及时给出反馈，鉴定"已完成的用户故事"。

【例题11.17】在系统演示期间，项目干系人拒绝接受最近用户故事中完成的功能。据项目干系人称，产品不符合法规要求的质量标准。项目经理本应该做些什么避免这种情况？

A. 确保在迭代过程中正确解决干系人的问题，以避免未来的挫折

B. 与产品负责人一起审查，确保迭代中的所有故事都在项目待办事项中

C. 确保项目发起人了解项目的范围，以避免将来出现任何投诉

D. 与产品负责人一起审查，确保在迭代中工作的故事符合所有验收标准

【思路解析】干系人因为产品不合标准拒绝接受，问事先应怎么做以避免。在用户验收之前，产品负责人应该对内说明哪些产品待办列表项已经"完成"、哪些没有"完成"，是否符

合验收标准，D 选项切合。

A 选项，在迭代过程中正确解决干系人问题，与题干关联不大，而且迭代是为了交付价值。

B 选项，现在题干问题为是否达标，而不是处理事项的遗漏。

C 选项，题干所述的问题不一定是范围不清晰导致的，明显是不合标准问题。

【正确答案】D

【考法解读】产品负责人会负责确定产品的功能和达到要求的标准，指定产品交付的内容，同时有权接受或拒绝开发团队的工作成果。让负责需求的产品负责人对产品进行审查，可以在一定程度上避免产品出现不符合需求的情况出现。

（6）需求的确认需要产品负责人和开发团队的参与，其中产品负责人具有最高的权限。

【例题 11.18】在一个创造完美纸飞机的项目上，对飞机的开发是在迭代中进行的。翅膀和尾巴上的图案是使用预测型方法完成的。干系人之一提供了与产品负责人的需求相冲突的需求。谁负责分析新需求并作出最终决定？

A.项目经理　　　　B.敏捷教练　　　　C.项目发起人　　　D.产品负责人

【思路解析】本题中，干系人提出了与产品负责人的需求相冲突的需求。对接客户的需求本身就是产品负责人的职责，在本项目中存在产品负责人的情况下，可以优先让产品负责人分析此新需求并作出最终决定。

A、B、C 选项中的其他三个角色均没有 D 选项合适。

因此，本题的最佳答案是 D 选项。

【正确答案】D

【考法解读】干系人和团队成员都可以提出自己的需求和意见，但和需求有关的事项会由产品负责人作出最终决策。

11.4.2　敏捷教练

敏捷教练的关键词：催化剂、老母鸡、卫道者。

敏捷团队中常见的一个角色通常为团队促进者，称为"仆人"式领导（又称服务式领导），也称为项目经理、Scrum 主管、项目团队领导、团队教练。所有敏捷团队都需要有"仆人"式领导。人员需要时间建立自己的"仆人"式领导技能，包括引导、指导和消除障碍技能。

关于本考点的常见考法如下：

（1）敏捷教练需要指导团队或与团队沟通合作解决问题。★★★★★

（2）敏捷教练需要帮助或培训团队成员或干系人提高自身能力，能运用敏捷规则和工件以满足项目需要。★★★★

（3）敏捷教练倡导并形成"仆人"式领导，起到促进支持作用。★★★★★

（4）敏捷教练应为团队建立一个和谐的环境，促进团队内外合作交流，不会替他人做决定。★★

（5）敏捷教练需要识别清除外部障碍，不干涉产品开发方向和如何开发的问题。★★★★★

（6）敏捷教练需要主动维护敏捷规则，向干系人阐述敏捷的好处，确保团队对敏捷规则的理解保持一致。★★★

考法讲解

（1）敏捷教练需要指导团队或与团队沟通合作解决问题。

【例题 11.19】一个组织在一个复杂的程序中启动了一个项目。项目负责人注意到由于项目管理办公室（PMO）实施的当前项目框架与敏捷交付不兼容，导致团队士气低落。项目负责人应该怎么做？

A. 将问题上报给产品负责人
B. 要求 PMO 审查框架
C. 要求 PMO 定义一个新的框架
D. 与项目团队计划一次头脑风暴

【思路解析】本题的题干背景是，团队目前遭遇了困难，导致士气低落。作为"仆人"式领导，帮助团队扫除障碍是项目经理的职责。

A 选项，目前的问题是 PMO 当前的项目框架与敏捷交付不兼容，而产品负责人的主要职责是指导产品的开发方向、创建和维护产品待办事项列表。目前的问题涉及了 PMO，超出了产品负责人的权限，将问题上报给产品负责人并不是合适的做法。

B、C 选项，直接将问题上报至 PMO 处并不能体现项目经理的积极主动性，项目经理应该主动采取更加积极的措施，若措施不可行，才会考虑上报给 PMO。

D 选项，和项目团队进行头脑风暴，收集团队成员对于解决方案的想法，是可行的措施。

综上所述，本题的最佳答案是 D 选项。

【正确答案】D

【例题 11.20】一个团队刚刚采用了敏捷型方法。在每日站立会议上，团队表达了对任务延迟的担忧。项目负责人与产品负责人合作，以明确产品特性。项目负责人要求团队快速跟进所有产品特性，以确保交付。冲刺正在推进，但要么产品特性较少，要么产品质量较低。项目负责人应该做些什么来确保项目成功？

　　A. 指导团队找到有助于消除障碍并及时解决问题的可能方案

　　B. 建议团队在产品待办事项列表中添加障碍作为工作项，以便在下一个冲刺中修复

　　C. 要求团队创建一个障碍日志，并不断更新，以便在下一个冲刺计划中使用

　　D. 授权团队改进其流程、工具和互动，以更有效地交付和消除障碍

【思路解析】项目采取快速跟进的方式解决任务将要延迟的问题，但又因此产生了交付产品质量下降、功能有限的问题。项目经理应该指导团队寻找既能消除产品功能较少且质量低下的障碍，又能及时交付产品的解决方案。因此，本题的最佳答案是 A 选项，B、C 选项的操作是 A 选项之后可能的选项。

　　B、C 选项，下一次迭代修复现在产品功能较少或质量低下的障碍不能保证在后续的迭代中同样的障碍不会继续产生，还是要找到消除障碍的方法更好。

　　D 选项，只谈到从团队的角度出发去消除障碍，没有从功能和技术角度整体考虑，而且没有考虑到保证任务能顺利交付，并且团队才刚开始采用敏捷型方法，可能不太熟悉，这时提供适当的指导会更合适。

【正确答案】A

【考法解读】敏捷教练的职责包括指导团队，当团队遇到问题或障碍时，敏捷教练可以提供指导帮助团队解决问题。如果选项中没有出现"指导""解决问题"等关键词，则要通过最佳选项原则判断选项中最能解决问题的选项。

（2）敏捷教练需要帮助或培训团队成员或干系人提高自身能力，能运用敏捷规则和工件以满足项目需要。

【例题 11.21】在一个敏捷项目中，团队决定对每日站会的主持人进行轮换。总的来说，大多数主持人在这个角色上都有所成长和进步；然而，其中一些人主持的每日站会效率较低。项目经理接下来应该做什么？

　　A. 重新对所有团队成员关于每日站会进行培训，以确保方法的一致性

B. 表扬团队的自我组织和成长，然后根据需要与主持人进行一对一辅导

C. 要求表现良好的主持人继续担任角色，并建议其他人停止协调

D. 现在试验期已经结束，重新使用敏捷教练作为每日站会的主持人

【思路解析】通过站会主持人的轮换，大多数担任主持人的成员都有所成长和进步，当然也有一部分人的站会效率比较低。

A 选项，目前大部分的成员都是有所进步的，直接就安排所有成员再次进行培训，不太合适。

B 选项，适当地激励，并且根据成员的情况需要安排辅导培训，可选。

C 选项，相当于直接忽视了效率较低成员的问题，不合适。

D 选项，没有去针对解决部分成员效率较低的问题，不合适。

综上所述，本题的最佳答案是 B 选项。

【正确答案】B

【例题 11.22】项目经理正在使用混合型方法开始推进一个项目，并注意到一些团队成员只了解预测型方法，为了获得良好的项目绩效，项目经理首先需要做什么？

A. 改变团队以包括混合专家

B. 指导那些缺乏混合知识的团队成员在工作中学习

C. 评估每个团队成员所需的培训

D. 为所有团队成员提供混合培训

【思路解析】使用混合型方法开始项目，但一些团队成员只了解预测型方法。项目经理作为"仆人"式领导，应该给予团队成员一定的指导和帮助。首先应该对每个团队成员的培训需求进行评估分析，再制定相应的培训策略，帮助团队成员胜任工作，适应项目环境，因此，本题的最佳答案是 C 选项。

A 选项，请专家并不能解决一部分团队成员自身存在不足的问题，没有从根源上解决问题。

B 选项，在工作中学习也是可以的，但是也有可能出现团队成员因为只了解预测型方法导致工作难以开展的情况，不是最先要做的事情。

D 选项，并不是所有团队成员都需要进行培训，应该根据他们自身的情况选择合适的培训方案，做法不合适。

【正确答案】C

【考法解读】当敏捷教练发现团队成员缺乏相关技能、经验，或者团队成员与干系人不懂得敏捷规则流程时，都可以通过培训或指导、辅导等方式帮助团队成员或干系人解决问题。

（3）敏捷教练倡导并形成"仆人"式领导，起到促进支持作用。

【例题 11.23】一位项目经理在过去的工作中一直使用预测型方法管理团队，并且正在转向敏捷项目。团队成员以前没有一起工作过。经过几个冲刺的工作，团队没有取得任何成果，完成工作的压力很大，项目经理在这个阶段应该采用什么样的领导风格？

A．一种民主风格，使用多数意见占主导地位的技术

B．一种被动的领导风格，允许团队自我组织，直到达到规范阶段

C．指导需要帮助的人并促进团队协作的领导风格

D．为团队作出决策以达到早期结果的指导风格

【思路解析】敏捷领导作为"仆人"式领导，工作重点应从"管理协调"转向"促进合作"、促进个人参与、团队内部及团队之间的合作与对话，不代替其他责任人做出决策，并且应该在团队需要帮助时适当地提供帮助，为团队扫除障碍。因此，本题的最佳答案是 C 选项。

A 选项，敏捷是自组织团队，但是经过几个冲刺仍然没有取得任何成果，仅靠团队的意见已经无法解决问题。

B 选项，做法太过消极，敏捷教练可以主动引导自组织团队解决问题。

D 选项，敏捷教练一般不代替其他人做决策。

【正确答案】C

【例题 11.24】在冲刺规划期间，产品负责人希望优先考虑具有高商业价值的事项。然而，项目团队担心技术债务和基础设施依赖问题会影响到预期价值的实现。项目经理应该如何处理这个问题？

A．支持项目团队，使技术债务和基础设施依赖问题包含在下一个冲刺中

B．支持项目发起人，使决策自上而下进行，团队遵循项目发起人提供的方向

C．支持投票行动，让所有团队成员表达他们的观点及分析其背后的原因

D. 支持产品负责人，以便在下一个冲刺中只包括具有高商业价值的项目

【思路解析】在冲刺规划期间，产品负责人希望可以优先考虑高商业价值的事项，与此同时，团队成员担心某些问题会影响到预期价值的实现。

A、D选项，相当于只考虑到高商业价值的事项，或者只考虑到会影响预期价值的实现的事项，比较侧重一个方面，而忽视另一个方面，相对不太合适。

B选项，相当于直接让发起人作出一个抉择，然后让团队对应地执行下去，这里是团队有顾虑，应该共同讨论，直接让发起人做出最终的决策后推行，不太合适。

C选项，成员既然有顾虑，可以考虑让其进一步阐述想法，通过进一步的讨论，引导方向并最终达成一致，可选。

综上所述，本题的最佳答案是C选项。

【正确答案】C

【考法解读】"仆人"式领导的考法分为两种情况：一种是"仆人"式领导的基本概念，围绕着"仆人"式/服务型领导的领导力风格这个点进行；另一种是从"仆人"式领导的角度出发，结合敏捷规则解决问题。

（4）敏捷教练应为团队建立一个和谐的环境,促进团队内外合作交流,不会替他人做决定。

【例题 11.25】项目执行过程中，项目经理发现，敏捷团队中的一位成员在每日站会上很少提出遇到的问题和障碍，并且该团队成员过于害羞，不愿意参与到团队活动中，更喜欢单独向项目经理汇报更新的状态，项目经理应该怎么做以解决这种情况？

A. 包容他的行为，并将状态更新的方式修改为电子邮件

B. 创建一个安全的环境进行状态更新，并鼓励他与团队联系

C. 审查团队文化和不同成员之间的个性差异，以消除状态更新的差距

D. 从根本上审查团队状态更新的方式，以解决这种汇报的差距

【思路解析】团队成员害羞，不愿意发言和参与团队活动，说明他对所处的环境缺乏信任感，项目经理应该为团队成员营造一个安全信任的氛围，鼓励他积极发言，多和团队成员进行沟通，因此，本题的最佳答案是B选项。

A选项，敏捷提倡面对面沟通，将汇报状态的方式更改为电子邮件，更不利于该团队成员与团队和项目经理之间的沟通，不能帮助他解决问题。

C 选项，了解不同团队成员之间的个性差异之后，并没有指出怎么消除他们之间的这种汇报方式的不同，没有 B 选项合适。

D 选项，审查汇报方式的不同，并不能有效帮助解决这个问题，不合适。

【正确答案】B

【考法解读】"仆人"式领导会创造一个较为轻松舒适的环境，让每个团队成员在项目工作中作出贡献。这里的环境包括团队成员之间的互相信任、高昂的士气、有良好的人际关系能让大家顺畅地沟通合作等。

（5）敏捷教练需要识别清除外部障碍，不干涉产品开发方向和如何开发的问题。

【例题 11.26】在一次站立会议上，一名团队成员提出了一个问题，他们遇到了继续下一项任务的障碍。项目负责人应该如何处理这种情况？

A. 通过消除阻碍和障碍支持团队成员

B. 在风险登记册中添加任何阻碍因素或障碍

C. 将阻碍因素和障碍分配给产品负责人解决

D. 坚持让提出阻碍和障碍的人拥有所有权

【思路解析】团队遇到了障碍，作为"仆人"式领导，可以为团队提供指导，帮助团队消除障碍，以便团队工作能正常进行。因此，本题的最佳答案是 A 选项。

B 选项，风险登记册记录的是风险不是障碍，而且仅仅是记录这些障碍并不能直接帮助团队解决这个问题，不合适。

C 选项，产品负责人主要负责客户的需求和产品待办事项优先级的问题，团队遇到的障碍，应该优先由团队自己组织解决，或由敏捷教练来帮助他们解决，而不是直接抛给产品负责人，不合适。

D 选项，应该积极帮助团队解决遇到的障碍，强调问题的所有权，并不能直接帮助解决这个问题，不合适。

【正确答案】A

【例题 11.27】一个项目正在开始六次迭代中的第二次迭代。在每日站会上，一位团队成员寻求帮助。为了完成可交付物，需要获得设计部门的批准，项目经理应该做什么？

A. 与设计经理会面，申请必要的批准

B. 邀请一位设计团队成员参加下一次每日站会

C. 更新问题日志并将其升级到项目发起人

D. 将这个迭代可交付物替换为一个没有任何障碍的迭代

【思路解析】题干中，团队成员在每日站会上向项目经理寻求帮助，需要获得设计部门的批准才能完成交付。

A 选项，在敏捷中，项目经理是作为"仆人"式领导，需要为团队扫除障碍。现在团队成员已经明确了需要设计部门批准的障碍，属于外部障碍，那么项目经理需要扫除该障碍，以获取批准，可选。

B 选项，现在的问题是需要获得设计部门的批准，邀请一位设计团队成员参加下一次每日站会并不能解决题干的问题。

C 选项，目前的问题尚在项目经理处理的权限范围内，不需要升级到发起人处，相比之下，A 选项是更直接的解决方案。

D 选项，迭代一旦开始，一般都不会随意更改迭代内容，现在遇到障碍就将其更换是不妥当的做法，不如 A 选项合适。

综上所述，本题的最佳答案是 A 选项。

【正确答案】A

【考法解读】外部障碍是来自项目团队之外的障碍，如来自干系人的干扰、帮助项目更好地适应外部环境变化等。本考法同样可以分为两种：一种是敏捷教练需要主动出手解决外部障碍的概念；另一种是结合敏捷规则解决外部障碍。

（6）敏捷教练需要主动维护敏捷规则，向干系人阐述敏捷的好处，确保团队对敏捷规则的理解保持一致。

【例题 11.28】一个敏捷项目正在进行第三次迭代，持续时间为两周。一位只有预测项目背景的新运营总监开始在公司工作。在与项目经理的第一次会议上，该总监要求每周提交一份项目状态报告。项目经理应该做什么？

A. 邀请总监参加每日站会

B. 与团队分享，并要求他们为总监编写报告

C. 向总监介绍敏捷方面的概念和内容，并就解决方案达成一致

D. 向总监解释敏捷项目有实时报告

【思路解析】题干中，该项目是敏捷项目，只有预测项目背景的新运营总监加入公司，在与项目经理的第一次会议上，总监要求每周提交一份项目状态报告，面对这种情况应该怎么做？

A 选项，邀请总监参加每日站会可以大概了解团队的一些进度，但是没有对项目状态有一个完整的汇报，且总监可能没办法每天都参加站会。暂定选项。

B 选项，敏捷中，开发团队会专注于工作，且敏捷强调可用的软件胜于详细的文档，这种做法不太妥当。

C 选项，题干说了新加入的总监是只有预测背景，说明他对敏捷不是很熟悉，向他介绍敏捷方面的概念和内容有助于他理解敏捷实践方法，更好地与团队进行合作，且后面说了就解决方案达成一致。相对来说，该做法会更稳妥，可选。

D 选项，这里解释有实时报告，依旧没有解决总监要求每周提交报告的问题，且敏捷中很少会有实时报告，团队更专注于开发工作。

综上所述，本题的最佳答案是 C 选项。

【正确答案】C

【考法解读】敏捷教练需要主动维护敏捷规则，如果有团队成员或干系人出现违反敏捷规则的情况，应主动干预并就敏捷规则达成一致。

11.4.3 开发团队

开发团队是获得授权的自组织团队，共同承担责任。开发团队应具有强烈的产品责任感，以价值驱动为导向，聚焦于追求绩效。

开发团队是由 3~9 名通才型专家组成的跨职能专职团队，优先以集中办公的方式开展工作。

关于本考点的常见考法如下：

（1）开发团队聚焦绩效，自我管理，自行认领任务，自行尝试解决问题。★★★★

（2）自组织团队成员通常都是通才型专家和专职成员。★

（3）自组织团队需要团队成员共同参与和承担责任。★

考法讲解

（1）开发团队聚焦绩效，自我管理，自行认领任务，自行尝试解决问题。

【例题11.29】在敏捷团队中，一些团队成员积极主动，要求在项目上获得更多自主权。在这种情况下，项目经理应该怎么做？

A. 不鼓励这种要求，因为它是针对管理团队的

B. 劝阻他们，因为可能会产生冲突

C. 鼓励团队成员作出决定

D. 鼓励团队领导作出决定

【思路解析】自组织团队是被充分给予授权，自行决定行动纲领的一个团队，并且项目经理或敏捷教练要善于激励项目人员，给予他们所需的环境和支持，并相信他们能够完成任务。因此，本题的最佳答案是C选项。

A选项，不鼓励成员的做法，与敏捷的原则相悖。

B选项，敏捷教练的职责是支持与鼓励团队成员，而不是劝阻。

D选项，敏捷团队的领导者就是团队本身，没有专门领导角色。

【正确答案】C

【例题11.30】一位项目经理刚刚被分配到一个项目，担任一个经验丰富的敏捷团队的领导。项目经理应该如何影响团队来实现项目目标？

A. 使用计划驱动的方法展示对项目的控制力

B. 对团队进行判断

C. 增加主题专家（SME）的数量，以获得更好的结果

D. 表达对团队完成必要交付成果能力的信任

【思路解析】由"经验丰富的敏捷团队""实现项目目标"可知，敏捷团队已经属于成熟阶段。在这个阶段，项目经理的管理方式为授权式，授权团队自己独立开展工作，完成任务，领导者几乎不加指点。因此，本题的最佳答案是D选项。

A选项，计划驱动一般适用于预测型项目。

B选项，题干已经指出敏捷团队经验丰富，不需要再进行判断了。

C选项，敏捷团队已经成立，一般不轻易调整。

【正确答案】D

【考法解读】开发团队的自组织管理选项一般会出现"鼓励团队作出决定""自行组织和管理""自主决定""允许团队""授权团队"等选项关键词，而作为"仆人"式领导，也会出现"与团队合作""与团队会面""与团队一起审查"等选项关键词，可以着重和这些与自组织团队有关的关键词结合思考来解相关考法的试题。

（2）自组织团队成员通常都是通才型专家和专职成员。

【例题 11.31】项目负责人被分配到一个新项目，并被要求组建一个有效的五人敏捷团队。如果项目负责人没有限制，他们应该选择哪个团队？

A. 一个团队，其成员具有更综合的能力，可以在不同的任务中进行协作

B. 成员可独立工作并且都是最佳主题专家（SMES）的团队

C. 一个团队，其成员具有不同的技能组合并且在地理上分散

D. 一个团队，其成员具有一般的能力，但喜欢单独工作

【思路解析】本题建议采用排除法。项目负责人分配到一个新项目，要组建一个有效的团队，那么根据选项组建最佳的团队就好。

B 选项，团队个人能力很强但是合作意识不强，更喜欢独立工作；D 选项，团队能力一般而且喜欢单独工作，敏捷中更倡导团队互相协作；C 选项，虽然团队具有不同技能组合的团队成员，但是不能集中办公，不符合敏捷原则。

A 选项，团队成员具有综合能力，同时可以进行协作，实现一加一大于二的效果。

综上所述，本题的最佳答案是 A 选项。

【正确答案】A

【例题 11.32】一位项目团队成员生病了，几周内都不能回到项目中。在每日站会上，团队分享了他们的担忧，因为生病的团队成员是他们正在开发的组件中唯一熟练的人。项目经理应该做些什么防止这种情况发生呢？

A. 要求为组件的构建提供可靠的文档

B. 将特定组件的开发外包给另一个团队

C. 在每个组件部分获得一个以上的熟练资源

D. 促进项目期间跨职能知识转移

【思路解析】题干中提到了生病的团队成员是他们正在开发的组件中唯一熟练的人,这位团队成员一旦生病,项目就面临没有合适人力资源可用的风险,不能把希望寄托在一个人身上,应该让多个人力资源熟悉开发所需的技能。

A 选项,本题属于敏捷项目,在敏捷中更注重可用的软件而非文档,且要求该成员自己提供一个文档,无法保证其他成员掌握相应的技术。相比起来,D 选项的知识转移促进了团队之间的交流,更有利于其他成员掌握相应的技能。

B 选项,要首先考虑在团队内部培养能熟练完成的团队成员,因为不一定能找到合适的外包团队。

C 选项,应该优先考虑让团队成员不断地学习和适应,每个组成部分都安排一个以上的熟练资源(资源指人力)会形成庞大的项目团队,也很难找到能熟练完成多个组件的资源,更会付出大量的资源成本。

D 选项,促进项目期间跨职能知识转移,有助于其他团队成员学习和了解所需的技能,避免因一人离开导致项目停滞不前的情况发生。

综上所述,本题的最佳答案是 D 选项。

【正确答案】D

【考法解读】开发团队要求由通才型专家组成的优势主要是可以让开发团队成员之间互相替代,以减轻甚至避免技术壁垒,不会因为某位团队成员缺席导致某项技术/技能缺失,从而导致项目无法正常推进。因此,试题中除了考查通才型专家的基本概念外,还会结合通才型专家的特点,考查团队成员间的知识转移和分享。

(3)自组织团队需要团队成员共同参与和承担责任。

【例题 11.33】一个敏捷团队在迭代中完成了 30 个用户故事中的 29 个。在回顾过程中,一些团队成员指出他们完成了他们的用户故事,然而其中一位团队成员未能完成余下的一个用户故事。敏捷领导者应该做什么?

A. 向团队强调每个成员对他们的故事负责,但团队共同负责完成冲刺
B. 要求团队在下一次迭代计划中解决这个问题,而不是在回顾会议上
C. 建议团队在冲刺开始时根据每个人的优势分配用户故事,以最大限度地提高表现
D. 与产品负责人合作,将用户故事从迭代中删除,因为这些点不能拆分

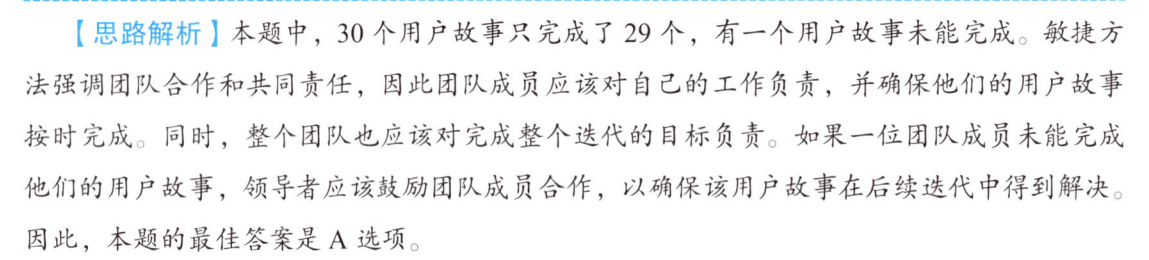

【思路解析】本题中，30个用户故事只完成了29个，有一个用户故事未能完成。敏捷方法强调团队合作和共同责任，因此团队成员应该对自己的工作负责，并确保他们的用户故事按时完成。同时，整个团队也应该对完成整个迭代的目标负责。如果一位团队成员未能完成他们的用户故事，领导者应该鼓励团队成员合作，以确保该用户故事在后续迭代中得到解决。因此，本题的最佳答案是 A 选项。

B 选项，为了避免影响到团队的稳定，应该立刻解决问题，等到下一次迭代计划再解决是不合适的做法。

C 选项，与题干关系不大，并不是团队没有根据成员优势去分配认领任务的问题。

D 选项，该用户故事只是没有及时在迭代中完成，并不是没有价值，直接删除的做法不妥。

【正确答案】A

【考法解读】团队成员共同参与是确保项目成功交付的前提，共同承担责任是解决项目中遇到的问题的保障。

第 12 章　敏捷工件和会议

12.1　敏捷工件

12.1.1　产品待办事项列表

在敏捷中，产品待办事项列表是为产品所识别出的所有需求和其他工作项的一个有序列表。这个列表是动态的，随着项目的进行和新的信息的获取，它会不断地被更新和优化，新的需求可能会被添加到该列表中，而一些低优先级的项目可能会被移除或重新排序。排序的过程需要考虑项目的价值，同时还需要考虑风险、成本等因素。

关于本考点的常见考法如下：

（1）需求发生变动时，通过产品待办事项列表管理需求的变更。★★★★

（2）进行优先级排序，以此确定最大化价值。

考法讲解

（1）需求发生变动时，通过产品待办事项列表管理需求的变更。

【例题 12.1】在一个敏捷中，主要项目利益干系人被解雇并由另一个利益干系人取代。新的利益干系人审查了项目范围并要求进行大量更改，团队认为利益干系人对迄今为止的结果不满意。项目经理应该做什么？

A. 将新需求以高优先级放在产品待办事项列表中，并实施所请求的更改

B. 将新需求放在产品待办事项列表中，并提交正式的变更请求以供批准

C. 将新需求放在产品待办事项列表中，让产品负责人检查它们的价值和优先级

D. 将新需求以低优先级放在产品待办事项列表中，并实施请求的更改

【思路解析】团队认为干系人对迄今为止的结果不满意，提出大量更改，团队首先应该收集干系人的需求，进行优先级排序，从而确定迭代的内容。因此，本题的最佳答案是 C 选项。

A、D 选项，需求的优先级是由产品负责人根据价值和影响等因素作出的判断，不能直接认定为高优先级或者低优先级。

B 选项，提交变更请求并获得审批是预测的做法，在新需求加入产品待办事项列表之后，根据优先级排序即可，不需要额外提供变更请求。

【正确答案】C

【考法解读】在敏捷项目中，需求的变动需要通过产品待办事项列表这一工件实现。出现需求的变动时，通常需要在产品待办事项列表中添加、修改或删除需求，并由产品负责人重新对产品待办事项列表进行优先级排序。

需要注意的是，产品负责人、团队成员、项目经理通常都可以在产品待办事项列表中插入新的事项，但是产品待办事项列表的优先级排列和删除需求，理论上只能由产品负责人来进行。不过，根据现在的考题趋势，如果题目的重点不在于考查各个角色职责的区分，那么需要看哪个做法更能解决问题了，而不是考虑哪个角色有没有权利做这件事（如例题 12.1 所示）。

（2）进行优先级排序，以此确定最大化价值。

【例题 12.2】项目经理是跨职能敏捷团队中的一员。项目经理被分配了一个具有多个功能的软件项目，该项目将花费团队大约一年的时间来完成。首席执行官坚持认为，解决方案需要满足年底的业务目标，也就是 6 个月后的目标。项目经理应该做什么使干系人的需求和期望一致？

A. 与干系人合作，创建优先待办事项列表事项并发布路线图

B. 将要求修改为可在 6 个月内完成

C. 实施快速跟进和赶工活动，在 6 个月内完成项目

D. 在日常 Scrum 会议中包括所有干系人，让他们了解情况

【思路解析】项目被要求从一年的时间缩减至 6 个月，提前一半的时间交付，在这种情况下，很难通过进度压缩工具实现。

A 选项，与干系人合作，了解干系人的需求和期望，并创建优先待办事项列表，在有限的时间内进行最大化价值交付，是可选项。

B 选项，未与干系人沟通协调，直接修改需求不合适。

C 选项，进程缩短一半，直接用进度压缩技术不一定能达到要求。

D 选项，仅让干系人了解情况，也不能解决干系人的需求和期望一致的问题。

综上所述，本题的最佳答案是 A 选项。

【正确答案】A

【考法解读】在敏捷项目中，当项目时长被缩短，或需要尽早完成目标，或需尽快提供高回报率时，在有限的项目时长和成本条件下，关键是快速产出高价值的交付成果。

通过将需求和任务按照其价值和重要性进行排序，可以确保团队首先专注于具有最高价值的工作项。

12.1.2 迭代待办事项列表

在敏捷项目中，迭代待办事项列表是本轮迭代需要完成的工作事项，定义了本次开发的目标，明确了这次开发过程中具体需要完成的任务。在每个迭代周期的开始的迭代规划会议上，团队会根据当前的需求和优先级，和产品负责人一起确定本次迭代需要完成的工作，产出迭代待办事项列表。

关于本考点的常见的考法如下：

迭代待办事项列表一般不会随意改变，首先要确保迭代任务的顺利完成。

考法讲解

迭代待办事项列表一般不会随意改变，首先要确保迭代任务的顺利完成。

【例题 12.3】在一个冲刺期间，一个团队成员发现了一个问题。根据团队成员和产品负责人的说法，这个问题虽比冲刺的其他功能更重要，但并不妨碍完成冲刺。项目负责人应该要求项目团队做什么？

A. 避免做任何改变，把问题留到下一个冲刺来处理

B. 将问题提交给变更控制委员会（CCB），以评估并正式批准处理该问题的计划

C. 只处理这个问题，因为它比同一冲刺剩下的功能优先级更高

D. 遵循冲刺规划，实现为冲刺设定的功能，并在待办事项列表中确定问题的优先级

【思路解析】冲刺期间，团队成员发现了一个比冲刺中其他功能更重要的问题，但这个问题不会妨碍完成本次冲刺。一般情况下，一个冲刺开始，迭代待办事项列表（即本次冲刺要完成的工作）通常不会轻易变动。如果出现其他问题或需求，应先将其放到产品待办事项列表中，然后进行优先级排序，在之后的迭代中完成。因此，本题的最佳答案是 D 选项。

A 选项，虽然题干提到这个问题比冲刺的其他功能更重要，但先要确定该问题的优先级才能确定什么时候完成，不一定因为它就是最高优先级，就需要在下一个冲刺中处理它，因此 A 选项不太合适。

B 选项，敏捷项目中，一般没有严格的变更控制流程，将该问题提交给 CCB 的做法不合适。

C 选项，虽然该问题更重要，但它并不会影响本次迭代工作的完成，在不是非常紧急的情况下，一般优先保证本次迭代工作的完成，只处理该问题，不合适。

【正确答案】D

【考法解读】如果出现障碍或新的需求，通常需要将它们添加至产品待办事项列表中并进行优先级排序，在后续的迭代周期中再执行。

需要注意的是，一般存在两种可以变化的情况：第一种是现在做的事情因为环境变化失去价值了，那么应该把没价值的内容删除，去做下一个优先的有价值的内容；第二种是生死存亡的情况，如出现不可抗力，不响应变更，这个迭代的任何产出都会失去意义，甚至整个项目都要被迫中止。在这两种情况下，可以考虑调整迭代待办事项列表，不过考试中考到这两种情况的题较少。

12.2 敏捷会议

12.2.1 迭代规划会议

迭代规划会议是用于澄清产品待办事项列表中事项的详细信息、验收标准以及确定新一轮迭代要完成的工作内容的会议。会议中会产出迭代待办事项列表。

关于本考点的常见考法如下：

在迭代过程中出现新的任务，可以在下次迭代规划会议上处理。★

考法讲解

在迭代过程中出现新的任务，可以在下次迭代规划会议上处理。

【例题 12.4】在演示过程中，因为法规发生了变化，客户提供反馈并请求新的、紧急的增强功能。敏捷项目经理下一步应该做什么？

A. 与团队一起审查新要求，并要求他们着手处理

B. 将新需求添加到迭代待办事项列表中

C. 在下次迭代计划会议上讨论新需求

D. 在回顾期间讨论新要求

【思路解析】在演示过程中，客户因为法规变化，提出了紧急的新要求，本次迭代工作已经完成，而迭代评审会议主要针对当前迭代中的可交付成果评审，那么最好的办法是在下次迭代规划会议上讨论客户的新需求，因此，本题的最佳答案是 C 选项。

A 选项，在迭代评审会议期间，团队主要还是讨论本次迭代的成果，直接讨论新要求并着手处理，不合适。

B 选项，首先要将客户的新需求添加到产品待办事项列表中，并进行优先级排序，而不是直接添加到迭代待办事项列表中。

D 选项，在回顾会议上一般不讨论新需求。

【正确答案】C

【考法解读】在迭代过程中发现新的功能，一般步骤按优先选择顺序如下：

（1）将新功能添加进产品待办事项列表中。

（2）产品负责人进行排序（有可能在待办事项细化会议上与团队进行讨论）。

（3）在下一次迭代规划会议上再进行集中的讨论。

上述例题，没有步骤（1）和步骤（2），则可以选择步骤（3）。

注意：即使题干中说了该任务是紧急的功能，只要没有强调不处理这个功能会危及整个迭代或整个项目，通常都会在后续迭代中重新处理。

12.2.2 每日站会

每日站会是简短的信息同步会议。会议中，项目团队成员会同步昨天的工作进展、今日

的工作计划及遇到或预见的困难、风险、障碍等信息。

关于本考点的常见考法如下：

（1）出现日常信息壁垒或需要同步信息时，通过召开每日站会实现信息同步。★★★

（2）在团队成员违反每日站会原则时，项目经理需要进行恰当的引导。★

考法讲解

（1）出现日常信息壁垒或需要同步信息时，通过召开每日站会实现信息同步。

【例题 12.5】一家公司开始实施敏捷项目。第一个冲刺大约进行到一半，出现了沟通问题，一些项目团队成员与其他的团队成员不同步。造成这种沟通差距的原因是什么？

A. 项目状态仪表板尚未更新　　　　B. 项目冲刺板未更新

C. 沟通管理计划尚未制定　　　　　D. 没有举行或执行每日站会

【思路解析】冲刺中发现本项目一些团队成员与其他团队成员之间的信息不同步，很有可能是每日站会没有举行。每日站会上团队成员会同步信息，共享问题，每个人轮流回答三个问题："上次站会以来我都完成了什么？""从现在到下一次站会，我计划完成什么？""我的障碍（风险或问题）是什么？"并且在站会上，团队会查看一下看板或者任务板。如果没有举行每日站会，那么团队成员之间的信息共享可能会遇到障碍。因此，本题的最佳答案是 D 选项。

A 选项，项目状态仪表板一般是用于体现项目层面的、高层级的、整体状态的一种工具，用来展示项目整体进度、成本状态。沟通有问题，不一定仅仅是项目状态的问题，不如每日站会有针对性。

B 选项，冲刺板是用于跟踪冲刺进度的一种可视化工具，记录和展示的是一个冲刺内的待办事项和相关信息，相比而言，每日站会对于团队成员之间的信息同步更有针对性。

C 选项，题干中的沟通问题是在冲刺进行到一半时才出现的，如果是沟通管理计划未制定，那么在一开始会出现问题，而不是在中途才发现问题。

【正确答案】D

【考法解读】每日站会的核心在于"信息同步"，如果题干出现了敏捷团队日常信息不同步的问题（工作完成情况、问题和风险的反馈等信息），可能是因为每日站会没有得到恰当的执行，可以考虑坚持每日站会避免这种情况的发生。

（2）在团队成员违反每日站会原则时，项目经理需要进行恰当的引导。

【例题12.6】一名团队成员因为没有完成昨天的任务而在每日站会上被其他人公开批评。敏捷教练首先应该做什么应对这种情况？

A. 强调基本规则，然后集中团队注意力到今天的活动和障碍因素上
B. 让讨论继续下去，因为团队清楚当天的优先事项是很重要的
C. 在下一次冲刺回顾会议中向团队成员发表演讲
D. 通过参照团队章程避免讨论

【思路解析】每日站会是用来沟通当前的工作进度和遇到的障碍的，不应该用于公开批评没有完成任务的团队成员。敏捷教练应该阻止这种行为，并帮助转回到每日站会要做的事情上。

A选项，在每日站会上公开批评其他团队成员显然是不合适的行为，是违背团队的基本规则的，所以敏捷教练需要强调基本规则，以此规范团队成员的行为，关注每日站会的重点，可选。

B选项，继续讨论与每日站会的原则不符。

C选项，冲刺回顾会议是一次迭代的结束，在冲刺回顾会议上再来解决问题可能过晚。

D选项，做法问题不大，但是没有A选项的落脚点清晰，所以A选项更合适。

综上所述，本题的最佳答案是A选项。

【正确答案】A

【考法解读】在题干信息中，如果有团队成员违反了每日站会基本原则，项目经理需要及时引导成员遵守规则。题目中通常有这些违反每日站会基本原则的场景：对同步的问题进行展开讨论（每日站会只同步信息，不会讨论具体的解决方案）、在会议上发生冲突、迟到、不参会、打断会议等。

12.2.3 迭代评审会议

迭代评审会议在一轮迭代工作结束时举行，会议中，团队会展示本轮迭代的成果，并获得评审和反馈。

关于本考点的常见考法如下：

迭代评审会议的内容和作用。★★★★

考法讲解

迭代评审会议的内容和作用。

【例题 12.7】团队负责一个敏捷项目，为客户开发一个新的产品，在进行项目规划时，因为客户的技术要求并不具体详尽，项目经理尝试确定一种方式向客户展示产品价值，项目经理应该怎么做可以让客户了解可交付成果的价值？

A. 向客户展示每个迭代周期内的燃尽图

B. 在每个迭代报告中包含计划价值（PV）的内容

C. 在每个冲刺结束时向客户演示产品功能

D. 为客户制定每个冲刺的详细工作计划

【思路解析】要让客户了解交付的价值，一种比较好的做法是直接让客户看到产品是怎样工作、怎样为客户带来价值。因此，本题的最佳答案是 C 选项。

A 选项，燃尽图可以帮助客户了解项目进展情况，但与可交付成果的价值联系不大，不合适。

B 选项，计划价值是事先预计的，不能代表可交付成果的实际价值，不合适。

D 选项，敏捷项目中提倡响应变化，详细的计划不符合敏捷原则，而且直观的演示比文字描述更能帮助体现产品如何创造价值，不合适。

【正确答案】C

【例题 12.8】项目经理的客户不熟悉敏捷型方法，当客户发现项目将使用敏捷型方法时，开始担心会牺牲产品质量。项目经理应该做什么？

A. 确保客户和交付团队在项目开始时就完成的定义（definition of done，DoD）达成一致

B. 邀请客户参加每日站会，以更好地了解产品设计和进步

C. 确保团队定期向该客户展示产品功能，以收集反馈并根据需要进行改进

D. 邀请客户参加定期的迭代计划会议，以更好地了解项目的进度

【思路解析】根据题干，客户担心最终的产品质量会不符合自己的期望，那么项目经理需要让客户坚定对最终产品的质量的信心。

A 选项，敏捷是拥抱变化的，一些需求在开发过程中逐渐清晰明确，在项目开始时，不能确定好项目中的所有用户故事，也就不能完全确定它们的 DoD，不合适。

B 选项，每日站会用来同步信息，在每日站会上可以了解到项目近期的进展情况，不一定能了解到产品设计和进步情况，不合适。

C 选项，定期向客户展示产品功能，进行评审，收集客户的反馈并根据客户的需求进行改进，这样能让客户及时了解产品功能的完成情况，如果有不符合期望的地方，可以及时给予反馈进行调整，并能在后续的评审中确认是否修正，能让客户对产品质量更有信心，是一个合适的措施。

D 选项，迭代计划会议是确定这个迭代内需要完成的用户故事，了解本次迭代要完成的功能，只是了解进度计划，不能确保功能最终的完成情况，依然不能有效消除客户的担心，不合适。

综上所述，本题的最佳答案是 C 选项。

【正确答案】C

【考法解读】迭代评审会议的核心在于展示成果和价值，并获得评审和反馈，当题干出现"需要了解产出成果的价值、需要获得客户的反馈"等相关信息时，通常可以定位到"迭代评审会议"。

12.2.4 迭代回顾会议

迭代回顾会议在迭代评审会议之后举行，会议中会回顾本轮迭代所积累的经验和教训，并为下一轮迭代提出改进计划。

关于本考点的常见考法如下：

迭代回顾会议的内容和作用。★★★★

考法讲解

迭代回顾会议的内容和作用。

【例题 12.9】一个项目团队最近完成了为车队管理系统开发两个功能的冲刺，虽然项目团队提供了所需的功能，但在冲刺过程中遇到了一些问题和冲突。团队成员对这次经历感到不安，现在由于所发生的事情而表现出缺乏动力。项目经理应该怎么做来帮助提高项目团队成员对项目的积极性和参与度？

A. 与项目团队成员一起审查冲刺进度

B. 与项目团队成员一起进行冲刺回顾

C. 与项目团队成员召开一对一会议

D. 与项目团队成员一起审查冲刺规划程序

【思路解析】团队在冲刺的过程中遇到问题和冲突，导致缺乏动力，要提高他们的积极性和参与度，就要帮助他们解决这些问题和冲突，同时想办法尽量避免以后发生类似的情况。这些工作可以在回顾会议上进行，因为回顾会议可以帮助团队检视自身，制定改进计划。因此，本题的最佳答案是 B 选项。

A 选项，题干的问题与进度没有太大关系，与题干不符。

C 选项，题干没有指明是团队成员单独遇到的问题，对共性问题可以一起开会讨论，没有必要一对一开会。

D 选项，团队成员缺乏动力并不是规划工作做得不好导致的，与题干不符。

【正确答案】B

【考法解读】迭代回顾会议的核心在于"改进"二字，当题干中出现"团队在本次迭代过程遇到了问题、团队生产力下降、团队速度下降"等相关问题时，通常可以定位到迭代回顾会议上，在回顾会议上探讨问题的原因，并提出解决方案。

需要注意的是，针对团队当下出现的问题，如果有及时面对面沟通讨论的选项，可以优选。但是，如果四个选项中都没有这类的选项，就可以考虑选项中关于回顾会议的选项。

第 13 章 敏捷项目管理阶段框架

13.1 构想阶段

产品愿景、项目章程、团队章程

产品愿景是对正在开发的产品或服务的未来状态的描述，它通常是一个长期的、宏伟的、激励人心的目标，是对于产品的长期愿景和目标的表述。产品愿景需要包含对于产品的核心价值、愿景和目标的描述，以及为了实现愿景和目标所需要的各种特性和要求的描述。

敏捷型项目章程和预测型项目章程总体目标一致，只是详细程度和假设条件会有一些差别。敏捷型项目章程框架更粗略，内容更少，不涉及具体将要怎么做，一般来说项目章程中会包含项目愿景。

团队章程是团队需共同遵守的行为准则，是团队社会契约，为提供指导原则、规则并指导团队成员行为的方针政策。

关于本考点的常见考法如下：

（1）产品愿景的内容和作用。
（2）敏捷型项目章程的内容和作用。
（3）通过建立/审查团队章程解决问题。★★

考法讲解

（1）产品愿景的内容和作用。

【例题 13.1】项目团队的八名成员已经在项目中工作了很长时间，期间项目范围发生重大变化的同时产品负责人也发生了多次变化。项目团队成员感觉已经和项目脱节，项目经理应该做些什么确保团队与目标保持一致？

A. 发送业务需求详细描述的电子邮件给项目团队成员
B. 和项目团队成员一起审查项目章程的内容
C. 促进对项目愿景的讨论

D. 要求新产品负责人说明本项目的重要性

【思路解析】项目范围发生了重大变化，而且产品负责人也发生了多次变化，团队成员感觉到对项目的迷茫，且感觉已经和项目脱节。为了让团队和项目保持一致，应该及时和团队成员以及其他干系人一起讨论项目愿景的内容。因此，本题的最佳答案是 C 选项。

A 选项，业务需求可能会发生改变，而且发送邮件的方式并没有当面沟通的效果好。

B 选项，项目章程的内容很多，虽然也包含了项目愿景的内容，但是不够聚焦。

D 选项，目前团队遇到的并不是成员不清楚项目重要性的问题。

【正确答案】C

【考法解读】产品愿景是对产品的长期愿景和目标的表述。当干系人或团队对方向感到迷茫时，可以关注与愿景相关的选项。另外，为了避免产品的期望得不到满足，可以事先就愿景达成一致。

（2）敏捷型项目章程的内容和作用。

【例题 13.2】项目经理加入一个新的敏捷项目中。他发现由于缺少对项目目标和"已完成"定义的明确定义，项目团队成员遇到了很多阻碍。同时，发起人不断要求实现更多功能，而且项目并没有完成。项目经理应该怎么做才能避免这些问题？

A. 说服产品负责人多与团队接触并寻找解决问题的方案

B. 说服项目发起人纳入质量管理专家，以便对产品进行测试并验收为已完成

C. 安排会议讨论以保证项目管理计划中包含所有必要任务

D. 安排会议和关键干系人讨论，建立敏捷项目章程并为项目设定明确的期望

【思路解析】团队成员遇到了很多阻碍，因为不清楚项目的目标和"已完成"的具体定义，但是新的功能要求又不断增加。为了避免问题发生，且为了确保团队成员清楚项目的目标和"已完成"的具体定义，可以安排会议和关键干系人讨论制定项目章程，并明确项目的目的和期望。题干中所述的问题，很可能是没有制定敏捷章程导致的。因此，本题的最佳答案是 D 选项。

A 选项，在敏捷项目中，项目经理作为服务式领导不应该将问题交给产品负责人解决。

B 选项，质量管理专家无法验收"已完成"的定义，该工作属于产品负责人的职责。

C 选项，敏捷项目的范围并不是确定的，所以可能无法制定完善的项目管理计划，并不能保证所有活动都包含在内。

【正确答案】D

> **Tips**
> 完成的定义（DoD）是为了考虑可交付物能供客户使用，且须达到所有准则的检查清单。由产品负责人进行确认和审查可交付物是否满足 DoD。在敏捷项目章程中包括成功标准，定义了项目达到什么标准才能算成功，这一标准可用于验收项目。

【考法解读】敏捷项目章程同样可以解决设定期望和目标的问题，但是相比产品愿景，项目章程包括的内容更多，对于期望和目标的针对性不够。因此遇到重点在期望和目标的试题时，产品愿景的优先级会更高；但遇到包括其他高层级问题在内的试题时，项目章程的优先级会更高。

（3）通过建立/审查团队章程解决问题。

【例题 13.3】已指派一名项目经理管理多个敏捷项目团队。项目经理想要授权团队并使他们自组织，应该怎么做才能创造一个积极的环境？

A. 复制另一个项目建立的基本规则并将其提供给团队

B. 提取组织的政策和流程，对其进行定制，并将它们交给团队以遵守

C. 帮助团队建立和遵守基本规则，并定期重新审视

D. 建立团队基本规则并与团队分享以严格遵守

【思路解析】在敏捷项目中，项目经理想要授权团队并使他们自组织，应该如何创造一个积极的环境，四个选项皆是围绕团队的基本规则这一点进行阐述的。

A 选项，直接复制其他项目团队的规则不合适，项目和人员都是独特的，直接复制在很大程度上可能不适用。

B、D 选项，项目经理制定规则交付给团队遵守，没有考虑过团队本身的意见，没有 C 选项合适。

C 选项，项目经理对团队建立自己的基本规则提供支持并定期进行审视，团队成员自己参与了基本规则的制定，团队更容易接受和适应，也更符合项目经理想要自我管理这一特性。

综上所述，本题的最佳答案是 C 选项。

【正确答案】C

【考法解读】团队章程是通过建立并遵守团队基本规则为团队营造积极的环境，团队章程应由团队成员制定并积极维护，并由项目经理进行监督。团队成员违反团队章程时，项目经理应该进行提醒。

13.2 推测阶段

13.2.1 洋葱圈规划

敏捷洋葱圈是一种渐进明细的滚动式规划。

关于本考点的常见考法如下：

（1）洋葱圈/滚动式规划的内容和层级。

（2）产品路线图的作用。

考法讲解

（1）洋葱圈/滚动式规划的内容和层级。

【例题 13.4】（多选）一家公司的领导团队已决定使用敏捷方法投资新产品。商业和产品团队已开始为这家新公司进行规划活动。项目经理需要哪三个关键因素才能交付此产品？

A. 高层级产品待办事项　　　　　　　B. 产品愿景　　　　　　　C. 产品路线图

D. 进度绩效指标（SPI）　　　　　　　E. 关键绩效指标（KPI）

【思路解析】进行规划活动，需要三个关键因素才能交付产品。

A 选项，产品待办事项列表要符合 DEEP 原则，详略得当，不应仅包含高层级的用户故事。

B 选项，产品愿景中包含了项目的总体目标、目标群体、大概的产品类型功能以及用户价值，因为生产的产品是需要符合项目目标的，所以产品愿景是影响产品交付的因素之一。

C 选项，产品路线图类似于高级里程碑，也就是某个阶段需要达到的期望状态，我们会根据这个阶段交付特定的内容，这也是影响产品交付的重要因素之一。

D 选项，SPI 是衡量项目进度的指标，是项目实际进度与计划进度之间的比率。SPI 可以帮助项目经理和团队了解项目进度的表现，以及是否按计划进行。

E选项，KPI是衡量项目成功的关键指标，可以是任何与项目目标相关的指标，如成本、进度、质量、客户满意度等。KPI可以帮助项目经理和团队了解项目的目标与表现，并为项目管理提供一个可量化的标准。与D、E选项相比，KPI衡量得更加全面，并且可以帮助项目团队了解项目或产品的绩效，并指导项目或产品的改进。

综上所述，产品的成功需要考虑的因素包括产品愿景、产品路线图、关键绩效指标等，这些因素可以帮助团队了解产品的目标和方向，并规划产品的交付。B、C、E三项是影响产品交付的三个关键因素。

【正确答案】B、C、E

【考法解读】敏捷洋葱圈的规划是从外到内的，它会有不同的圈层，有大计划、小计划。根据所需规划的颗粒度大小，选择合适的规划层级，如图13.1所示。

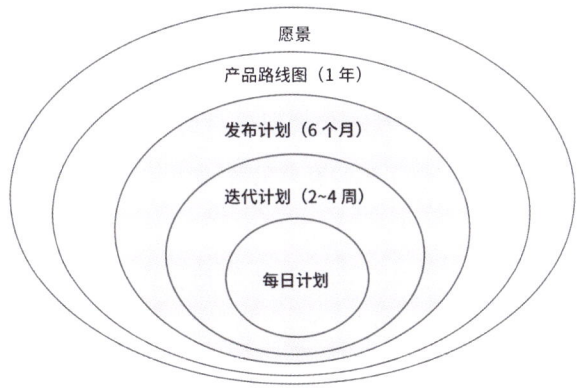

图13.1 敏捷洋葱圈规划

（2）产品路线图的作用。

【例题13.5】一位高级管理团队成员联系了一位敏捷项目负责人，并提到高级经理认为当前版本中会包含的某些功能没有包括在内。敏捷项目负责人应该做什么？

A.邀请高级经理参加下一次计划会议

B.将产品路线图发送给高级经理

C.向高级经理保证这些功能将在下一次迭代中排队

D.与团队会面，了解为什么不包括高级经理的功能

【思路解析】迭代中的版本功能是项目团队根据经过优先级排序的产品待办事项列表得到的，而产品待办事项列表的优先级排序是基于产品愿景以及里程碑规划，再根据提供给客户的价值来确定的。所以这里高级经理认为当前版本中未包含某些功能，肯定也是经过这些分析后决定不纳入当前版本的。那么，现在项目负责人肯定需要解决高级经理的疑惑，让他明白为什么不包含在其中。而产品路线图是根据愿景来制定的，关于版本的发布规划也会在其中得到体现，可以将其发送给高级经理，让他了解项目的规划。因此，本题的最佳答案是B选项。

A选项，下一次计划会议也就是下一次迭代规划会议，内容都是针对下一次迭代内容的描述，无法解决关于本次版本未包含某些功能的疑惑。

C选项，功能是否会在下一次迭代中进行，是需要经过优先级排序后才能确定的，所以这里直接说这些功能可以在一次迭代中排队是不太合适的。

D选项，团队是根据产品待办事项列表进行迭代安排的，这个也是基于项目愿景进行的，与团队会面，虽然可以了解到团队对迭代规划的原因，但并不能直接解决高级经理的困惑。相比之下，B选项提供了一种更为直接和有效的方法。

【正确答案】B

【考法解读】产品路线图是产品需求的整体规划，通过愿景形成了产品路线图，类似于高级的里程碑，再细分就到了发布计划。因此，想要了解各版本中分别包含哪些功能或需求，可以从产品路线图中了解。

13.2.2 最小可行产品

最小可行产品（minimum viable product，MVP）是指在产品开发过程中，推出一个具有基本功能和特性的版本，以最少的工作量和资源满足用户的核心需求。

关于本考点的常见考法如下：

（1）最小可行产品的作用。★★★

（2）最小可行产品与原型法的对比。

（3）利用最小可行产品快速获得市场或客户的反馈。★★

考法讲解

（1）最小可行产品的作用。

【例题13.6】一家公司希望成为其行业的先驱，并宣布了一种新的创新产品的发布日期。在第一次迭代计划之后，团队意识到不可能在要求的时间内交付所有功能。项目经理应该怎么做才能确保成功？

A. 协助团队在发布日期之前定义最小可行产品（MVP）

B. 安排与干系人的会议以审查应急计划

C. 要求客户减少产品待办事项，以满足发布日期

D. 提高团队按时交付已完成的待办事项的能力

【思路解析】项目在第一次迭代计划之后，团队意识到不可能在要求的时间内交付所有功能。在这种情况下，应定义最小可行产品，先完成产品一些重要的功能，以建立一个可用的并可以推向市场的产品，实现预期交付。再逐步完善更多的功能。因此，本题的最佳答案是 A 选项。

B 选项，敏捷更重实践，审查计划只能查看有没有相应的应急措施，而 A 选项是实施具体的方案，所以 A 选项更合适。

C 选项，产品待办事项列表的删减是产品负责人的工作，不应由客户负责。

D 选项，提高的是团队按时交付已完成待办事项的能力，可以在一定程度上提高团队的速度，但团队速度是有限制的，不一定能百分百解决不能按时交付的问题。

【正确答案】A

【考法解读】在敏捷项目中，在进度紧张或成本限制时，可以使用 MVP 推出具有核心功能的产品解决这个问题。当干系人的需求不明确时，可以通过一起定义 MVP 验证干系人的需求。

（2）最小可行产品与原型法的对比。

【例题13.7】一家公司决定调查一种新产品的可行性。项目经理负责验证客户需求。项目经理应该如何收集客户反馈？

A. 让团队创建具有所有功能的原型　　B. 让营销部门创建调查

C. 让产品负责人创建产品文档　　　　D. 让团队创建一个最小可行产品（MVP）

【思路解析】要验证用户需求，敏捷项目通常会采用原型法，通过快速制作一个产品模型验证客户的需求，并收集客户反馈。因此，本题的最佳答案是 A 选项。

B、C 选项，营销部门的调查和创建产品文档没有原型来得直观，而且可能与用户的理解存在差异，需要很多时间反复验证。

D 选项，最小可行产品是可用的，甚至是可以推向市场的产品，在验证客户需求这方面优先级低于原型。

【正确答案】A

【考法解读】最小可行产品（MVP）与原型的最大区别在于 MVP 是一个可用的产品，而原型只是一个模型，优点在于成本低。所以相对于最小可行产品，原型法更适合阐述或验证需求。

（3）利用最小可行产品快速获得市场或客户的反馈。

【例题 13.8】一家公司已经开始开发一种新产品。在执行过程中，项目团队注意到另一个竞争对手已经推出了一款功能非常相似的产品，且市场价格更便宜。为了避免这种情况，应该做哪些不同的事情？

A. 应该发布最小可行产品（MVP），以获得市场的反馈

B. 应该安排更多的待办事项列表的细化会议

C. 应该使用看板方法优化正在进行的工作（WIP）

D. 应该采用迭代型生命周期的办法

【思路解析】新产品在开发执行过程中注意到竞争对手已经推出了一款功能相似、价格更便宜的产品。题干问的是在过去怎么做才能避免现在的这种情况。

A 选项，可选，通过发布 MVP 可以尽早发布产品，抢占市场先机并获得用户反馈。

B 选项，题干并没有说明待办事项的细化存在问题，而且细化了待办事项列表也不一定对避免这种情况有帮助。

C 选项，优化工作增加价值也是应该要做的事情，但对于尽快推出产品没有帮助。

D 选项，迭代生命周期方法交付频次低，但题干中设定的情况更偏向于尽早推出产品，需要尽快获取反馈，本题中的迭代方式不如 A 选项合适。

综上所述，本题的最佳答案是 A 选项。

【正确答案】A

【考法解读】最小可行产品（MVP）可以快速获得市场或用户的反馈以满足用户期望。

13.2.3 敏捷发布计划

敏捷发布计划基于项目路线图和产品发展愿景，提供了高度概括的发布进度时间轴（通常是 3～6 个月）。同时，敏捷发布计划还确定了发布的迭代或冲刺次数，使产品负责人和团队能够决定需要开发的内容，并基于业务目标、依赖关系和障碍因素确定达到产品放行所需的时间。

关于本考点的常见考法如下：

敏捷发布计划的内容及作用。★

考法讲解

敏捷发布计划的内容及作用。

【例题 13.9】一位产品负责人从与几个关键干系人的会议中回来，他们表示有兴趣了解更多关于项目进展的信息。产品负责人正在寻求项目经理关于如何处理此请求的建议。项目经理应该做什么帮助产品负责人？

A. 概述已完成的功能和发布计划，并获取对未来干系人参与的期望

B. 邀请产品负责人参加未来的演示，并让他们提供反馈

C. 提供对最新用户验收测试（UAT）环境的访问权限，以便他们查看解决方案

D. 提醒产品负责人的责任，并建议产品负责人确定适当的后续步骤

【思路解析】产品负责人通过会议了解到项目的关键干系人有兴趣了解更多关于项目进展方面的信息。

A 选项，为干系人概述已完成的功能和发布计划，使干系人了解项目已完成的可交付成果以及未来将要实现的功能和完成功能的时间点，能够满足干系人对于了解项目进展信息的需求，可选。

B 选项，本身就是由产品负责人来主持的评审会议，本选项的描述不恰当。同时本题中是关键干系人想要了解更多关于项目进展的信息，因此更应该邀请这些干系人参加会议，而且不仅是未来进行演示，也要告知当前的进展情况。因此本选项不合适。

C 选项，用户验收测试不能为干系人提供项目进展的信息。

D 选项，过于空泛，没有实际帮助产品负责人使干系人了解项目进展的信息。

综上所述，本题的最佳答案是 A 选项。

【正确答案】A

【考法解读】发布计划（规划）是比产品路线图细分一级的产品长期规划，相比产品路线图会进一步分解发布产品特性或功能的方式和时间，所以需要了解项目的大致进展情况时，可以参考发布计划。发布计划是动态的，如有需要，可以审查和调整发布计划，以适应项目情况。

13.2.4 用户故事

1. 用户故事完成的定义

用户故事是敏捷开发方法中用来描述软件系统需求的一种技术。它通常由三方面组成：用户角色、用户需求以及业务目标。用户故事是在需求分析和规划阶段中用来理解用户需求、确认业务目标、确定优先级和规划迭代的重要工具。

为确保用户故事能够满足用户的需求和期望，应明确用户故事的验收标准，即用户故事完成的定义（DoD）。

关于本考点的常见考法如下：

（1）用 DoD 确保产品增量满足期望。★★★

（2）DoD 由产品负责人确定和使用。

考法讲解

（1）用 DoD 确保产品增量满足期望。

【例题 13.10】在每个迭代中向客户交付增值功能时，项目团队的表现非常出色。但是，他们缺少文档部分，项目经理必须找到一种方法确保文档保持最新。项目经理应该采取什么行动？

A. 创建一个特定的 Sprint 交付项目文档

B. 在项目期间分配一个专门的资源来处理文档

C. 使文档成为完成的定义（DoD）的标准部分

D. 交付功能后专注于文档

【思路解析】敏捷项目中不是完全不要文档，而是适量可用文档，并非详尽的文档。

A 选项，一般不会创建一个特定的迭代交付文档，最好是同步已有文档。

B 选项，一般不会专门安排一个资源来处理文档。首先，一个资源不可能参加所有功能开发，对于每个功能都不会非常了解，因此相比之下让开发人员自己编写相应功能的文档更加合适；其次，专门安排一个资源处理文档容易造成资源浪费。

C 选项，使文档成为完成的定义（DoD）的标准部分能够提高开发团队对文档的重视程度，确保文档的及时性和质量，是可行的措施。

D 选项，容易造成资源的浪费并且容易导致遗漏，不合适。

综上所述，本题的最佳答案是 C 选项。

【正确答案】C

【例题 13.11】敏捷团队要为一个金融公司开发一个项目，项目发起人对敏捷方法能否支持组织的合规标准表现出了担忧，为了降低这个风险，减轻发起人的担忧，项目经理应该采取什么行动方案？

A. 建议组建合规审查委员会，在发布之前对所有产品功能进行审查

B. 与合规团队进行沟通，让他们负责理解需求并维护需求的优先级

C. 确保同行业评审时，也包含合规性要求，为项目创建两级安全保障

D. 与合规团队见面，并确保他们的需求包含在每个用户故事的已完成的定义（DoD）中

【思路解析】发起人对敏捷方法能否满足合规标准有担忧，要解决这个担忧，就要使产品符合组织的合规标准，合规标准是产品功能应该满足的要求，即验收标准。因此，本题的最佳答案是 D 选项。

A 选项，对产品功能进行审查的是产品负责人和客户，不需要额外组建合规审查委员会，这样会浪费资源。

B 选项，敏捷团队中，负责和客户对接理解需求与维护需求优先级的是产品负责人，而不是其他角色。

C 选项，现在的重点是要保证本项目的产品符合合规标准，与同行之间的联系不大，在验收标准中加入这个要求更直接明确，也更能解决这个问题。因此，C 选项没有 D 选项合适。

【正确答案】D

【考法解读】通过提前确定 DoD 可以确保产品交付时满足各种相关需求，包括质量、合规、特性等。

（2）DoD 由产品负责人确定和使用。

【例题 13.12】产品负责人受邀参加迭代评审会议。在审查结束时，产品负责人说增量已准备好交付给客户。对于产品负责人的说法，项目经理应该得出什么结论？

  A. 产品负责人信任团队并将产品标记为完整

  B. 产品负责人不了解团队在产品增量中所做的事情

  C. 产品负责人将不向客户进行演示就发布产品

  D. 产品负责人根据 DoD 对产品进行了评估

【思路解析】产品负责人已经准备迭代增量交付给客户，说明产品负责人已经对迭代增量进行了审查评估，确认迭代增量符合 DoD。因此，本题的最佳答案是 D 选项。

  A 选项，不能因为信任团队就忽视了自己的工作职责，产品负责人应该对迭代增量进行评估。

  B 选项，无法从题干中得出该结论。

  C 选项，题干中只说产品负责人说增量已准备好交付给客户，无法确定产品负责人是否将向客户进行演示。

【正确答案】D

【考法解读】敏捷项目中的需求是产品负责人管理的，用户故事也由产品负责人负责验收，因此，作为一个判断任务是否完成的工具，DoD 也会由产品负责人来确定以及使用其对产品增量进行评估。

2. 故事点估算和计划扑克

  故事点是用于表达用户故事、特性或其他工作的总体大小的度量单位。一般情况下，它反映了一个故事的相对大小，可简单看成工作量大小。

  计划扑克是故事点估算的方法之一。由开发团队的成员参与，每个人都会得到一套特殊的扑克牌，每张牌上都有一个数字代表相对规模，如 1、2、3、5、8 等。在评估过程中，首先每个任务或用户故事都会被描述出来；然后所有参与者同时选出一张牌代表对该任务的估算，直到达成一个一致的估算结果为止，团队一起来讨论这些估计值，尤其对异常值（最高的和最低的）要着重讨论；若未能达成一致，就进行下一轮估算与讨论，如此反复，直到达成一个一致的估算结果为止。

关于本考点的常见考法如下：

（1）计划扑克的内容及用法。★

（2）故事点估算。

考法讲解

（1）计划扑克的内容及用法。

【例题 13.13】项目团队完成了许多迭代，但没有适当调整用户故事的大小。在某些迭代中，团队调整了一些用户故事的大小并提前完成了，而在其他迭代中，团队调整了用户故事的大小，但无法完成计划的活动。团队应该怎么做以便在规划下一次迭代时会有所"不同"？

A. 要求产品负责人和团队协调人提供用户故事的大小

B. 平均每个团队成员为一个用户故事提供故事点

C. 继续多轮计划扑克并得出用户故事的大小

D. 与不同的团队估算并得出用户故事的规模

【思路解析】团队要在下一次迭代时有所"不同"，其实就是希望能够调整用户故事的大小，以便能按计划完成项目活动。要估算用户故事的大小，可以使用亲和估算、计划扑克等技术，而计划扑克的过程如下。

（1）每个游戏参加者按自己的理解估计这个用户故事对应的故事点，从自己手里的牌中选一张数字合适的牌，同时亮牌。

（2）游戏参加者各自解释自己选择这个数字的原因，数字最大和最小的人必须发言。

（3）根据每个游戏参加者的解释，重新估计故事点并再次出牌，直到大家的估计值比较平均和接近为止。

因此，要正确估算用户故事大小，可继续多轮估算，正确的答案是 C 选项。

A 选项，用户故事的大小是团队估算得到的，不是产品负责人或团队协调人提供的数据。

B 选项，故事点的估算是多轮估算，直到最后大家的估算值比较接近为止，不是直接取平均值，直接取平均值受最大值和最小值的影响比较大，不太准确。

D 选项，不同团队对用户故事的理解不同，估算标准也不一样，一般是同一个团队，也就是完成该用户故事的团队进行估算的，不会与别的团队一起进行估算。

【正确答案】C

【考法解读】计划扑克可以多轮进行提高估算的准确性，并且可以确保所有团队成员的参与，还可以根据题目对比几种估算方式的区别，选择计划扑克进行估算。

(2) 故事点估算。

【例题 13.14】有新项目需要紧急提交资金审批。该项目将使用一项新技术，对该组织至关重要。整个 Scrum 团队已经在多个项目上合作了三年多，并在批准的预算下交付了上一个项目。在这种情况下，项目经理应该采用哪种估算技术？

A. 预算级估算　　　　B. 确定性估算　　　　C. 故事点　　　　D. 数量级

【思路解析】Scrum 团队是一个敏捷团队，而且该项目使用的新技术对组织至关重要。在这种情况下，应该使用敏捷项目管理中的故事点评估技术申请资金预算。因此，本题的最佳答案是 C 选项。

A、B、D 选项，预算级估算、确定性估算和数量级估算都是对于项目的估算等级，不是一种估算技术。

【正确答案】C

【考法解读】此类考法比较简单，敏捷的成本大多是人力成本，大多只需估算工作量即可，所以看到敏捷关键词的估算相关试题可以重点关注故事点估算。

3. 分解用户故事

当用户故事太大，无法在一次迭代内完成时，需要对其进行分解，确保分解所得的每个用户故事都有其价值。用户故事应该具有合适的颗粒度，以便于团队能够更准确地对工作量进行估算，更早交付解决方案中价值最高的那部分。

关于本考点的常见考法如下：

分解用户故事，减小故事规模以服务于项目工作。

> **考法讲解**

分解用户故事，减小故事规模以服务于项目工作。

【例题 13.15】敏捷团队在执行迭代工作的过程中发现，他们无法在第一次冲刺中完全完成某个特性，并且该特性在接下来的这个迭代中可能也无法完成，该特性对于客户而言是优先级高的关键功能，项目团队应该怎么做？

A. 缩小特性范围以满足一次迭代完成交付给客户

B. 将特性分解成更小的组成部分，在多次迭代中执行并进行交付

C. 建议客户对功能进行简化，以便实现一次迭代交付

D. 与客户进行沟通，解释他们在一次冲刺中无法完全实现该功能的原因

【思路解析】一个特性在本次迭代中无法完全完成，在接下来的迭代中可能也无法完成，说明这个特性太大，应该进行分解，划分成更小的特性，在多次迭代中分批次执行并交付，这样才能保证每次迭代完成，有可交付成果交付给客户。因此，本题的最佳答案是 B 选项。

A、C 选项，题干中强调这是优先级高的关键功能，还在第一次冲刺中，没有提到进度紧迫，因此缩小范围或简化功能以满足一次迭代完成的要求是不合适的。

D 选项，解释原因不能解决题干问题，不合适。

【正确答案】B

【考法解读】分解用户故事一般适用于用户故事太大难以估算或单个用户故事难以在一次迭代中全部完成等场景。

4. 优先级排序

团队在进行计划活动时，需要根据价值、风险、依赖关系和政治等因素，对用户故事进行优先级排序。

关于本考点的常见考法如下。

（1）用户故事先分析，再排序。★

（2）持续评估用户故事并进行排序。★★

（3）主要根据价值和风险对用户故事进行排序。★★★

考法讲解

（1）用户故事先分析，再排序。

【例题 13.16】敏捷项目的首席项目经理需要确定需求的优先级，定义初始产品的范围，并以一系列多个版本交付批准的范围。项目经理下一步应该做什么？

A. 与产品负责人一起评估需求并确定优先级

B. 要求首席开发人员与干系人召开会议以就有序列表达成一致

C. 确定每个需求的预期收益以最大化整体业务价值

D. 确定优先级基于请求干系人的层次级别的要求

【思路解析】题干提及项目经理需要确定需求的优先级来定义范围，但是需求的优先级需要经过产品负责人的确认，以完成待办事项的优先级评估。因此，本题的最佳答案是 A 选项。

B 选项，只有首席开发人员参与会议不妥，产品待办事项列表的制定应该是整个团队一起参与。

C 选项，在排列优先级时会考虑预期收益，并且排列优先级还会考虑其他因素，如风险等，所以相比于 C 选项，A 选项更合适。

D 选项，需求的优先级应该根据价值来判定，而不是干系人的级别。

【正确答案】A

【考法解读】在对用户故事进行优先级排序之前，应先对其进行分析，再根据分析的结果判断优先级。

（2）持续评估用户故事并进行排序。

【例题 13.17】在敏捷项目执行期间，项目经理失去了一个资源，同时发现了新的需求，这些需求被添加到了待办事项列表中。项目经理接下来应该做什么？

A. 由于速度受到影响，与产品负责人一起重新评估待办事项列表中工作的优先级

B. 重新评估当前迭代的范围，以保持相同的速度和时间线

C. 重新评估项目进度，因为速度将受到资源损失的影响

D. 重新评估速度，因为迭代持续时间将受到新需求的影响

【思路解析】敏捷项目中失去了一个资源，团队的速度可能会受到影响，需要重新考虑团队成员的任务分配问题。同时发现了新需求，应该将其添加到产品待办事项列表中，并进行优先级排序，以保证团队会优先完成价值最大化的工作。因此，本题的最佳答案是A选项。

B选项，速度是根据团队能力评估出来的，少了一个资源，团队完成的用户故事数量会发生变化，不能要求团队一定要保持相同的速度，不合适。

C选项，题干问接下来应该怎么做，新需求放到待办事项列表中，应该先进行优先级排序，这样才能确定哪些需求是必须要做的，哪些需求是优先级低不需要做的，有了这些信息才能评估项目进度，因此本选项不是接下来首先要进行的。

D选项，团队速度是一个冲刺内团队完成的用户故事数或故事点数，与团队的能力、资源的多少有关；新增了需求，与团队速度没有直接关系，所以本选项描述的逻辑关系不正确。

【正确答案】A

【考法解读】在项目开发过程中，总是会遇到需求的增加或价值发生变化、资源添加或离开、成本不足等问题。在敏捷项目中，这些问题一般可通过重新调整产品待办事项列表中工作的优先级来解决。注意，现在的题目更重视能不能解决问题，有时题目所给选项中是由项目经理调整优先级的，虽然在职责归属上有些不妥，但确为所给选项中的最佳解决方案，此时可以将该选项作为最佳答案。

（3）主要根据价值和风险对用户故事进行排序。

【例题13.18】一家公司正在将项目从预测型方法转变为敏捷型方法。首席财务官担心，其中一个敏捷项目对财务部门来说有一个重要的功能，该功能被推迟到以后的迭代中。项目经理应该做些什么来缓和这种情况？

A. 创建一个执行委员会审查产品待办事项列表，并重新计划下一次迭代
B. 向首席财务官澄清优先排序过程是基于商业价值的
C. 请求首席执行官支持处理这种情况
D. 增大团队规模，以符合首席财务官先前的任何期望

【思路解析】题干中，首席财务官对于项目中的一个功能优先级存在担忧，问应该怎么缓和这种情况。

A选项，本题背景是在敏捷转型中，那么对于下一次迭代的规划，需要经过产品负责人

的排序再由团队确认功能在哪一次迭代进行开发。此做法不太符合。

B 选项，功能的优先级是由产品负责人基于价值进行排序的，现在干系人对功能的优先级存在担忧，那么可以将排序过程向干系人解释，以便干系人了解相应的功能价值以及为什么会在后面进行开发，可选。

C 选项，项目中遇到的关于干系人的担忧，优先是项目团队自己去解决，直接请求首席执行官支持，更像上报，不够积极。

D 选项，敏捷团队的规模不会随意改变，并且题干并未表露是由于人手不足导致该功能延后开发。

综上所述，本题的最佳答案是 B 选项。

【正确答案】B

【考法解读】用户故事优先级排序的核心是价值，无论是用户故事的优先级排序，还是风险和障碍因素的优先级排序，都以价值为核心标准。

13.2.5　敏捷风险管理

在敏捷中，消极的风险等同于反价值。如果消极的风险发生了，就要花费时间和资源去应对，同时也会威胁到项目的利益，应尽早规划风险应对措施。

关于本考点的常见考法如下：

（1）敏捷风险管理过程。★

（2）敏捷风险应该持续监督、反馈和评估。

考法讲解

（1）敏捷风险管理过程。

【例题 13.19】一位项目经理最近被任命到一个敏捷项目中，该项目将给公司带来很大的知名度和影响，因此项目管理办公室（PMO）希望项目经理确保能正确地管理风险。项目经理应该做什么？

A．实施敏捷风险宣言，以确保对项目风险进行适当的跟踪、分析和补救

B．要求产品负责人担任风险经理，协助补救风险

C．遵循风险管理过程，同时确保在每次迭代期间识别、分析和管理风险

D. 扮演敏捷风险经理的角色，负责风险管理过程

【思路解析】要正确地管理敏捷项目中的风险，需要采取合适的方法。

A 选项，敏捷风险宣言相当于一种风险管理战略价值观，就是在实施风险管理时需要遵循的一个总体目标。但实施敏捷风险宣言的说法太过抽象，它只告诉我们应该要管理风险，但不会包含怎样正确地管理风险的内容。

B、D 选项，即使任命了风险经理也不能确保他能遵循风险管理过程，不能确保每次迭代都能识别、分析和管理风险，用于确保能正确地管理项目风险不合适。

C 选项，遵循风险管理过程，同时确保在每次迭代期间识别、分析和管理风险方案具有具体的可行性，能相对有效地对风险进行管理，比其他选项更合适。

因此，本题的最佳答案是 C 选项。

【正确答案】C

【考法解读】敏捷风险管理过程同样要遵循识别风险 – 分析风险 – 制定应对措施的流程，也会根据风险严重程度进行优先级排序。

（2）敏捷风险应该持续监督、反馈和评估。

【例题 13.20】某团队是公司中第一个在传统项目中使用敏捷型方法的团队。团队的经理担心风险没有得到管理。团队应该如何定期评估和管理风险？

A. 通过每日站会、迭代演示会议和回顾会议使用定期反馈循环

B. 识别任何已识别的风险并将其上报给协调人以处理

C. 在每次迭代期间更新风险登记册，包含任何未解决的问题

D. 专注于开发可行的可交付成果，而不是记录风险

【思路解析】敏捷团队应该采取适合的方法进行风险的管理和评估。

A 选项，通过每日站会可以尽早识别风险。迭代和回顾会议持续监控风险。在敏捷开发的全生命周期进行并循环进行管理和评估，可以很好地评估和管理风险。

B 选项，敏捷团队是自组织团队，出现问题一般会在团队内部讨论解决。

C 选项，风险登记册记录已识别单个项目风险的详细信息，问题日志将记录和跟进所有问题。

D 选项，没有针对题干的定期评估和管理风险问题采取措施。

综上所述，本题的最佳答案是 A 选项。

【正确答案】A

【考法解读】敏捷风险管理是一个持续的过程，每次迭代都要进行风险管理，包括监督、反馈和评估。

13.3 适应阶段

13.3.1 速度

速度是团队在一次迭代中实际完成功能的故事点大小的总和，可以让团队通过观察历史表现来更准确地规划阶段的能力。

关于本考点的常见考法如下：

（1）不同的团队之间不应比较速度。

（2）根据速度调整计划。★

考法讲解

（1）不同的团队之间不应比较速度。

【例题 13.21】一位项目经理正在管理两个敏捷团队并审查他们的指标，以找出哪个团队表现得更好，那么应该采取哪种方法？

A. 这个问题应该在下一次迭代中作为回顾的一部分来解决

B. 速度较高的团队表现得更好，应该得到奖励

C. 不应比较速度，因为团队对待办事项的估算不同

D. 应该在每次迭代结束时比较两个团队的速度

【思路解析】审查指标找出哪个团队表现得更好，跨团队的速度比较是无用的，因为每个团队的情况不同，故事点的基点也不同，团队对待办事项的估算也不同，所以选择 C 选项。

A 选项，迭代回顾会议可以帮助团队学习、改进和调整过程，而不是找寻如何评价两个团队绩效的方法，做法不合适。

B、D 选项，不同团队之间的速度比较是没有意义的，做法不合适。

【正确答案】C

【考法解读】因为故事点的规模大小是由团队主观设定的，不同的团队对故事点的设定是不同的，所以用不同团队每个迭代完成的故事点作为指标评价他们的表现是毫无意义的。不同的团队之间没办法比较速度，也不应该比较速度。

（2）根据速度调整计划。

【例题 13.22】由于客户减少了预算，两名团队成员最近从一个项目中离职。然而，敏捷团队仍然收到和以前一样甚至更多的工作需求。敏捷项目负责人应该如何解决这种情况？

A.使用新的团队能力更新限制日志　　B.向团队解释新的项目需求

C.与离职的团队成员一起更新项目预算　　D.向客户解释新的团队速度

【思路解析】本题中，敏捷团队减少了两名团队成员，但是仍然收到了和以前一样甚至更多的工作需求。

A 选项，仅仅是更新限制日志无法解决当前的问题。

B 选项，人员减少，工作需求却不变甚至是增加了，敏捷项目负责人需要积极地和客户进行沟通并说明当前的情况，和团队解释新的项目需求无法解决当前的问题。

C 选项，团队成员已经离职，无法和他们一起更新项目预算，且直接更新项目预算也是不合适的。

D 选项，在敏捷项目中，每次冲刺的工作量是根据团队的速度进行规划的，人员的减少通常会导致速度降低。但现在的工作量不变甚至是增加了，这是不合适的。因此敏捷项目负责人向客户进行沟通并说明当前的情况，解释新的团队速度是很有必要的，可选。

综上所述，本题的最佳答案是 D 选项。

【正确答案】D

【考法解读】因为团队人数变化等原因，导致团队速度发生变化时，需要对迭代计划进行相应的调整，以适应新的团队速度。

13.3.2 燃尽图、燃起图

燃尽图和燃起图是敏捷中常用的两种图表，可以用来展示速度、跟踪项目的进度和工作量情况。本质上这两种图表没有区别，都可以展示速度和工作量情况，只是在内容的呈现上有不同。

关于本考点的常见考法如下：

燃尽图、燃起图的作用。★★

考法讲解

燃尽图、燃起图的作用。

【例题 13.23】一位新的敏捷项目经理正试图确定团队在发布计划方面的表现，使用哪种工具可以更深入地了解团队的进度？

A. 发布计划　　　　B. 产品路线图　　　　C. 燃尽图　　　　D. 看板

【思路解析】项目经理需要了解团队的进度，燃尽图是在项目完成之前，是对需要完成工作的一种可视化表示，我们可以通过燃尽图查看已经完成了多少工作，还剩多少工作。因此，本题的最佳答案是 C 选项。

A 选项，发布计划是一个高层级的计划，主要显示发布目标、发布目标时间等信息，无法体现团队进度。

B 选项，产品路线图是产品需求的高层次概述，常用作特性优先级排序、特性分类和粗略实践框架确定工具，无法体现团队进度。

D 选项，看板主要帮助团队了解工作在流程中是如何流动的，颗粒度比较大，无法深入地了解团队完成工作的进度，相对来说，燃尽图更能直观地体现团队的进度。

【正确答案】C

【考法解读】题中出现燃尽图的情况比较多，燃起图较少见。燃烧图分为燃尽图和燃起图。燃烧图有多种颗粒度，如发布燃烧图、迭代燃烧图、季度燃烧图、风险燃烧图。但归根结底燃烧图是对进度和剩余工作量的展示。

第 14 章 其他敏捷实践

14.1 看板实践

14.1.1 限制在制品

在制品（work in progress，WIP）是指进行中的工作。限制在制品是指限制每个环节步骤中的工作项目数，使工作任务能均衡流动。

关于本考点的常见考法如下：

限制在制品以避免任务过重或积压过多。

考法讲解

限制在制品以避免任务过重或积压过多。

【例题 14.1】一个联合应用程序开发模块正处于快速开发阶段，因为该模块需要在类似的时间线上与其他模块集成，所以公司希望在两周内交付，但项目经理发现程序在发布过程中有三周的积压，此时项目经理应该做什么？

A. 让团队朝着更紧迫的最后期限努力，这样整合会更容易

B. 推动团队交付更多，以便根据管理层的要求开发和推出模块

C. 与干系人交谈以解决瓶颈，并了解如何简化整个流程

D. 与团队交谈并放慢当前步伐，以确保团队与发布日期保持一致

【思路解析】项目在发布过程中存在积压的情况，可以考虑采取限制在制品的方式对流程进行优化。C 选项不仅有此方面的考量，而且体现了面对面沟通，符合敏捷原则，因此为最佳答案。

A 选项，后续流程存在积压，应该限制在制品，加快速度的做法会使积压情况更加严重，是不合适的做法。

B 选项，不能解决积压的问题。

D 选项，放慢更偏向于接受积压问题但是并不满足快速交付的要求（两周内交付），因此不选。

【正确答案】C

【考法解读】题干中出现"工作存在积压、在制品过多、出现瓶颈"等描述，可考虑限制在制品的选项。

14.1.2　信息发射源

信息发射源是指能够产生和发出信息的物体、设备或系统，任何能够展示信息的载体都可以称为信息发射源，如看板、燃尽图、燃起图。信息发射源可向组织其余成员提供信息，从而实现及时的知识共享。

看板作为展现工作流的工具，其本身就是信息发射源；而看板管理或实践方法则是一种控制生产流程的敏捷实践工具。

关于本考点的常见考法如下：

通过信息发射源实现信息共享。

考法讲解

通过信息发射源实现信息共享。

【例题 14.2】项目经理负责修建桥梁，使用预测型方法处理项目的高级元素，但负责收回桥梁的软件是基于敏捷原则开发的。在软件开发过程中，由于缺乏信息，工作流经常被各种延迟或障碍打断。项目经理应该如何处理这种情况？

A. 增加回顾以快速交付结果　　　　B. 将小批量的工作纳入项目

C. 使用看板使工作可见　　　　　　D. 应用精益制造来限制团队的工作

【思路解析】根据题干，桥梁项目使用预测型方法处理项目的高级元素，但是收回桥梁的软件是使用敏捷型方法开发的。由此可见，该项目属于混合项目。题目又说到，在软件开发过程中出现了工作流被各种延迟或障碍打断的问题。而问题的发生是因为缺乏信息，那么可以考虑敏捷管理中的看板管理方法，将信息公示，工作流可视化。因此，本题的最佳答案是 C 选项。

A 选项，增加回顾和反思的次数并不一定就能快速交付结果，不太合适。

B 选项，问题发生不是因为工作不够细化，而是信息缺失，信息不够可视化。

D 选项，精益制造的核心是消除浪费，相对而言 C 选项措施更具体。

【正确答案】C

【考法解读】信息发射源的主要作用是信息共享和可视化，既可以对团队内部的团队成员信息共享，也可以对外部干系人信息共享。

14.2 极限编程和结对编程

极限编程（extreme programming，XP）是一种基于频繁交付周期的软件开发方法，关注团队凝聚力、沟通、代码质量和编程。

结对编程（pair programming）是极限编程的核心实践之一，由两个程序员并排坐在一起在同一台机器上构建代码，用处相对较广。在 PMP 中，大多数情况不是结对编写代码，而是结对工作。

关于本考点的常见考法如下：

结对工作有助于在团队成员之间提高技能和经验。

考法讲解

结对工作有助于在团队成员之间提高技能和经验。

【例题 14.3】在一个敏捷项目中，一位团队成员被分配到一个新型应用程序开发工作中，该团队成员表示担忧，因为自己不具备这方面的专业能力，并要求项目经理让在该领域具有专业知识的同行提供支持。请问这时项目经理应该怎么做？

A. 将该团队成员登记到能力建设计划中，并将任务分配给该团队成员

B. 认识到该团队成员的担忧，并将任务重新分配给其他团队成员

C. 要求该团队成员使用技能开发工具，然后将开发转移给其他团队成员

D. 确保该团队成员在整个任务执行过程中与其他团队成员定期举行结对会议

【思路解析】该团队成员不具备该项能力，并表示希望在执行时得到专业同行的支持，因此可以选择结对编程的方式进行。D 选项的做法符合结对编程的方式。

A 选项，一般来说，敏捷项目中的任务是团队成员自行认领的而不是分配的，而且这个做法不能满足成员的需求，不能够在工作时及时获得支持。

B 选项，要培养团队成员，可以为其提供培训和学习的机会，将任务重新分配相对来说是不合适的做法。

C 选项，团队成员不具备该项能力，应该先培养他，将开发转移给其他团队成员的这种做法相对来说也是不合适的。

【正确答案】D

【考法解读】结对工作包括结对会议、结对指导、结对编程等，有助于提升团队成员的技能和经验。

14.3 敏捷扩展框架

敏捷扩展框架（scrum of scrums），是指一种多个团队围绕同一产品实施大规模敏捷开发工作的技术。每个团队的代表会与其他团队代表定期召开会议，其中代表将报告已完成的工作、下一步工作设置、任何当前障碍以及可能会阻碍其他团队的潜在障碍。其目标是确保团队协调工作并清除障碍，以优化所有团队的效率。

关于本考点的常见考法如下：

敏捷扩展框架可以解决多团队之间的协作障碍。

考法讲解

敏捷扩展框架可以解决多团队之间的协作障碍。

【例题 14.4】五个敏捷团队在一个产品上协同工作，最近执行了发布计划。在项目进行到一半时，每个团队都表明自己的进度在正常轨道上。但是当所有团队在产品级别进行集成时，发现许多集成问题，整体产品发布进度随着预测而下降，显示已提交的内容将无法完成。项目经理应该采取哪些不同的做法？

A. 定期执行敏捷扩展框架以帮助团队消除障碍

B. 确保工作的频繁和持续整合，以获得早期反馈和持续学习

C. 成立一个单独的质量保证团队，在每次迭代结束时测试来自每个团队的所有项目

D. 安排了一次关于集成概念的在线会议，并向团队推荐了工具

【思路解析】题干的背景是多个团队围绕同一产品实施大规模敏捷开发工作，所有团队在进行集成时，遇到了一定困难，导致整体产品发布进度的延缓。针对这种情况，项目经理可以考虑使用敏捷扩展框架，因为它是指一种多个团队围绕同一产品实施大规模敏捷开发工作的技术。敏捷扩展框架作为一种会议模式，可以让多个团队讨论自己的工作，尤其关注交叉和集成的领域。因此，本题的最佳答案是 A 选项。

B 选项，所有团队在集成时都遭遇到了一些障碍，仅仅是频繁的工作和持续的整合是无法解决问题的。

C 选项，题干信息和产品质量的关联不大，目前的问题是在集成时遭遇了一定障碍。

D 选项，本题的背景是多个敏捷团队合作完成产品开发工作，既然多个项目有集成，就需要定期去做一些事情，而不是只安排一次在线会议，没有 A 选项合适。

【正确答案】A

【考法解读】敏捷扩展框架用于集成多个在同一产品上工作的敏捷团队的工作，重点在于解决多团队集成协作的障碍。但敏捷扩展框架也常作为多团队试题的干扰选项存在，需要明确敏捷扩展框架的作用是在多团队之间进行协作。

第 15 章 易混淆知识点

15.1 项目集与项目组合的区分

项目集:一组相互关联且被协调管理的项目、子项目集和项目集活动,以便获得分别管理所无法获得的利益。

项目组合:为实现战略目标而组合在一起管理的项目、项目集、子项目组合和运营工作。

区分点:项目集的关键词是依赖、影响、有关联性;项目组合的关键词是战略目标、优先级排序。项目组合中的项目集或项目之间,不一定存在彼此依赖或直接相关。

15.2 事业环境因素与组织过程资产的区分

事业环境因素:项目团队不能控制的,将对项目产生影响、限制或指令作用的各种条件。这些因素可能对项目结果产生积极或消极的影响。

组织过程资产:执行组织所特有并使用的计划、过程、政策、程序和知识库,会影响对具体项目的管理。在整个项目执行期间,项目团队成员可对组织过程资产进行必要的更新和增补。

区分点:事业环境因素是客观存在的、不可选的、对项目有利有弊的;组织过程资产是主观积累的、可选择的、对项目有利的。

15.3 强矩阵、弱矩阵与职能型的区分

强矩阵:在强矩阵型组织结构中,资源均由职能部门所有和控制,每个项目经理根据项目需要向职能部门借用资源。

弱矩阵:弱矩阵型组织保留了职能型组织的大部分特征,其项目经理的角色更像是协调

员或联络员，而非真正的项目经理。

职能型：职能型组织是指组织按职能，以及职能的相似性划分部门，当项目在职能型组织中实施时，项目经理更像是一个协调员，被赋予沟通与协调的职责。项目团队成员直接向他们的上司（职能经理）汇报。

区分点：从项目经理视角出发，项目经理职权大于职能经理的是强矩阵，小于职能经理的是弱矩阵；项目经理没有职权的是职能型。

15.4 PMO 的类型

支持型：担当顾问的角色，向项目提供模板、最佳实践、培训，以及来自其他项目的信息和经验教训。这种类型的 PMO 其实就是一个项目资源库，对项目的控制程度很低。

控制型：不仅为项目提供支持，而且通过各种手段要求项目服从（采用项目管理框架或方法论；使用特定的模板、格式和工具；遵从治理框架），这种类型的 PMO 对项目的控制程度属于中等。

指令型：直接管理和控制项目。项目经理由 PMO 指定并向其报告。这种类型的 PMO 对项目的控制程度很高。

区分点：PMP 考试中默认是支持型。

15.5 项目章程与团队章程的区分

项目章程：由项目启动者或发起人发布的，正式批准项目成立，并授权项目经理使用组织资源开展项目活动的文件。它记录了关于项目和项目预期交付的产品、服务或成果的高层级信息。

团队章程：为团队创建团队价值观、共识和工作指南的文件。团队章程对项目团队成员的可接受行为作出了明确的期望，包括但不限于团队价值观、沟通指南、决策标准和过程、冲突处理过程、会议指南、团队共识。

区分点：想了解项目层面的主要可交付成果，选项目章程；想对团队成员的行为进行约束，选团队章程。

15.6 资源管理计划、责任分配矩阵与 RACI 矩阵的区分

资源管理计划：关于如何分类、分配、管理和释放项目资源的指南。资源管理计划可以根据项目的具体情况分为团队管理计划和实物资源管理计划。

责任分配矩阵（RAM）：把工作内容和相对应的责任人关联起来，以一个表格的方式对工作和人员进行匹配。

RACI 矩阵：责任分配矩阵有一种特殊的情形，即 RACI 矩阵。在 RACI 矩阵中，使用四个字母表示不同的责任角色，即责任执行者（responsible, R）、责任承担者（accountable, A）、咨询者（consulted, C）和知情者（informed, I）。如果团队是由内部和外部人员组成，RACI 矩阵对明确划分角色和职责非常有用。

区分点：如果题干中提到大型复杂项目，成员包含内部和外部人员，想查看角色职责，优先选 RACI 矩阵；没有 RACI 矩阵时，也可以选 RAM；如果 RAM 也没有，可以考虑选资源管理计划。

15.7 塔克曼阶梯理论（规范阶段与成熟阶段的区分）

塔克曼阶梯理论是一种团队发展理论，该理论认为，一个团队从开始到终止是一个不断成长和变化的过程。塔克曼阶梯理论将这个发展过程描述为五个阶段，分别是形成阶段、震荡阶段、规范阶段、成熟阶段和解散阶段。

规范阶段：在这一阶段，随着团队成员之间开始相互信任，团队的信任得以发展；大量地交流信息、观点和感情，合作意识增强，团队成员互相交换看法，并感觉到他们可以自由地、建设性地表达他们的情绪及评论意见。团队经过这个过程后，建立了忠诚和友谊，也有可能建立超出工作范围的友谊。

成熟阶段：在这一阶段，团队根据实际需要，以团队、个人或临时小组的方式进行工作，团队成员之间相互依赖度高。他们经常合作，并在自己的工作任务外尽力相互帮助。团队能感觉到高度授权，如果出现问题，就由适当的团队成员组成临时小组，解决问题，并决定如何实施方案。

区分点：规范阶段的特点是大家尝试开始互相信任和配合；而在成熟阶段大家配合度很

高，彼此非常默契。

15.8 冲突管理（强迫/命令、妥协/调解、缓和/包容与撤退/回避的区分）

强迫/命令：也有文献翻译为强制，是指采用"非赢即输"的方法解决冲突，通过牺牲别人的观点推行自己的观点；认为在冲突中获胜要比勉强保持人际关系更加重要。这是一种积极解决冲突的方式。

妥协/调解：项目经理利用妥协的方法解决冲突，他们讨价还价、寻求解决方法，使冲突双方能在一定程度上满意。协商并寻求冲突双方在一定程度上都满意的方法是该策略的实质。该方法的主要特征是寻求一种折中方案。

缓和/包容：也有文献翻译为圆滑、调和、缓解或安抚。求同存异是该策略的本质，即尽力在冲突中强调意见一致的方面，最大可能地忽视差异；为维持关系和谐而退让一步，考虑其他方的需要。

撤退/回避：卷入冲突的某方从一个实际的或可能的不同意见中撤退或让步，将问题推迟到准备充分的时候，或者将问题推给其他人员去解决。

区分点：强迫/命令——命令、快速、立即决策；妥协/调解——双输，各退一步；缓和/包容——求同存异；撤退/回避——推迟，等待。

15.9 激励与培训的区分

激励：在管理团队的过程中，需要对成员进行适当的认可和鼓励，鼓励时注意"对症下药"，切合被鼓励者的需求和期望。对团队成员的激励可以是内在的，也可以是外在的。内在激励主要与个人内心相关，也与在工作中寻找乐趣相关，而不是与关注奖励有关，如个人成长、成就、对工作的信念、挑战、责任、改变现状、相互关系和谐的需要、自我指导和自主权、成为项目团队的一员。外在激励则主要是围绕外部奖励（如奖金）进行的。

培训：旨在提高项目团队成员能力的全部活动。培训可以是正式或非正式的。培训方式包括课堂培训、在线培训、计算机辅助培训、在岗培训（由其他项目团队成员提供）、辅导等。

区分点：激励侧重于让其想做；培训侧重于让其有能力做。

15.10 干系人登记册、沟通管理计划与干系人参与计划的区分

干系人登记册：在识别干系人后，对干系人的各项基本信息进行收集和评估，并根据信息对干系人进行分类，最终形成的一个可供参考的汇总表。干系人登记册会在整个项目过程中随着干系人的识别随时更新，并需要定期查看最新的内容，保证信息的时效性。

沟通管理计划：指导项目沟通的重要文件，是项目管理计划的一部分。该计划描述将如何对项目沟通进行规划、管理和监控，以提高沟通的有效性。其作用在于让正确的信息在正确的时间通过正确的方式传递给正确的人，达到正确的效果。

干系人参与计划：项目管理计划的组成部分，它会确定策略和行动，用于促进干系人有效参与决策和执行。干系人参与计划包括（但不限于）调动个人或干系人参与的特定策略或方法。

区分点：没有识别到干系人，干系人发生变化首选干系人登记册；干系人参与度有问题需要通过策略管理，首选干系人参与计划；信息传递的问题首选沟通管理计划。

15.11 沟通方法（推式、拉式与交互式的区分）

推式沟通：将信息发送给需要了解信息的特定接收方，是一推到多的单向传输。这种方法能确保信息发布，但不能确保信息到达目标受众，或信息已被目标受众理解。推式沟通包括信件、备忘录、报告、电子邮件、传真、语音邮件、日志和新闻稿等。

拉式沟通：在信息量很大或受众很多的情况下使用，是多去找一地单向传输。它要求接收方自主、自行地获取信息内容。这种方法包括组织内网、在线课程、经验教训数据库和知识库等。

交互式沟通：又称为互动沟通，在双方或多方之间进行多向信息交换。这是确保全体参与者对某一话题达成共识的最有效的方法，包括现场会议、电话、即时通信和视频会议等。

区分点：如果出现了双向的信息传递，选交互式沟通。如果是单向的信息传递，再结合信息的接收方进行二次判断，站在信息的接收方，如果是被动获取，就是推式沟通；如果是自主获取，就是拉式沟通。

15.12 需求管理计划、需求跟踪矩阵与需求文件的区分

需求管理计划：项目管理计划的组成部分，描述将如何分析、记录和管理项目与产品需求。需求管理计划是对项目的需求进行定义、确定、记载、核实管理和控制的行动指南。

需求跟踪矩阵：将产品需求从其来源连接到能满足需求的可交付成果的一种表格。使用需求跟踪矩阵，将每个需求与业务目标或项目目标联系起来，有助于确保每个需求都具有商业价值。

需求文件：描述各种单一的需求将如何满足与项目相关的业务需求。需求文件不是一个文件的名字，需求文件的格式多种多样，在不同的组织中，可能有不同的称呼。需求文件既可以是一份按干系人和优先级分类列出全部需求的简单文件，也可以是一份包括内容提要、细节描述和附件等的详细文件。

区分点：需求管理计划是指导在需求方面如何做（How to do）的指南性文件，其中没有具体的需求；需求跟踪矩阵重在"跟踪"，对每条需求进行实时追踪和更新，从需求一直链接到可交付成果，既有需求又有可交付成果；需求文件是对接干系人，收集各种各样需求的文件，其中只有需求没有可交付成果，记录在需求文件中的需求不一定会做。

15.13 定义范围、确认范围与控制范围的区分

定义范围：制定项目和产品详细描述的过程。定义范围最重要的任务就是详细定义项目的范围边界，范围边界是应该做的工作和不需要进行的工作的分界线。

确认范围：正式验收项目已完成的可交付成果的过程，其主要作用是使验收过程具有客观性，同时，通过验收每个可交付成果，提高最终产品、服务或成果获得验收的可能性。确认范围包括与客户或发起人一起审查可交付成果，确保可交付成果已圆满完成，并获得客户或发起人的正式验收。

控制范围：监督项目和产品的范围状态、管理范围基准变更的过程。对项目范围进行控制，就必须确保所有请求的变更、推荐的纠正措施或预防措施都经过实施整体变更控制过程的处理。在变更实际发生时，也要采用范围控制过程来管理这些变更。

区分点：定义范围是在规划阶段明确范围边界的过程，明确哪些工作是要做的，哪些事

情是不做的。确认范围的英文是 validate scope，理解为正式验收，即检查可交付成果是否满足验收标准，如果满足标准就验收通过，如果不满足标准就验收不通过。控制范围是监督范围边界，确保项目团队做且只做范围以内的事情。如果超出了范围边界，需要走范围的实施整体变更控制过程进行纠偏。

15.14 范围说明书、工作分解结构（WBS）与 WBS 词典的区分

范围说明书：对项目范围、主要可交付成果、假设条件和制约因素的描述。它记录了整个范围，包括项目和产品范围；详细描述了项目的可交付成果；还代表项目干系人之间就项目范围所达成的共识。

工作分解结构（WBS）：以可交付成果为导向的工作层级分解，其分解的对象是项目团队为实现项目目标、提交所需可交付成果而实施的工作。

WBS 词典：针对 WBS 中的每个组件详细描述可交付成果、活动和进度信息的文件。WBS 词典对 WBS 提供支持。

区分点：经过批准的项目范围说明书、WBS 和 WBS 词典，构成了项目的范围基准。从范围说明书到 WBS 再到 WBS 词典，其实是对范围边界进行细化的过程。范围说明书是首次对范围边界进行定义的文件，WBS 会对范围说明书中的可交付成果进行层级细分，分解到最底层是工作包，而 WBS 词典是对 WBS 中的每个工作包进行详细的描述。

15.15 审计、检查与测试的区分

审计：确定项目活动是否遵循了组织和项目的政策、过程与程序的一种结构化且独立的过程。质量审计通常由项目外部的团队开展，如组织内部审计部门、PMO 或组织外部的审计师。

检查：检验工作产品以确定是否符合书面标准。检查的结果通常包括相关的测量数据，可在任何层面上进行。可以检查单个活动的成果，也可以检查项目的最终产品。例如，在建筑项目中对混凝土构件表面平整度、规格（长、宽、高）等方面进行检查。

测试：一种有组织的、结构化的调查，旨在根据项目需求提供有关被测产品或服务质量的客观信息。测试的目的是找出产品或服务中存在的错误、缺陷、漏洞或其他不合规问题。不同应用领域需要不同测试。例如，软件测试可能包括黑盒测试、白盒测试等；在建筑项目中，

测试可能包括混凝土构件的抗压强度测试、混凝土塌落度测试等。

区分点：审计侧重过程合规性，检查关注结果达标性。测试是在过程中检查，用来帮助我们找到问题并发现问题。

15.16 管理质量与控制质量的区分

管理质量：关注管理整个项目期间的质量过程。管理质量是将组织的质量政策用于项目，并将质量管理计划转化为可执行的质量活动的过程。

控制质量：关注工作成果与质量要求的比较，确保结果可接受。控制质量是为了评估绩效，确保项目输出完整、正确且满足客户期望而监督和记录质量管理活动执行结果的过程。

区分点：管理质量侧重于过程；控制质量侧重于结果。

15.17 资源平衡与资源平滑的区分

资源平衡：为了在资源需求与资源供给之间取得平衡，根据资源制约对活动的开始日期和结束日期进行调整的一种技术。如果共享资源或关键资源只在特定时间可用，数量有限，或被过度分配（如一个资源在同一时段内被分配给两个以上活动），就需要进行资源平衡，也可以为保持资源使用量处于均衡水平而进行资源平衡。

资源平滑：对进度模型中的活动进行调整，从而使项目资源需求不超过预定的资源限制的一种技术。当资源有冲突时，将非关键路径上的资源优先分配给关键路径，使非关键活动的开始日期往后推，推后的时间在其总浮动时间的允许范围内。

区分点：资源平衡针对关键路径，会导致工期延误；资源平滑针对非关键路径，不会导致工期延误。

15.18 赶工与快速跟进的区分

赶工：旨在通过增加成本（如资源、资金等）缩短持续时间。赶工包括为活动增加人员、加班或通过付费的方式加快交付速度。

快速跟进：将正常情况下按顺序进行的活动或任务改为至少部分按并行方式开展。快速跟进通常需要在网络路径上应用提前量和滞后量。

区分点：赶工会显著增加成本，快速跟进会带来后期更大的返工风险。

15.19 应急储备与管理储备的区分

应急储备：主要用于应对已经识别的风险。这意味着在风险发生之前，企业或个人已经评估了可能面临的问题，并为此预留了一定的资源。当风险发生时，应急储备将用于解决问题。

管理储备：针对未计划的、范围内的工作而预留的预算类别。这些风险通常没有被预先识别，或者可能在计划之外发生。管理储备旨在确保在这些突发事件发生时，组织有足够的资源应对和解决问题。管理储备可以帮助企业和个人在不确定性较高的环境中保持竞争力。

区分点：应急储备在基准内，不强调走流程使用，针对已知风险；管理储备在基准外，项目经理必须通过走变更流程，来针对未知风险。

15.20 项目预算与成本基准的区分

项目预算：包括成本基准和管理储备。

成本基准：经批准的、按时间段分配的项目预算，不包括任何管理储备，用作与实际结果进行比较的依据，只有通过正式的变更控制程序才能进行变更。

区分点：重点是管理储备，管理储备在项目预算内，但不在成本基准内。

15.21 根本原因分析、因果图/鱼骨图/石川图与帕累托图/柏拉图的区分

根本原因分析：一种确定引起偏差、缺陷或风险的根本原因的分析技术；还可以作为一项技术，用于识别问题的根本原因并解决问题。消除所有根本原因可以杜绝问题再次发生。

因果图/鱼骨图/石川图：是全球广泛采用的一项技术，该技术首先确定结果（质量问题），然后分析造成这种结果的原因。每个分支都代表着可能的差错原因，用于查明质量问题可能所在和设立相应检验点。它可以帮助项目团队事先估计可能会发生哪些质量问题，然后帮助制定解决这些问题的途径和方法。

帕累托图/柏拉图：又称为排列图或主次因素分析图，用于帮助确认问题和对问题进行排

序的一种常用的统计分析工具。核心思想为 80% 的问题经常是由 20% 的原因引起的，寻找诸多因素中最重要的几个因素。

区分点：根本原因分析除了找原因，还会提出建议解决问题；因果图 / 鱼骨图 / 石川图是从各个维度找原因；帕累托图 / 柏拉图强调找主要原因，即二八法则。

15.22　成本效益分析、商业论证与效益管理计划的区分

成本效益分析：用来估算备选方案优势和劣势的财务分析工具，以确定可以创造最佳效益的备选方案。成本效益分析可帮助项目经理确定规划的质量活动是否有效利用了成本。

商业论证：文档化的经济可行性研究报告，用来对尚缺乏充分定义的所选方案的收益进行有效性论证，是启动后续项目管理活动的依据。

效益管理计划：对创造、提高和保持项目效益的过程进行定义的书面文件。

区分点：成本效益分析是工具；商业论证和效益管理计划是早期的立项分析文件，但可以通过成本效益分析得到商业论证和效益管理计划的结果。

15.23　采购工作说明书与工作大纲的区分

采购工作说明书：应力求清晰、完整和简练，内容包括规格、所需数量、质量水平、绩效数据、履约期间、工作地点和其他要求。

工作大纲：对于服务采购，可能会用"工作大纲（TOR）"这个术语。

区分点：根据采购的内容不同，服务类采购用工作大纲；其他类采购用采购工作说明书。考试基本不考工作大纲。

15.24　残余风险与次生风险的区分

残余风险：在实现了新的或增强的安全控制后还剩下的风险，即经过风险处置后剩余的风险。

次生风险：由于实施某风险应对措施而又产生的新风险。

区分点：残余风险没有导致新的风险，而次生风险是带来的新风险。例如，残余风险就

像洗衣服没洗干净的残留泡沫，这个泡沫是可接受的；次生风险就像衣服虽然洗干净了，但用力过猛把衣服洗破了。

15.25 S 曲线（挣值分析与定量风险分析之蒙特卡洛分析的区分）

挣值分析（EVA）：将实际进度和成本绩效与绩效测量基准进行比较。EVA 将范围基准、成本基准和进度基准整合起来，形成绩效测量基准。它是将范围、进度和资源绩效综合起来考虑，以评估项目绩效和进展的方法。EVA 评价曲线为 S 曲线。

定量风险分析之蒙特卡洛分析：一种定量风险分析技术，用于模拟和评估风险对项目目标的潜在影响。它基于随机模型和统计方法，通过多次随机抽样和模拟生成大量可能的结果，并计算每种结果发生的概率。蒙特卡洛分析示意图为 S 曲线。

区分点：挣值分析的 S 曲线是分析项目进度成本绩效的；蒙特卡洛分析的 S 曲线是通过计算机建模量化风险的。

15.26 风险应对：应急计划、弹回计划与权变措施的区分（考试较少涉及）

应急计划：事先制定的一套行动方案，用于应对已经发生或即将发生的风险事件。它通常是在规划阶段或早期阶段制定的，并根据风险评估结果确定。应急计划包括一系列预定义步骤和措施，以帮助团队应对风险事件，并减轻其对项目的影响。它可以包括备用方案、替代资源、紧急采购措施等，以确保项目能够及时应对和恢复。

弹回计划：一种备选计划，用于在主要计划失败或无法实施时采取。它是针对无法应对的风险事件或意外情况而制定的备用方案，通常是在规划阶段或风险发生后制定的，并且在事态无法逆转时才被执行。弹回计划通常包括退回到原始计划的步骤、资源调整、项目范围的缩减或重新评估等。

权变措施：在面对风险事件或问题时采取的临时解决方案，以便项目能够继续推进。它是一种对计划外的情况进行快速响应的策略，旨在解决当前的问题，并维持项目的进展。权变措施可以是临时的、非标准的或临时调整的方法，以弥补风险事件引起的缺陷或延误。权变措施通常是暂时性的，直到找到更合适的解决方案或应用其他应对策略。

区分点：应急计划提供了预先制定的方案来应对风险事件；弹回计划是备用方案，用于主要计划无法实施时的替代方案；而权变措施是针对具体情况的即时应对策略。

15.27 定性风险分析与定量风险分析的区分

定性风险分析：通过系统、科学、严谨地评估单个项目风险发生的概率和可能产生的影响，以及其他可能影响风险的特征，对风险进行优先级排序，为后续的分析或行动提供稳定、可靠、高效的基础过程。本过程的主要作用是可以重点关注那些影响程度较大、发生概率较高的风险，让项目团队能够提前采取有效措施规避、减轻或转移风险，从而使项目成功的可能性大大提高。

定量风险分析：对已识别的单个项目风险及其他不可预测来源对整体项目目标可能产生的影响，进行全面、精确、可靠的定量分析的过程。这一过程的核心目标是对整体项目风险敞口进行量化，并提供额外的定量风险信息，以便支持有效的风险应对规划。

区分点：定性风险分析是排序；定量风险分析是量化风险。这两个步骤不可颠倒，定性在前，定量在后。

15.28 风险管理计划与风险登记册的区分

风险管理计划：作为项目管理计划的核心内容，其主要目标是提供一套详细的指南和策略，指导项目团队如何安排和实施风险管理活动。这份计划应该是全面的，包含所有必要的元素，以确保项目的顺利进行。

风险登记册：用于记录已识别的单个项目风险的详细信息的工具。它是风险管理过程中的一个重要文档，用于跟踪和管理项目中的各种风险。风险登记册是一个动态的文档，随着风险管理过程的进行，它会不断更新和完善。

区分点：风险管理计划无具体风险和风险应对措施；具体风险和风险应对措施都在风险登记册里。

15.29 风险应对策略：规避、减轻与转移的区分

规避：采取措施避免威胁事件的发生，调整项目计划、修改范围或采取其他策略来避免

潜在的风险。例如，在项目计划阶段，发现某个关键供应商存在交货延迟的风险，项目团队决定更换供应商以避免潜在的交付延误。

减轻：采取措施降低威胁事件的概率或影响，通过实施预防措施、应急计划或改进项目管理方法减少风险。例如，项目团队识别到一个关键的人员技能短缺风险，为了减轻风险影响，团队提前进行培训，提升团队成员的技能水平。

转移：将威胁的责任、影响或责任转移给其他方，通常通过购买保险、签订合同或外包等方式来实现。例如，项目团队决定将一部分风险转移到合同中的第三方供应商，通过签订具有适当风险分担作用的合同减轻项目团队的责任。

区分点：规避是从源头掐灭风险的诱因，如修改计划；减轻仅仅是减轻了风险发生的概率或影响；转移一定有第三方出现承担责任。

15.30 问题日志、风险登记册与变更日志的区分

问题日志：一种记录和跟进所有问题的项目文件。

风险登记册：记录已识别单个项目风险的详细信息，主要内容包括已识别单个项目风险、风险责任人、概率、影响、风险评分、商定的风险应对策略，以及具体的应对措施。可能还会提供其他详细信息，包括用于评估应对计划有效性的控制措施、风险的状态和预警信号、残余及次生风险，以及低优先级风险观察清单。

变更日志：包含了整个项目或阶段期间的所有变更请求的状态。变更可以是对任何正式受控的可交付物、项目管理计划组件或项目文件的修改。变更日志用于向受影响的干系人传达变更，以及变更请求的批准、推迟和否决的情况。

区分点：问题日志把问题形成闭环；风险登记册把风险形成闭环；变更日志把变更形成闭环。

15.31 初始的可交付成果、核实的可交付成果与验收的可交付成果的区分

初始的可交付成果：指导与管理项目工作的产出，是未经质量检查的可交付成果。

核实的可交付成果：可交付成果经过控制质量过程，可以得到核实的可交付成果，即已

经完成，并被控制质量过程检查为正确的可交付成果。

验收的可交付成果：在确认范围阶段产出，可包括批准的产品规范、交货收据和工作绩效文件。

区分点：反映的是可交付成果从产出到客户手里的先后顺序。初始的可交付成果经过控制质量，会输出核实的可交付成果。核实的可交付成果通过确认范围（正式验收），会输出验收的可交付成果。

15.32 控制质量、确认范围与收尾的区分

控制质量：为了评估绩效，确保项目输出完整、正确，并满足客户期望而监督和记录质量管理活动执行结果的过程。

确认范围：正式验收项目已完成的可交付成果的过程。其主要作用是使验收过程具有客观性，同时，通过验收每个可交付成果，提高最终产品、服务或成果获得验收的可能性。强调验收项目可交付成果。

收尾：在项目完成后进行总结和评估，记录项目经验和教训，以便在未来类似项目中应用。强调验收产品。

区分点：反映的是可交付成果从产出到客户手里的先后顺序，三种可交付成果（初始的、核实的、验收的）的形态就是这三个子过程组的输出。

15.33 启动会议与开工会议的区分

启动会议（initiating meeting）：发布项目章程，并任命项目经理，赋予项目经理动用组织资源的权力的会议。

开工会议（kick-off meeting）：旨在传达项目目标、获得团队对项目的承诺，以及阐明每个干系人的角色和职责。

区分点：启动会议是启动阶段结束，在有了项目章程后，规划阶段开始之前召开；开工会议是规划阶段结束有了项目管理计划后，执行阶段开始之前召开。

考试一般不考启动会议，但需注意 kick-off meeting 有时会被翻译成启动会，最好仔细看一下英文。

15.34 十大管理计划有内容和无内容的区别

1. 十大管理计划

（1）范围管理计划：描述将如何定义、制定、监督、控制和确认项目范围。

（2）需求管理计划：描述将如何分析、记录和管理需求。

（3）进度管理计划：为制定、监督和控制项目进度建立准则并确定活动。

（4）成本管理计划：描述如何规划、安排和控制成本。

（5）质量管理计划：描述如何实施适用的政策、流程和指南以实现质量目标。

（6）资源管理计划：描述如何获取、分配、监督和控制项目资源。

（7）沟通管理计划：描述项目信息将如何、何时、由谁进行管理和传播。

（8）风险管理计划：说明如何结构化安排与实施风险管理活动。

（9）采购管理计划：说明项目团队将如何从执行组织外部获取物品和服务。

（10）干系人参与计划（干系人参与计划）：为促进干系人有效参与项目决策和执行所需的策略和行动。

2. 偏指南性质的管理计划

（1）范围管理计划：需求管理计划，具体的内容在范围基准和需求文件中。

（2）进度管理计划：具体的内容在进度基准和进度计划中。

（3）成本管理计划：具体的内容在成本基准中。

（4）风险管理计划：具体的信息记录在风险登记册中。

（5）采购管理计划：具体内容在采购工作说明书、供方选择标准等文件中。

（6）变更管理计划：具体变更记录在变更日志中。

3. 有内容的管理计划

（1）质量管理计划：如质量标准、质量目标。

（2）资源管理计划：如角色、职权、如何培训、认可和激励的标准等。

（3）沟通管理计划：如如何确保信息的正确传递。

（4）干系人参与计划（干系人参与计划）：有干系人的管理策略。

15.35 产品待办事项列表、迭代待办事项列表与发布计划的区分

产品待办事项列表：所有工作的有序列表，它以故事形式呈现给团队，价值越大的排在越上面。

迭代待办事项列表：在敏捷开发中，将产品待办事项列表分成若干个迭代周期，在每个迭代周期内需要完成的部分待办事项。所以，迭代待办事项列表本质是本轮迭代需要完成的工作项，定义了本次开发的目标，明确了这次开发过程中具体需要完成的任务。

发布计划：可以发布的版本，它包括的内容会稍微详细和具体，相当于是中等的目标，时间周期大概是数月，如 6 个月做一个发布、8 个月做一个发布。

区分点：产品待办事项列表是整体，内容是粗略的，是一个需求池，没有时间的维度；迭代待办事项列表是部分，内容会更详细，迭代待办事项列表有完成的时间盒限制，在迭代时间盒内要专注于当前迭代任务；发布计划中有要完成的功能和完成的时间，和产品待办事项列表相比有时间的维度。

15.36 用户故事地图、最小可行产品与最小可售功能的区分

用户故事地图：一种用于规划和设计产品的工具。它将用户故事组织成一张地图，以帮助团队更好地理解用户需求、产品功能和优先级。

最小可行产品（MVP）：在最短的时间内，以最小的成本和最少的功能实现，验证产品设计和商业模式的可行性的一种产品开发方法。MVP 通常包括产品的核心功能和最基本的特性，以满足用户最基本的需求和期望。

最小可售功能（MMF）：可以销售获得收益的最小的特性或功能。

区分点：用户故事地图是一个工具，使用用户故事地图可以对用户故事进行分析，从而产出最小可行产品，考查极少；最小可行产品强调运行最核心的功能，关注能否运行，是一个能够使用的版本；最小可售功能更注重产品的市场营销价值，是独立的功能包。一个产品的版本中包含一些功能，最小可行产品中会包含一些功能，但是不会有全部功能。

15.37 迭代规划会议、每日站会、迭代评审会议与迭代回顾会议的区分

迭代规划会议：用于澄清产品待办事项列表中事项的详细信息、验收标准以及确定新一轮迭代要完成的工作内容的会议。会议产出迭代待办事项列表。

每日站会：简短的信息同步会议。会议中，项目团队成员同步昨天进展、今日计划及遇到或预见的困难、风险、障碍等信息。

迭代评审会议：在一轮迭代结束时举行，会议中，团队展示迭代成果，并获得评审。

迭代回顾会议：在迭代评审会议之后举行，回顾本轮迭代所积累的经验和教训，为下一轮迭代提出改进计划。

区分点：迭代规划会议是在规划本轮迭代要完成的内容，在迭代第一天进行；每日站会在迭代的每天都要开展，目的是共享信息，发现问题。迭代评审会议在迭代最后开展，主要内容是对本轮迭代产出的结果进行审查，获得验收；迭代回顾会议是迭代的最后一个会议，对过去的这轮迭代过程进行反思、回顾，总结经验教训，提出改进措施。

15.38 速度与故事点的区分

速度：本次迭代中实际完成功能的故事点大小的总和，让团队得以通过观察历史表现更准确地规划下阶段的能力。

故事点：用于表达用户故事、特性或其他工作的总体大小的度量单位，一般情况下反映了一个用户故事的相对大小，可简单看成工作量大小。

区分点：故事点是用户故事规模大小的单位，速度是一轮迭代中团队实际完成用户故事的故事点大小的总和；速度的单位也是故事点，不过强调已完成的用户故事的故事点。

15.39 故事点估算方法（计划扑克、理想时间估算与宽带德尔菲的区分）

计划扑克：通常需要一个专门的估算会议，由开发团队的成员参与，每个人都会得到一套特殊的扑克牌，每张牌上都有一个数字代表相对规模，如1、2、3、5、8等。在评估过程中，每个任务或用户故事都会被描述出来，然后所有参与者同时选出一张牌代表对该任务的估算，

直到达成一个一致的估算结果为止。如果参与者的估算结果不一致，则他们需要讨论和说明自己的估算理由，以达成共识和一致性。尤其对异常值（最高的和最低的）要着重讨论。最后选择连续几轮的估算。

理想时间估算：理想情况下，剔除所有外围干扰因素之后所需的时间。理想时间可以用来预测实际耗时，且更容易估算。但精确估算成本很高，对于拥抱变化的敏捷项目来说，没必要，也是浪费。

宽带德尔菲：一种基于团队共同参与的估算方法，通常由一组专家组成，他们以匿名方式独立地评估项目中的各种任务和风险，并根据一定的评估标准和方法达成一致的估算结果。一般会进行多轮，直到达成共识。宽带德尔菲的优点在于它可以避免个人偏见和主观因素的影响，同时也能够提高评估的准确性和一致性。缺点是需要投入大量的时间和资源组织和实施，同时也需要专家团队具备足够的领域知识和经验。

区分点：理想时间是以时间为单位的估算。计划扑克和宽带德尔菲是估算的具体技术手段，计划扑克强调共同公开同时给出估算结果，对异常值重点讨论；宽带德尔菲强调专家匿名给出估算结果。

15.40 DoD 与 DoR 的区分

DoD：团队需要满足的所有标准的核对单，只有可交付成果满足该核对单才可以考虑给客户使用。

DoR（definition of ready）：为开始一个任务或功能，需要满足的一组条件或准则。

区分点：DoR 是开始做这个需求前需要满足的条件，是做之前的准备条件；DoD 是这个需求做完后需要满足的要求，是验收的标准。

15.41 已完成与已验收的区分

已完成：用户故事已满足验收标准 DoD。

已验收：满足一系列的标准和流程，客户干系人都确认没问题，完全符合预期并准备好投入使用。

区分点：已完成是自认为已完成；已验收是客户干系人都确认没问题。

附 录

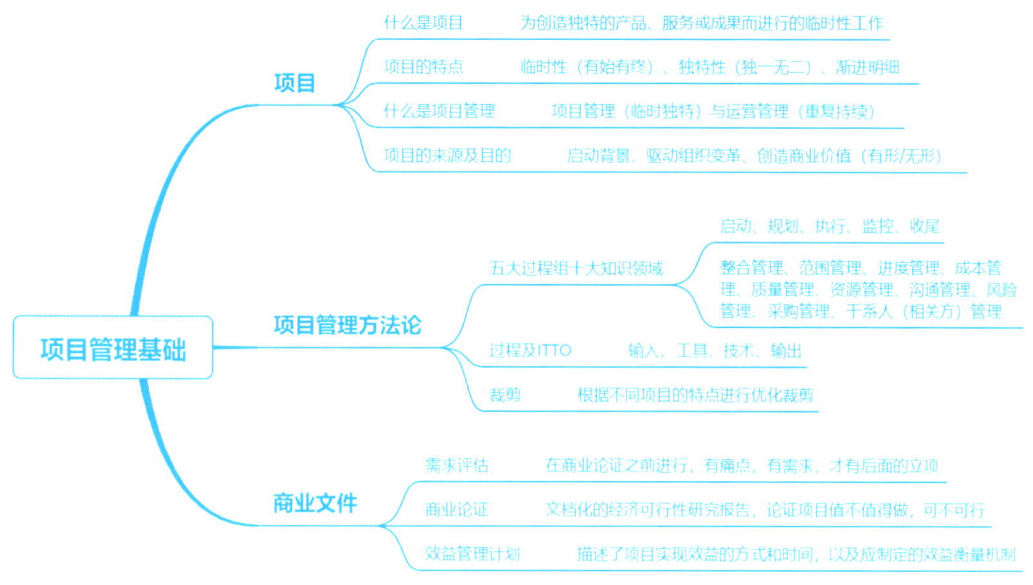

图 1

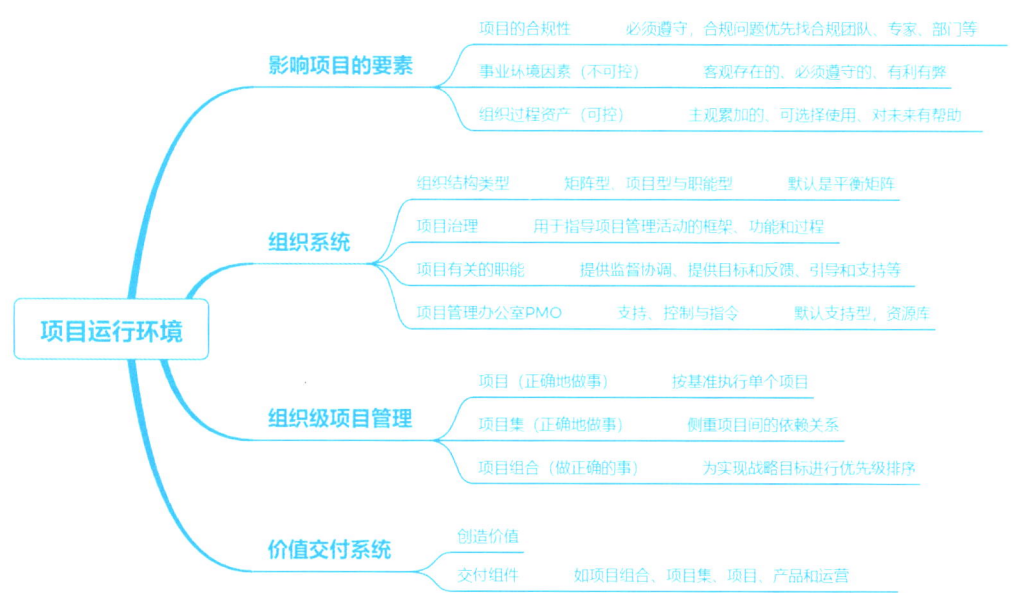

图 2

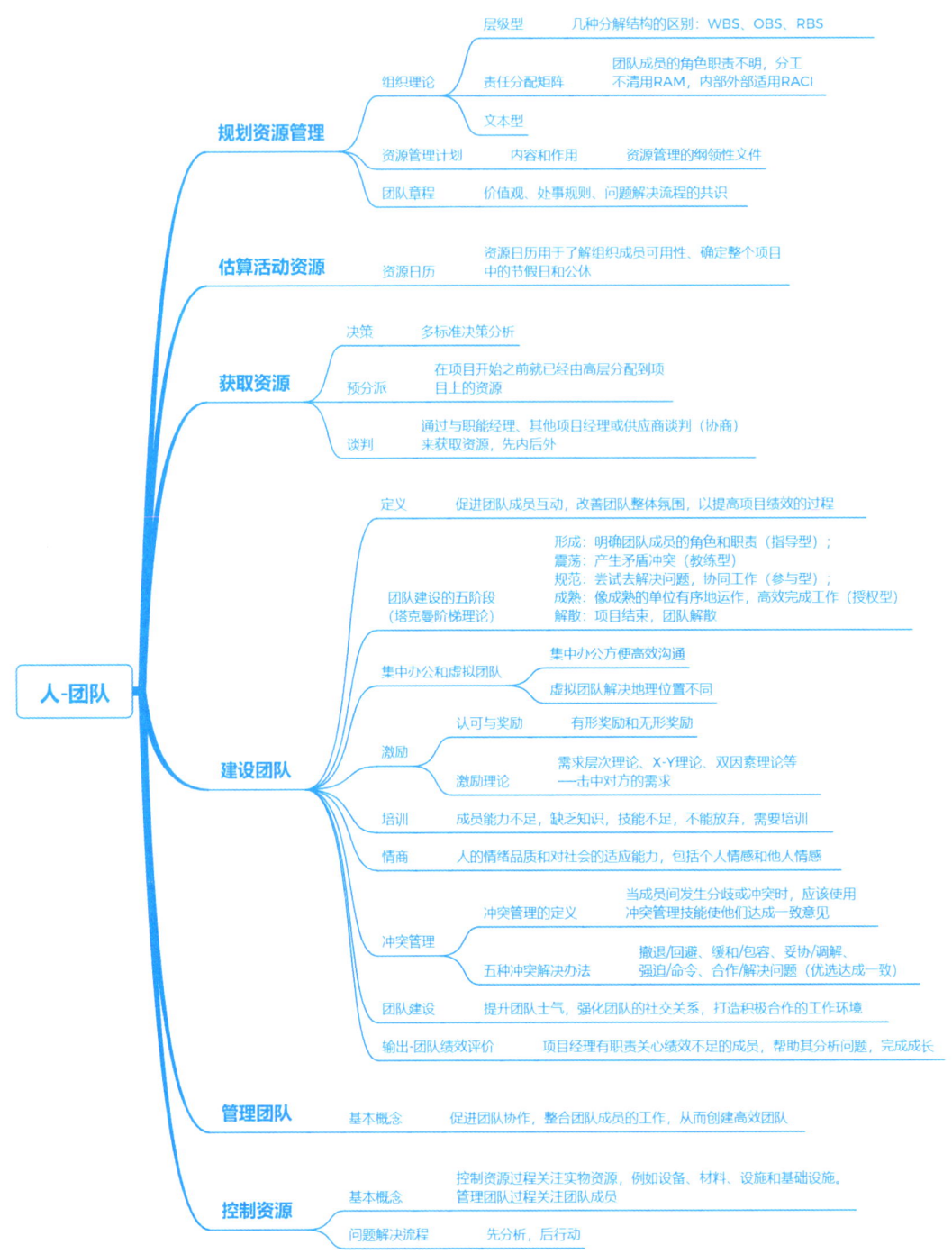

图 3

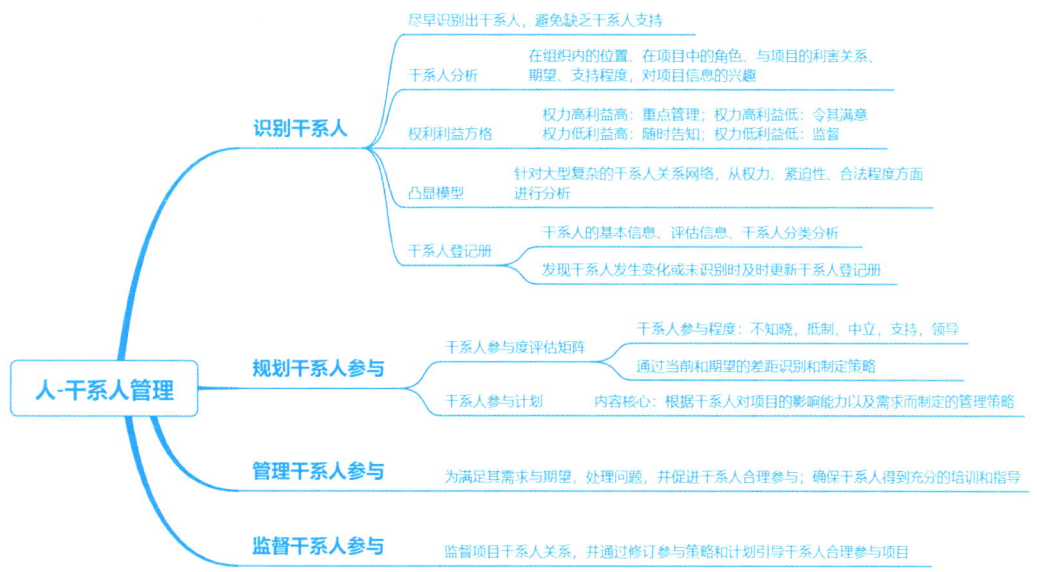

图 4

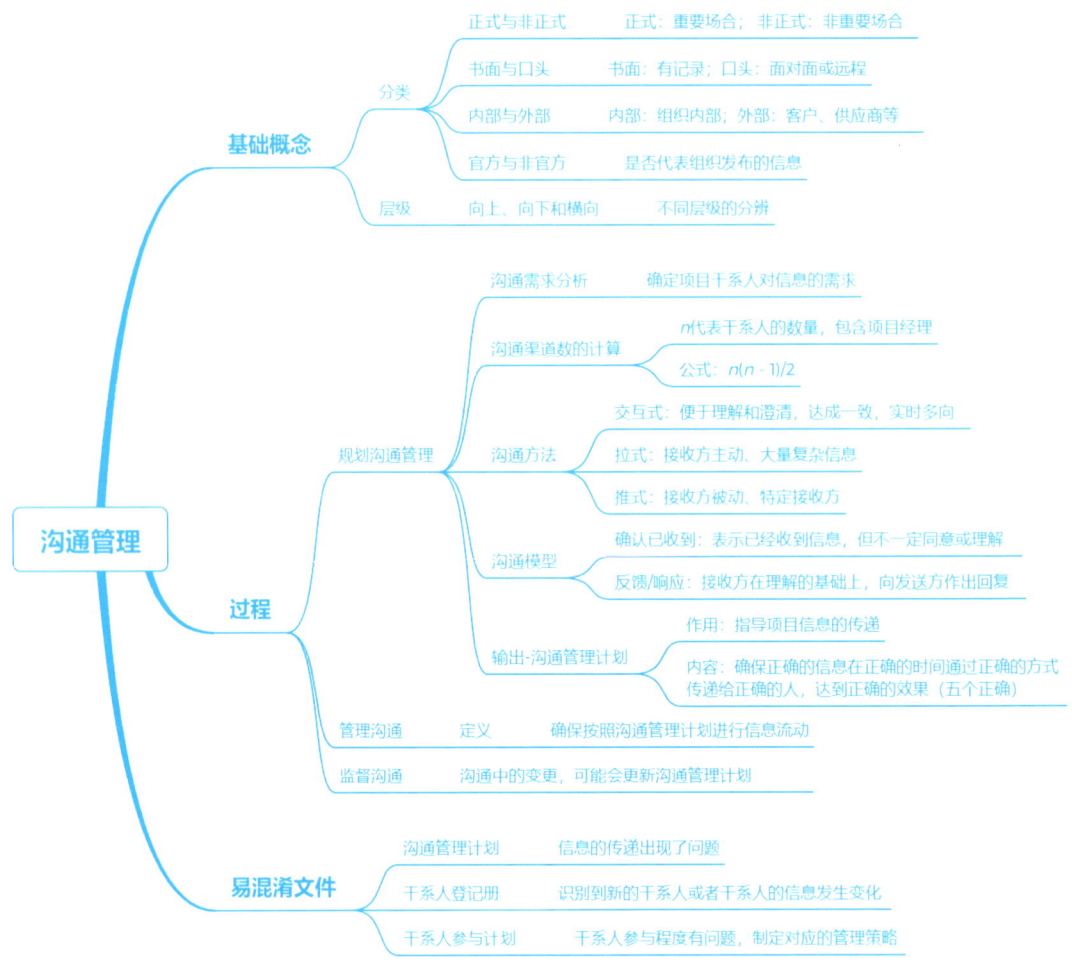

图 5

附　录

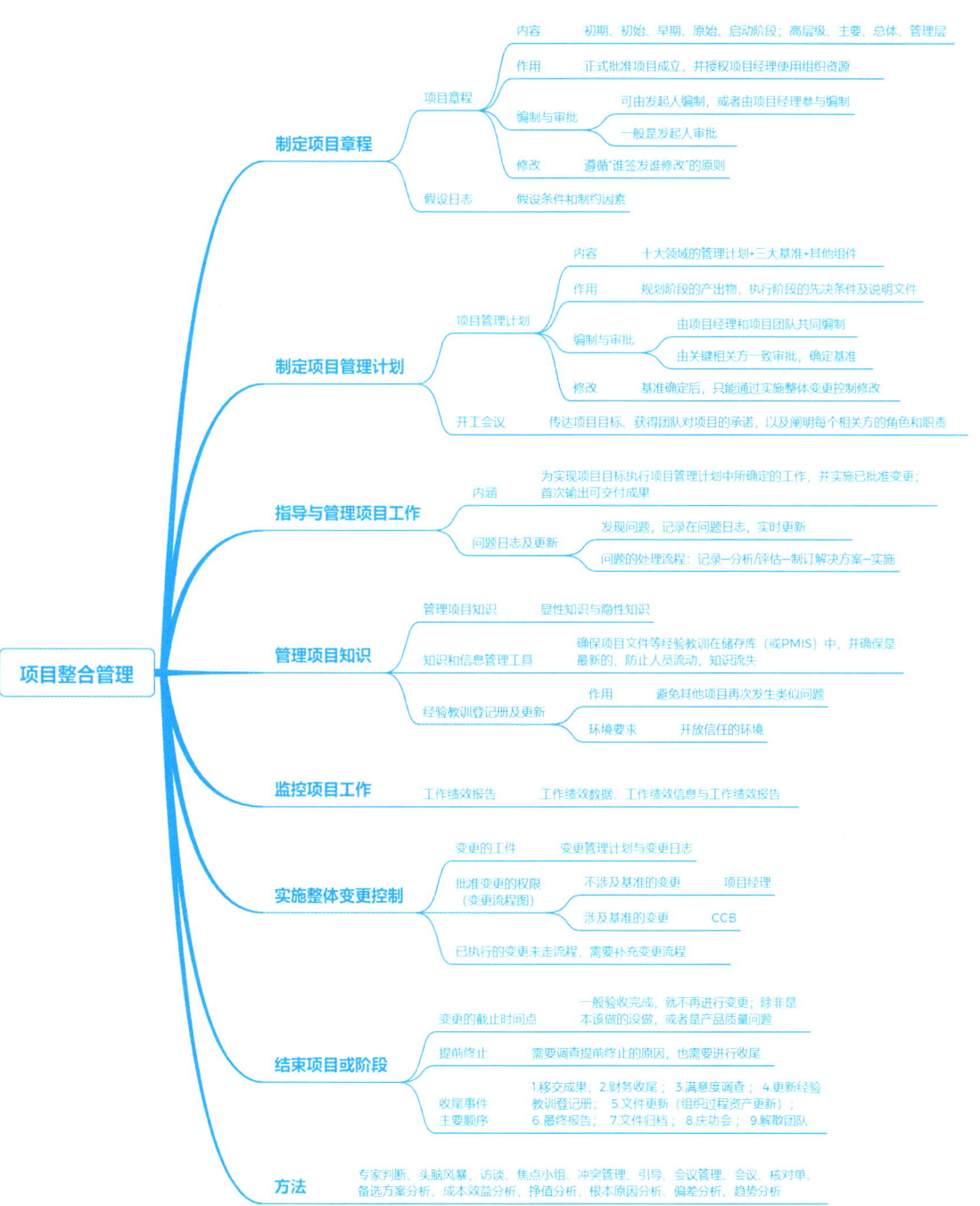

图 6

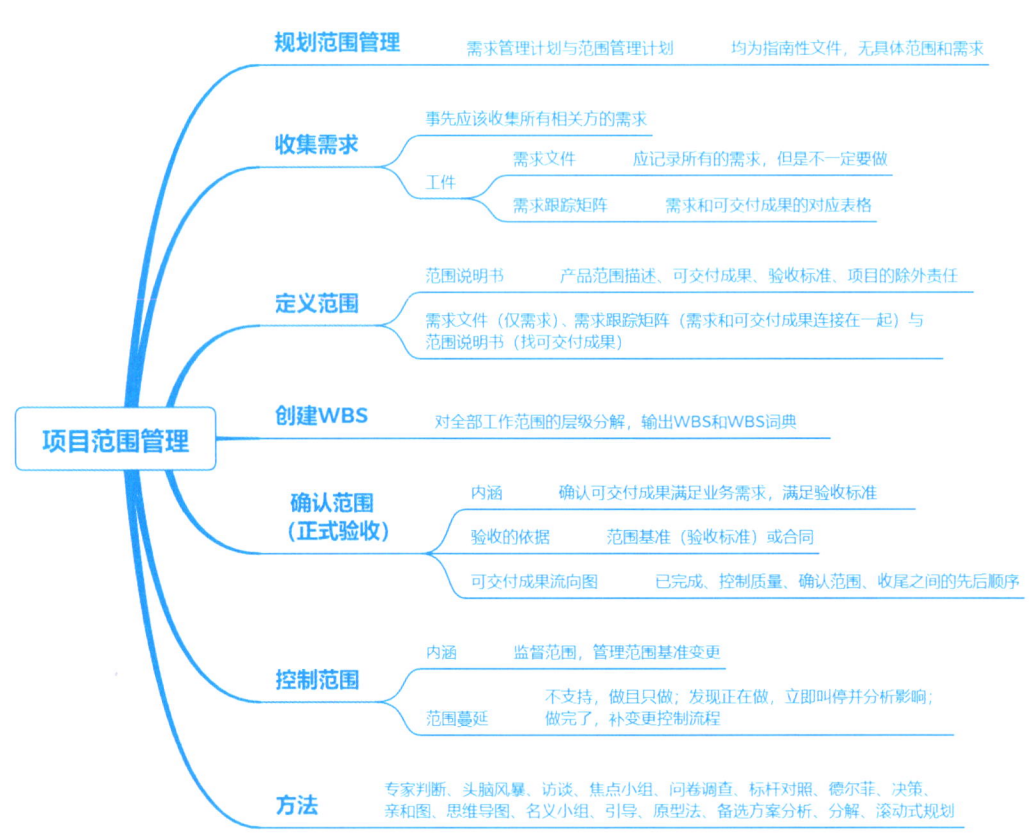

图 7

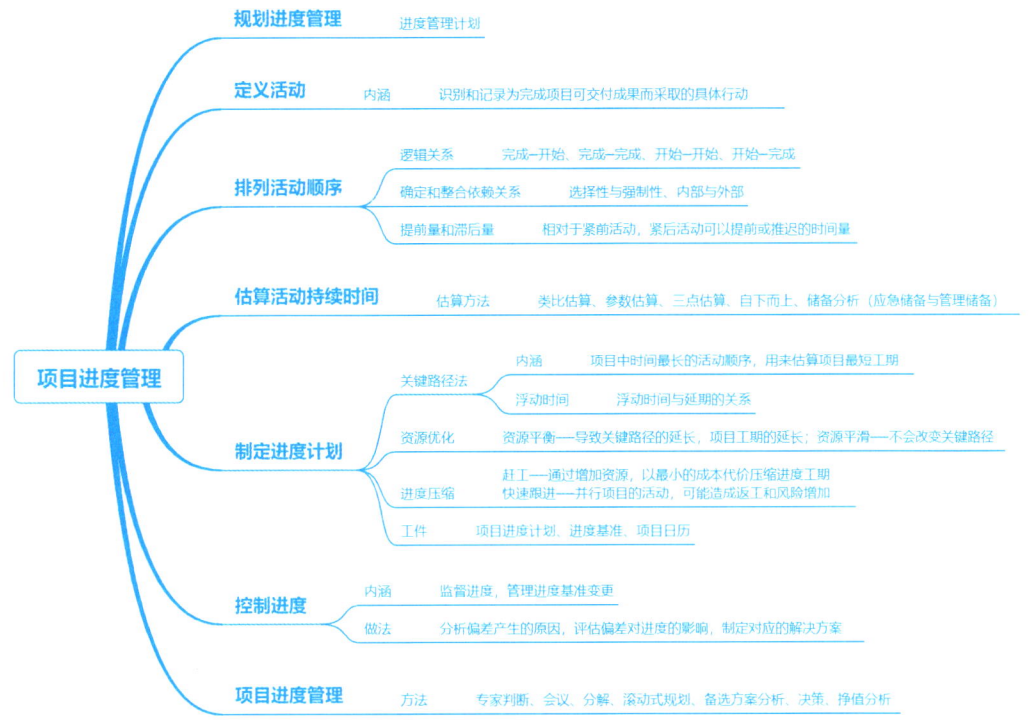

图 8

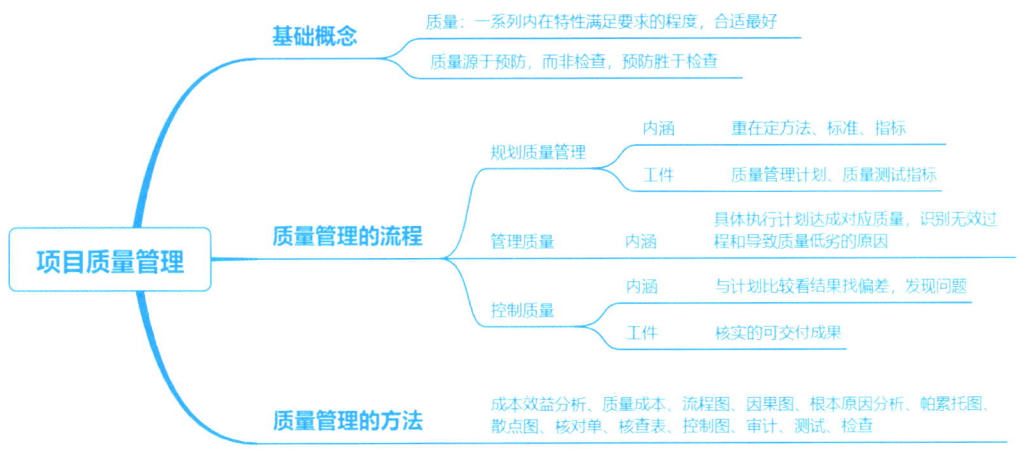

图 9

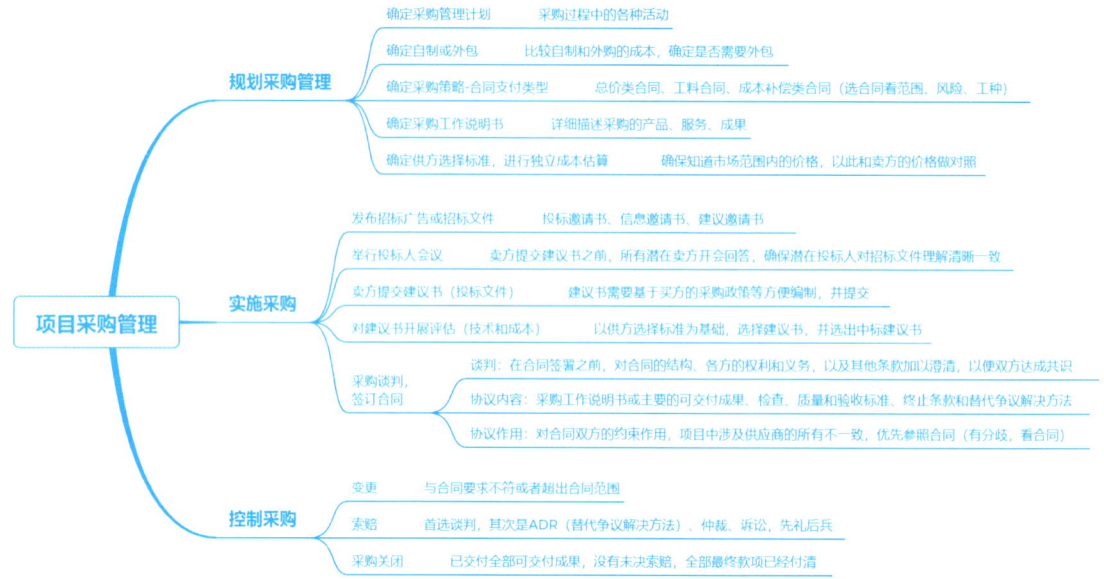

图 10

附　录

图 11

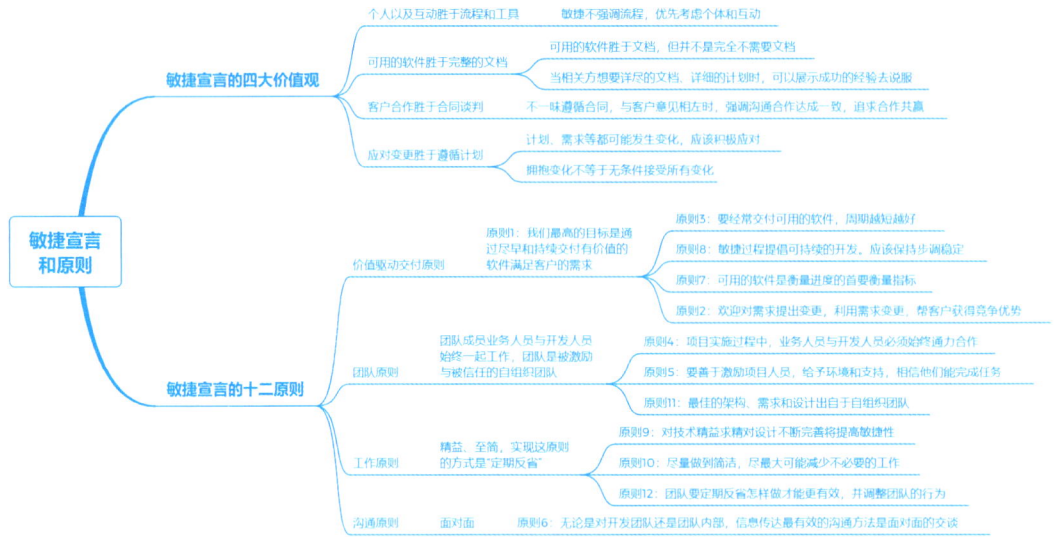

图 12

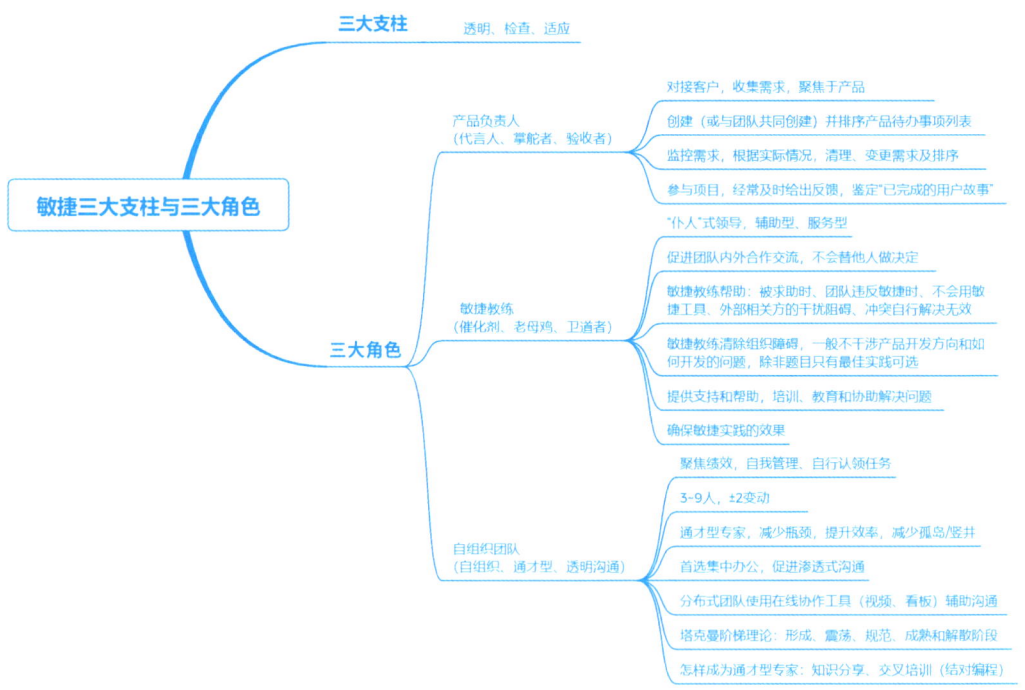

图 13

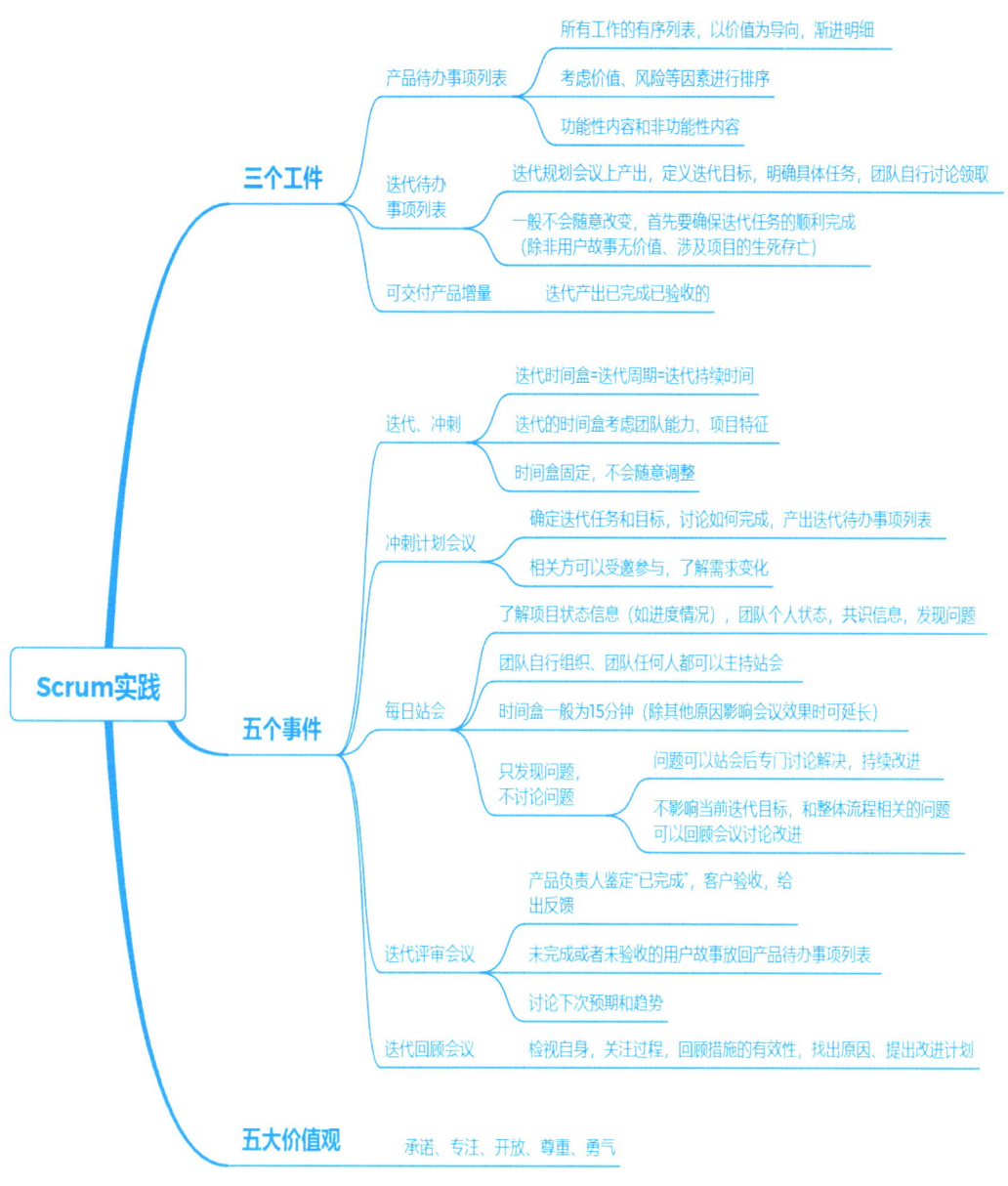

图 14

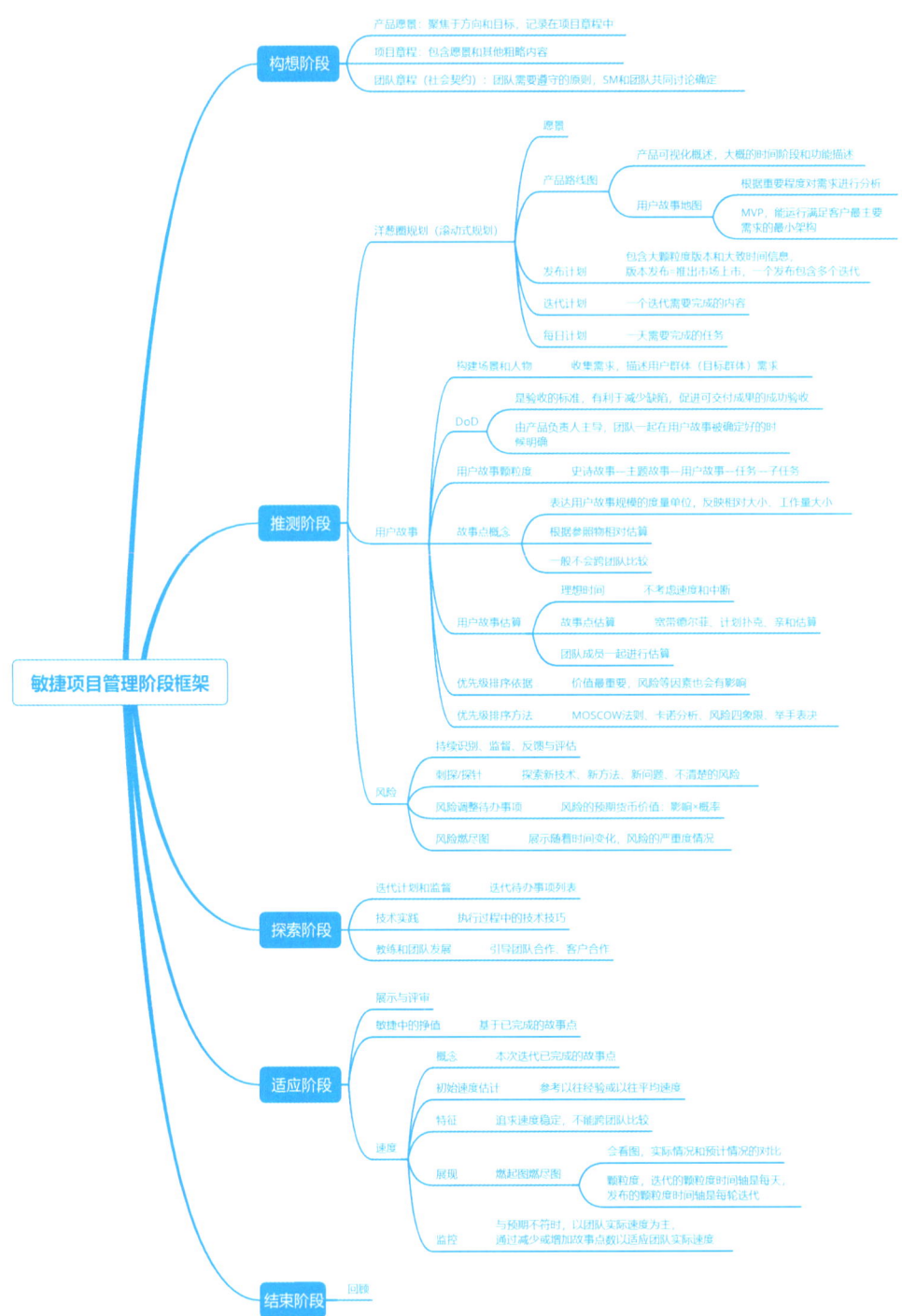

图 15

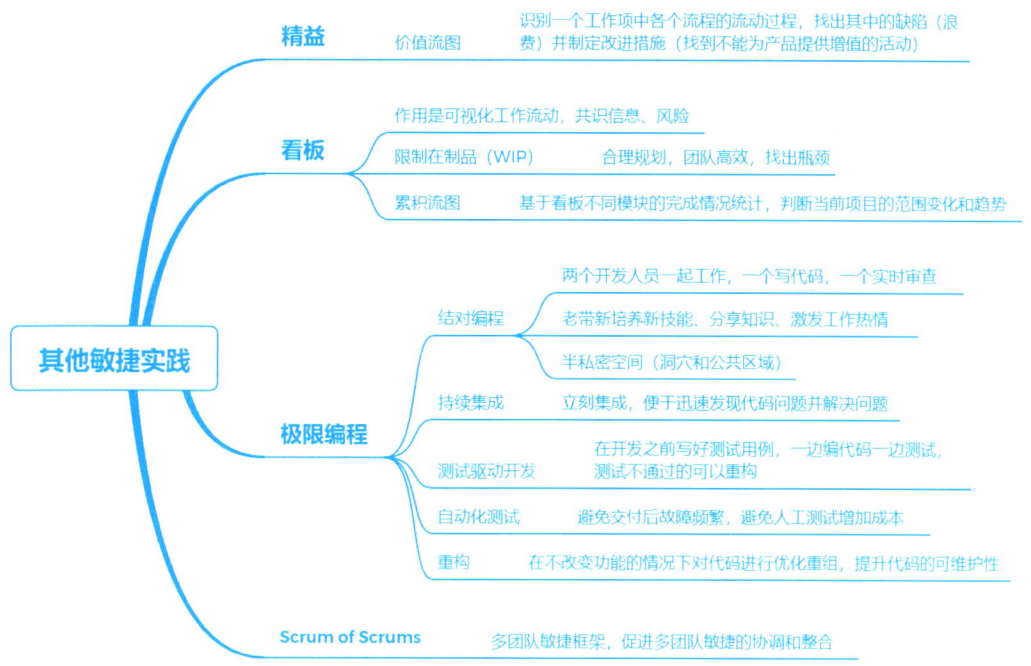

图 16